古代歷史文化 研究輯刊

三二編

王明蓀 主編

第24冊

李瑞清書法藝術思想研究

吳守峰 著

國家圖書館出版品預行編目資料

李瑞清書法藝術思想研究／吳守峰 著 -- 初版 -- 新北市：花
木蘭文化事業有限公司，2024〔民 113〕
目 4+250 面；19×26 公分
（古代歷史文化研究輯刊 三二編；第 24 冊）
ISBN 978-626-344-887-2（精裝）
1.CST：李瑞清 2.CST：書法 3.CST：藝術哲學
618   113009492

ISBN-978-626-344-887-2

古代歷史文化研究輯刊
三二編　第二四冊　　　　　　　ISBN：978-626-344-887-2

李瑞清書法藝術思想研究

作　　者　吳守峰
主　　編　王明蓀
總 編 輯　杜潔祥
副總編輯　楊嘉樂
編輯主任　許郁翎
編　　輯　潘玟靜、蔡正宣　美術編輯　陳逸婷
出　　版　花木蘭文化事業有限公司
發 行 人　高小娟
聯絡地址　235 新北市中和區中安街七二號十三樓
　　　　　電話：02-2923-1455／傳真：02-2923-1452
網　　址　http://www.huamulan.tw 信箱 service@huamulans.com
印　　刷　普羅文化出版廣告事業
初　　版　2024 年 9 月
定　　價　三二編 28 冊（精裝）新台幣 84,000 元

李瑞清書法藝術思想研究

吳守峰　著

作者簡介

　　吳守峰，1971 年出生於山東省掖縣（今萊州市），2020 年畢業於南京大學，博士研究生，藝術學博士學位。

　　現為中央美術學院燕郊校區美術館館長、中國美術家協會會員、中國工筆畫學會理事、北京美術家協會中國畫藝委會委員、北京工筆重彩畫會常務理事、李可染畫院研究員。

　　主要從事中國傳統繪畫技法、材料表現繪畫及相關理論研究，在《美術》《美術研究》等學術刊物發表論文十餘篇；出版個人繪畫作品集：《有意味的形式·吳守峰》（中國輕工業出版社 2009 年）、《著意煙雲·吳守峰作品集》（山東教育出版社 2014 年）；編著：《東西方傳統繪畫研究》（山西人民出版社 2019 年）、《東西方傳統宗教繪畫》（臺北崧燁文化事業有限公司2022 年）、《周而復始·綜合材料繪畫學術邀請展作品集》（山西人民出版社 2023 年）；主編《不可思議的敦煌》（江蘇鳳凰科學技術出版社 2024 年）。

提　　要

　　李瑞清的書法藝術思想，在中國古代書品論的基礎上繼承並創新，開創了二十世紀中國書法理論中具有重大影響的「金石學派」。其書法遠涉周秦，博綜漢魏，正草隸篆，諸體皆備，晚年「納碑入帖」，筆勢雄健，氣息蒼古，是倡導碑帖相容的踐行者。長期以來，學術界對李瑞清在書法實踐中的探索給予很多關注，而其作為碑派發展的階段性代表人物，他的書法實踐也受到一些異議。

　　文章在結合 19 世紀末到 20 世紀初的歷史、人文等語境基礎上，從書法理論、書法史研究和實踐修養的綜合視角，系統地闡釋李瑞清書法藝術思想的理論核心及架構。本文不以書法技術討論為旨歸，而是著重追溯李瑞清藝術思想的淵源，重點探析其書法理論思想的基本藝術觀點以及發展遞衍的脈絡體系。

　　全文共分為七個部分。

　　「緒論」部分梳理一百年來國內外關於李瑞清研究的重要文獻與相關問題，本文的研究意義以及研究方法、研究思路和研究重點。

　　第一章梳理臨川李氏譜系中既有的人文家學，檢視家族文脈帶給李瑞清知識架構的淵源；根據歷史節點構建其書學分期；通過分析碑學思想的文化背景和尊孔復禮思想的歷史環境，闡述李瑞清書法藝術思想形成的外界影響。

　　第二章主要闡述李瑞清以「氣」為核心的審美格調，通過釋解書法審美的「氣味」說，詮釋李瑞清書法理論和實踐中的「書卷氣」的內涵與根源，並結合儒家思想道德觀點闡述其「書學先貴立品」的書法藝術理論的思想衍遞與傳承，以及對其「人正筆正」論的歷史解讀，品察其正心立身的儒家氣度與人格修養，豐滿地還原李瑞清在社會體制鼎革後「逸」的風骨與境界及「遺」的氣節與格調。

　　第三章是本文的重點，主要研討李瑞清《玉梅花庵書斷》中的三個重要思想依據，論述「以器分派」的形式美問題和它的書學史意義；探討「求分於石、求篆於金」的發展演變及對後世書風的影響；從全局觀的角度研究「胸有全紙、目無全字」的藝術箴規。

第四章從語言規律的視角，結合形態結構和風格要素解析李瑞清的書法藝術，通過「似欹反正」「雄渾」與「古厚」的語言要素，具體論證其書學理論的實踐價值與創作特點。

　　第五章分析民國早期，上海學界針對「納碑入帖」的群體認同現象，並以曾熙、沈曾植二人的觀點和建議為例，闡釋這一書學主張的歷史意義，包括其學術思想對弟子李健、胡小石、呂鳳子、張大千等四位學者和藝術家的影響；客觀揭示其教育改良的「啟智」實踐帶來的進步性以及對南京大學今天書法風氣的學術漬染。

　　結語部分概括李瑞清在書學理論上的主要成就，綜合評價其在書法史發展中的學術價值，試圖從中國整個書學史的高度對李瑞清書法藝術思想和實踐的貢獻與局限進行總結。

清道人遺像及袁思亮《李文潔公像贊》,《清道人遺集》,上海中華書局 1939 年版

像遺人道清

枯鑷臨川載挺

名族藝隆三絶

會丁百六溫胏

眸容悲憤飲腹

峨々黃冠式山

奇服

李文潔公像贊

平家子承思亮敬題

袁思亮(1879~1939)湖南長沙府湘潭縣人,字伯夒、
一字伯葵,號蘉庵、莽安,別署袁伯子,清末兩廣總督
袁樹勳(1847~1915)之子。民國藏書家、學者。

目次

緒　論

二十世紀初，李瑞清的書法享譽上海灘，作為書法史上「『金石派』的代表人物」，[註1]其書法藝術思想和實踐對二十世紀中國書學產生了較為廣泛和重要的影響。

在李瑞清去世後的一百年中，學術界對其文化遺產有過兩次較為集中的搜集和研究，最初是上世紀二三十年代，李瑞清、曾熙的弟子門人為了交流切磋發起的書畫組織「曾李同門會」，既從組織形式上緬懷曾、李二人「有教無類」的思想，也藉此對李瑞清的藝術思想進行研讀和梳理，1939 年《清道人遺集》的出版是這一時期對李瑞清文獻整理的最重要成果。此後學術界對李瑞清的研究幾近空白，直至 20 世紀 90 年代，才又掀起了李瑞清研究的第二次高潮，主要涉及到李瑞清生平軼事、忠孝品格、教育貢獻、書畫造詣以及藝術思想等幾個方面。

一、相關研究文獻綜述

李瑞清書學理論著作《玉梅花庵論篆》(亦稱《玉梅花庵書斷》)成文於 1917 年，刊發於 1925 年，代表了他的學術水準和理論成就，在今天應該有所公認。通觀書學歷史的發展脈絡，李瑞清因其理論的獨特貢獻在整個書法史中必定會佔有一席之地。目前，國內針對他的書學理論和實踐的研究成果可以分為專著和期刊論文兩種，茲分類擇要綜述於下。

（一）研究專著（3 冊），包括：

1.李瑞清《清道人遺集》(中華書局，1939 年版)。

中華書局版《清道人遺集》是由李瑞清門人蔣國榜、胡小石、張善孖、張

〔註1〕段曉華點校整理：《清道人遺集》前言，黃山書社 2011 年，第 6 頁。

大千及李瑞清侄兒李健等人近二十年斷續裒輯剔理而得,全書包括遺集二卷、佚稿一卷、捃遺一卷、附錄一卷,共五卷,幾乎囊括了李瑞清一生在文學、詩歌、藝術理論、教育等領域的著述,書中統計其生前一系列著述、存稿,其中詩存八十八題一百零六首,詞一首,散文存一百五十篇,還包括書札、碑銘、書畫序跋等,是研究李瑞清書學思想的第一手文獻。

2.南昌大學段曉華在 2010 年點校整理版的《清道人遺集》〔註2〕入編中華詩詞研究院項目:二十世紀詩詞名家別集叢書。這是段曉華教授在參校中華書局版本基礎上重新整理校勘本,另搜集到李雲麾《先從兄清道人行述初稿》一文,並附錄專撰《清道人李瑞清行年簡譜》,是為本書的寫作在資料引用上提供了最直接的文獻依據。

3.李定一著《熔冶古今書法的一代宗師李瑞清》〔註3〕。李定一系李瑞清侄孫,此書比較全面地提供了李瑞清的家庭背景、教育貢獻,並對其在書法理論的梳理和金石書派的薪火傳衍過程中的貢獻作了詳實的說明。該書從書品、人品到李書學派,全面描繪出李瑞清作為一個傑出的書畫家和書學理論大家對後人的影響,是瞭解李瑞清生平的通俗讀本。

(二)期刊論文(主要從生平軼事、書畫藝術及理論研究、教育觀念及貢獻三個方面歸結梳理,並根據發表年限前後排序)

1. 關於李瑞清生平軼事的著述

柳肇嘉《清道人傳》。柳肇嘉(1886～1962),字貢禾,號逸廬,江蘇鎮江人,1907 年 10 月入兩江師範學堂,係圖畫手工科預科甲班學生。也是最早撰寫李瑞清事蹟的學人。

蔣國榜《臨川李文潔公傳略》。蔣國榜(1893～1970)係金陵蔣春華〔註4〕(1827～1897)孫輩後人,師承李瑞清,是蒐集編纂和出版《清道人遺集》的主要弟子之一,功不可沒。以上二文繫傳記體例,均刊附於中華書局 1939 年出版的《清道人遺集》,對李氏生平、思想及教育業績作了詳盡介紹,為後人研究提供了第一手史料。

〔註2〕李瑞清:《清道人遺集》,段曉華點校整理,黃山書社,2011 年。

〔註3〕李定一:《熔冶古今書法的一代宗師李瑞清》,海峽文藝出版社,2003 年。

〔註4〕蔣春華,字翰臣,清末南京的富商兼慈善家。蔣國榜,字蘇庵。工詩文,喜好書畫、金石、碑帖等,早年編印《金陵叢書》《簡齋集》等詩文集。1914 年與王一亭、哈少夫等合資修奔嘉興煙雨樓。白壽彝主編《中國回回民族史》有章節專門介紹「蔣翰臣及其家族」。

菊南山《清道人傳》（上、下）〔註5〕。菊南山充分利用《清道人遺集》資料，在介紹李氏生平中，首次採用分期法，按照「童年及少年時期」「青年時期」「晚年鬻書偷活期」三個時間段，提供了簡略的考述，是較早研究李瑞清的文章。

游壽（1906～1994）的學生王立民在1997年編撰的《李瑞清年譜》相較於後人的研究稍顯簡略，但浙江大學陳雅飛在《李瑞清書法研究的回顧與檢討》一文中認為：「菊南山和王立民的研究比較深入，體現了90年代以來對李瑞清研究最重要的成果」。〔註6〕可以說是非常公允地反映了當時的研究狀況。

李瑞清和曾熙的關係可以用患難兄弟的情誼來比喻，滬上相處後更是「未嘗一日離」，書壇有「南曾北李」之說。曾熙的後人曾迎三，為了研究曾熙，不遺餘力地收集、研究和出版與他們相關的書畫及史料，「這三十年來，我的每一本書都是圍繞著我曾祖父買的。」2013年，曾迎三編著《曾熙　李瑞清　張大千瘞鶴銘雅集》的出版，收錄了曾熙、李瑞清、張大千三位針對瘞鶴銘的臨作，這種比較可以看出三家書寫的異同。2013～2014年，曾迎三以年譜簡編的形式，在《內江師範學院學報》相繼五期連載《清道人年譜》〔註7〕，對清道人一生的主要行事進行了較為全面的梳理；2018年，他作為主編之一，編輯出版《李瑞清手札精粹》（上海書畫出版社，2018年），該書的出版對於研究李瑞清「納碑入帖」的書學思想，以及其日常書寫本真狀態的，呈現了第一手清晰的圖像資料。2022年10月，迎三先生在拙著補苴調整的過程中提出了寶貴的經驗和專業的建議，避免一些圖文的舛誤。

段曉華教授的研究生徐雯雯在協同老師整理校勘《清道人遺集》的過程中，在2010年完成畢業論文《李瑞清年譜》〔註8〕，該論文資料搜集可謂詳實，與曾迎三的《清道人年譜》相比，她採用不同的視角，描述了那個波譎雲詭的時代，將李瑞清一生細節的考據，人際交往的情形，理論的抽繹歸納，鮮

〔註5〕《東南文化》1994年第6期，第5～14頁、《東南文化》1995年第7期，第8～16頁。
〔註6〕上海書畫出版社編：《書法研究》（總第125期），上海書畫出版社2005年版。
〔註7〕《清道人年譜》一：《內江師範學院學報》2013年第9期，第16～24頁；
　　　《清道人年譜》二：《內江師範學院學報》2013年第11期，第27～37頁；
　　　《清道人年譜》三：《內江師範學院學報》2014年第1期，第14～26頁；
　　　《清道人年譜》四：《內江師範學院學報》2014年第5期，第17～24頁；
　　　《清道人年譜》五：《內江師範學院學報》2014年第11期，第22～38頁。
〔註8〕徐雯雯：《李瑞清年譜》，南昌大學2010年碩士學位論文。

活得呈現在我們面前。例如，他的藝術觀念轉折的節點以及他與曾熙、譚延闓、陳三立、沈曾植、吳昌碩、鄭孝胥、繆荃孫、楊度、楊鈞兄弟等詩人、藝術家、文化學者的交往事宜等等不可或缺的情節記錄，是李瑞清飽滿的個人形象和思想形成過程中的重要素材。此外，年譜還提及了他參與創建兩江師範學堂和籌劃課程設置的經歷，這些公共事務以及仕宦生涯的點滴記錄都有利於對他的全面研究。

徐雯雯和曾迎三在年譜的整理過程中，利用與李瑞清同時代人及其弟子門人的相關文獻資料，譬如《鄭孝胥日記》、繆荃孫《藝風老人日記》、陳三立《散原精舍詩文集》、僧寄禪《八指頭陀詩文集》、胡思敬《退廬文集》、《楊度日記》、俞明震《觚庵詩存》、周樹模《沈觀齋詩》、周慶雲《夢坡詩存》、陳詒《夏敬觀年譜》、《胡小石書法文獻·胡小石先生年表》等年譜、詩、文和筆記，並相互參證。2011 年，臺北中研院近代史研究所公開《譚延闓日記》部分內容，這也使曾迎三運用了更多更新的私密性材料去完善充實《李瑞清年譜》。

喻學才著《李瑞清身世研究史料的新發現》〔註 9〕一文最早刊載於《江蘇文史研究》2010 年第 2 期。作者為編制李瑞清故里——楊溪李家村旅遊發展總體規劃，在實地考察中，有機會查閱《問禮堂六修楊溪李氏族譜》〔註 10〕，發現李瑞清家傳自述的字號和族譜記載的有出入，通過論證辨析，指出《楊溪李氏族譜》《清史稿》《世載堂雜憶》等記錄的邏輯錯誤，這是在李氏研究眾多文獻中，對於李瑞清姓名字號細節的首次勘誤。但李瑞清父親李必昌是李聯琇之子的判斷，係由其參考陳寶箴《誥授資政大夫蘭生兄都轉大人六旬榮壽》〔註 11〕一文的文獻誤導所致。

肖鵬的研究生論文《清道人年譜長編》〔註 12〕，蒐羅李瑞清詩文題跋及相關文獻，力求全面研讀考證，還原其生平經歷，如作者所言「以期提供一詳實可信之年譜」，其中也包括二十世紀著名藏書家劉承幹〔註 13〕（1882～1963）之《求恕齋日記》、以及新近公開的《譚延闓日記》等大量史料。本文在寫作過程中，通過該年譜進一步驗證核實引用資料的準確性。2022 年 10 月，中華書局出版其最新《清道人年譜長編》。

〔註 9〕《遺產保護研究》，南京大學出版社 2012 年版，第 376～384 頁。
〔註 10〕《六修楊溪李氏族譜》（問禮堂），楊溪李氏族譜編籌委員會 1989 年版。
〔註 11〕《六修楊溪李氏族譜》卷八，17～20 頁。
〔註 12〕肖鵬：《清道人年譜長編》，福建師範大學 2017 年度碩士學位論文。
〔註 13〕劉承幹，字貞一，號翰怡，浙江上虞人。富藏書，築嘉業堂藏書樓。

　　呂立忠《書香翰墨濃，詩畫齊出眾——清代「桂林臨川李氏」書香世家》
〔註 14〕，詳細介紹了李氏家族在桂林的影響和貢獻，描述了李瑞清的家學淵
源。

2. 討論李瑞清藝術理論建樹和書畫藝術風格分析的文章

　　沙孟海（1900～1992）寫於 1929 年的《近三百年書學史》〔註 15〕為李瑞
清在書法史上的地位奠定了基調。

　　《書林藻鑒》〔註 16〕的作者馬宗霍（1897～1976）在與李瑞清學習交往的
過程中，並未局囿於「清道人自負在大篆，而得名則在北碑」的傳統說法，而
是獨具藝術慧眼，旗幟鮮明地指出「余獨愛其仿宋四家，雖不形似，而神與之
合，其行書尤得力於山谷，晚歲參以西陲木簡，益臻古茂」。

　　南京藝術學院徐利明在其《中國書法風格史》論述中也認為：「李瑞清的
書法，以草隸與行書為最佳」〔註 17〕，可謂英雄所見略同。

　　祝嘉（1899～1995）《中國書學史》〔註 18〕對李瑞清書法從優劣兩個方面
進行了解讀。

　　侯鏡昶（1934～1986）作為胡小石的研究生，專業攻讀古漢語及古文字學，
其《書學論集》延續李瑞清、胡小石對於篆、隸體系的分析脈絡，並專闢「書
學家李瑞清」一章節，分析論述其觀念學理，並提出李瑞清是系統地研究金文
書法的第一人，「開創了一大流派」，並且「以治經方法論書，精密而富有邏輯
性；並結合古文字研究書學，成就超過了包世臣和康有為，可惜沒有系統性的
論著傳世。」〔註 19〕

　　陳振濂文鋒犀利，觀點鮮明，他在《民國書法史論》（上篇）〔註 20〕、《現

〔註 14〕《河池學院學報》2007 年 27（3），第 20～26 頁。
〔註 15〕《沙孟海論藝》，上海書畫出版社 2010 年版，第 20 頁。文章稱：「李瑞清也
　　　　大規模地寫過北碑，他的作品，在十年前很珍貴，現在卻沒有人佩服他了。我
　　　　以為過去的珍貴，也太過分，現在的輕視，也可不必。……我們現在都知道李
　　　　瑞清的字的短處了，可是在李瑞清未出世之前，誰能開得出他那樣一條新的
　　　　路來呢？這樣說來，李瑞清在書學史上就有相當的地位了。」
〔註 16〕馬宗霍：《書林藻鑒》，文物出版社 2015 年版，第 247 頁。文章稱「李得力於
　　　　鼎彝，脫盡唐人窠臼，筆力甚健，允稱大家；惜其波折太露，若揮顫筆，淺學
　　　　效顰，遂流醜怪，蓋無心而流毒後世者也。」
〔註 17〕徐利明：《中國書法風格史》，河南美術出版社 1997 年版，第 515 頁。
〔註 18〕祝嘉：《中國書學史》，湖南大學出版社 2014 年版，第 274 頁。
〔註 19〕侯鏡昶：《書學論集》，華東師範大學出版社 1982 年版，第 126、135 頁。
〔註 20〕《書法研究》1993 年第 2 期（總第 52 輯），第 56～90 頁。

代中國書法史》〔註21〕、《近現代書法史》〔註22〕中以「李瑞清的做作」為題，在探討李瑞清顫抖用筆的成因時，則批評其為「北碑派的末流」，是不成功的書法風格。這種多視角的比較，為筆者提供了有益的參考。

陳禮榮的《傳帖妙解八分書——新見李瑞清三幅書法真蹟》〔註23〕，該文由湖北沙市發現的三幅書法墨蹟入手，分析李瑞清研究八分書的心得體會。

王立民作為李氏書風的嫡傳，在近年來的理論研究中，發表諸多研究成果，如《書秉金石李瑞清》〔註24〕、《金石書派百年傳承——李瑞清、胡小石、游壽其人其藝》〔註25〕、《李瑞清及其篆書藝術（二）》（《書法導報》2007年4月18日）等，其《李瑞清研究》和《李瑞清年表簡編》收入在1998年天津古籍出版社出版的《大學書法教材集成·近現代書法史》中。但也有學者指出其觀點鮮明但缺乏學術的力度，某些重要的史實論證不夠嚴謹，比如李氏「降生在江西省臨川縣」，不符合史實，但總體來說瑕不掩瑜。從目前資料看，「金石書派」應該是在侯鏡昶「開創了一大流派」的思想引領下，由王立民在20世紀90年代中期最早提出，其後諸學者對李瑞清的研究也基本是在他的框架下充實和完善。

傅愛國（1957～2015）則在《試論薪火百年的「金石書派」》一文中新穎地提出「金石書派是在清代生氣盎然的碑學藝苑中綻開的一束奇葩」〔註26〕，並明確認定「金石書派」是由清道人李瑞清開宗立派，他在《書秉金石以碑化帖——兼談李瑞清、胡小石、游壽師承中的書法教育》〔註27〕《金石書風一脈相承——李瑞清、胡小石、游壽師承現象中書法教育面面觀》〔註28〕二篇文章中，對李瑞清、胡小石、游壽一脈相承的書風特徵做了梳理分析，將金石書派讚譽為「一個集書法創作、教學與研究三位一體的高層書法教育群體」〔註29〕，並使「金石書風」得以借助高等教育實現良性承傳。

〔註21〕《現代中國書法史》，河南美術出版社1996年版。
〔註22〕《近現代書法史》（大學書法教材），天津古籍出版社1998年版。
〔註23〕《書畫藝術》1995年第5期，第25～26頁。
〔註24〕《書法之友》1996年第1期，第16～19+13頁。
〔註25〕《收藏家》2004年第8期，第32～37頁。
〔註26〕《文藝評論》1998年第6期，第84～96頁。
〔註27〕《中國書法》2000年05期。
〔註28〕《學習與探索》2003年第3期，第113～116頁。
〔註29〕傅愛國：《金石書風一脈相承——李瑞清、胡小石、游壽師承現象中書法教育面面觀》，《學習與探索》2003年第3期，第113頁。

　　南京學者孫洵專著《民國書法史》〔註30〕以及《論李瑞清書法藝術學體系的構建與影響》〔註31〕《近代高等師範學堂創設「手工圖畫科」的第一人——李瑞清與書法》〔註32〕《從李瑞清的書法說起——兼析「愚忠」與「高古」》〔註33〕等篇章是孫洵研究李瑞清的書法風格特徵、書風流變及其歷史影響等方面的主要代表性文章。他在《民國書法史》中提出「李派」一說，然而「李派」這一學術流派之釐定卻不及「金石書派」更有包容度，因為只有李健的書風，包括款識的書寫形式像極李瑞清，而胡小石、張大千自有個人的書寫面貌和藝術風格。

　　王東林、楊樹明：《草木有榮枯，臣心終不死——關於李瑞清的基本認識》〔註34〕，專門就李瑞清愚忠思想的形成及原委進行剖析。

　　江蘇教育出版社的《中國書法史》在書法理論層面極具有學術代表性。劉恒主編的「清代卷」〔註35〕在「清末民初的書壇」一節中論述了李瑞清的書法藝術同時，指出商業的應酬對於李瑞清的影響。

　　謝建華《金石書派芻議》〔註36〕《論金石書派的理論與風格特色》〔註37〕，謝建華女士係侯鏡昶研究生，算是李瑞清第四代門人，這兩篇文章梳理了金石書派與清代碑學的關係，分析了金石書派的理論特色，歸納了藝術風格，提出了李瑞清所創立的金石書派在中國現代書法史的作用與獨特性。

　　陳傳席《評現代名家與大家·李瑞清（續四）》〔註38〕，該文對李瑞清的藝術和教育給予了極高的評價。

　　閩江學院教授鄒自振《李瑞清藝術成就與學術建樹讕論》〔註39〕一文是綜合研究的代表性文章。

　　《李瑞清書法研究的回顧與檢討》〔註40〕，應該說陳雅飛的這篇李瑞清書法研究現狀的分析，將上個世紀書法史界比較重要的李氏研究，劃分為發端期、沉寂期、高潮期三個階段，系統的梳理並指出各個階段理論的得失，她的

〔註30〕孫洵：《民國書法史》，江蘇教育出版社 1998 年版，第 272～277 頁。
〔註31〕《文藝評論》，2002 年第 6 期，第 75～80 頁。
〔註32〕《書法賞評》，2007 年第 4 期，第 19～20 頁。
〔註33〕《書畫藝術》，2008 年第 5 期，第 64～67 頁。
〔註34〕《南昌工程學院學報》，2008 年 10 月第 5 期，第 38～41 頁。
〔註35〕劉恒：《中國書法史·清代卷》，江蘇教育出版社 1999 年，第 274～277 頁。
〔註36〕《文藝研究》，2002 年第 4 期，第 136～145 頁。
〔註37〕《文藝評論》，2005 年第 6 期，第 71～75 頁。
〔註38〕《國畫家》，2003 年第 3 期，第 8～9 頁。
〔註39〕《江西社會科學》，2004 年第 7 期，第 209～218 頁。
〔註40〕《書法研究》，2005 年第 3 期，第 94～110 頁。

解析方法給我很多啟發。陳雅飛對於王立民在研究中的某些觀點直接提出了商榷的意見，她認為，「首先，李瑞清的書法藝術，揭開了中國現代書法的序幕」，「其次，李瑞清是現代書壇『金石書派』的創始人」。這裡，「金石書派」的說法，是有爭議的，而把李氏作為中國現代書法的揭幕人，似乎也有拔高之嫌。李瑞清在中國近現代書壇上的地位獨特，成就非凡，但他的作用，並非在「揭幕人」上面。此外，她認為「（李瑞清）同時也是我國最早在大學裏開設書法課的提倡者和實踐者。由此……翻開了中國現代書法教育的重要一頁」則是需要商榷的。〔註41〕可以說，這篇考據是李瑞清研究階段性總結的重要文章，並直接導引出公丕普、謝建明《對「李瑞清是中國書法高等教育第一人」說的辨析——兼與陳振濂先生等人商榷》一文的深度挖掘。

李定一、陳紹衣合寫的《李瑞清書派的形成及其書學理論與實踐》〔註42〕、《清道人與六朝碑》（河南美術出版社，2010年），在其專著中略有介紹，不再贅言。

程志娟《李瑞清及其魏體書法》〔註43〕；陳榮生《中嶽風流去人未遠：李瑞清書法賞析》〔註44〕；張洪峰《簡論李瑞清大篆書法理論及其實踐》〔註45〕，以上三文分別以魏書、大篆為切入點展開專門論述。

劉佳《話說金文》，以「『求篆於金』書學理論的倡導者——李瑞清」為題做了詳細的討論，認為「李瑞清的『求分於石，求篆於金』的提出，以及對帖學的研究和實踐，是站在整個書法史高度構建他的碑學理論體系，同時也為金石書派的開創奠定了堅實的基礎。」〔註46〕

張鐵華《楊鈞與李瑞清的翰墨因緣》〔註47〕，該文較為詳細介紹了二人的交往。

《草堂之靈》的作者楊鈞（1881～1940）係民國奇人楊度的胞弟，王闓運弟子，所撰《草堂之靈》16卷，收錄筆記260餘則，涉及名人軼事、收藏掌故、讀書筆記、三湘風俗等內容，其中近三十篇文字記載了一些李瑞清在書畫、印章、碑版、詩文、鑒藏方面的趣聞，實為系統研究李瑞清不可多得之筆記。

〔註41〕上海書畫出版社編：《書法研究》，2005年第3期（總第125期），第100頁。
〔註42〕《書法導報》，2009年4月29日。
〔註43〕《書法叢刊》，1997年第4期，第67～68頁。
〔註44〕《中國書畫報》，1999年5月20日。
〔註45〕《安徽文學》2011年第4期，第158～159頁。
〔註46〕劉佳：《話說金文》，山東人民出版社2012年版，第579頁。
〔註47〕《美術觀察》，2014年第4期，第111～117頁。

　　包禮祥、朱飛《晚清書家的追求——以康有為、李瑞清為例》〔註48〕，該文以晚清兩位典型碑學重鎮為代表，比較他們的書法思想和理論建樹，探究晚清時代碑學的發展情況。張衛武《曾熙與李瑞清交遊考——曾熙事蹟考析之二》〔註49〕、張效林《南曾北李書法之異同》〔註50〕、楊帆《論李瑞清納碑入帖與沈尹默臨學北碑對當代書法創作之意義》〔註51〕，以上四篇文章作者均通過對書法家藝術觀的相互參照進行比較研究，討論雙方書藝的審美風格，強調李氏碑帖融合的貢獻。

　　東方曉《鴻儒怪傑李瑞清軼事》〔註52〕、王炳毅《李瑞清與瓊瑤祖父陳墨西的師生情》〔註53〕，以上兩篇短文可以視為資料的延伸閱讀。

　　參考的比較有代表性的學位論文有：陳雅飛《李瑞清書法研究》〔註54〕、楊樹明《清末民初大變局中的李瑞清》〔註55〕、牛赫《李瑞清藝術生涯初探》〔註56〕、王棟《從「骨力強勁」到「強其骨」的衍生——李瑞清對潘天壽繪畫的影響》〔註57〕、賴文婷《論李瑞清及其詩歌淺論》〔註58〕、孫徑舟《呂鳳子、胡小石對李瑞清書風繼承與發展的比較》〔註59〕、張經緯《李瑞清書法研究》〔註60〕、王友貴《清代北碑書學觀研究》〔註61〕、公丕普《李瑞清的藝術

〔註48〕包禮祥、朱飛：《晚清書家的追求——以康有為、李瑞清為例》，《文藝爭鳴》，2010 年第 14 期，第 88～89 頁。

〔註49〕張衛武：《曾熙與李瑞清交遊考——曾熙事蹟考析之二》，《榮寶齋》，2015 年第 6 期，第 260～281 頁。

〔註50〕張效林：《南曾北李書法之異同》，《書法》，2016 年第 3 期，第 92～94 頁。

〔註51〕楊帆：《論李瑞清納碑入帖與沈尹默臨學北碑對當代書法創作之意義》，《中國書法》，2018 年第 6 期，第 61～66 頁。

〔註52〕東方曉：《鴻儒怪傑李瑞清軼事》，《東方收藏》，2012 年第 9 期，第 117～119 頁。

〔註53〕王炳毅：《李瑞清與瓊瑤祖父陳墨西的師生情》，《書屋》，2006 年第 06 期。

〔註54〕陳雅飛：《李瑞清書法研究》，浙江大學 2003 年度碩士畢業論文。

〔註55〕楊樹明：《清末民初大變局中的李瑞清》，江西師範大學 2005 年度碩士學位論文。

〔註56〕牛赫，《李瑞清藝術生涯初探》，江西師範大學 2011 年度碩士學位論文。

〔註57〕王棟：《從「骨力強勁」到「強其骨」的衍生——李瑞清對潘天壽繪畫的影響》，山東師範大學 2011 年度碩士學位論文。

〔註58〕賴文婷：《論李瑞清及其詩歌淺論》，南昌大學 2012 年度碩士學位論文。

〔註59〕孫徑舟：《呂鳳子、胡小石對李瑞清書風繼承與發展的比較》，南京藝術學院 2014 年度碩士學位論文。

〔註60〕張經緯：《李瑞清書法研究》，東南大學 2015 年度碩士學位論文。

〔註61〕王友貴：《清代北碑書學觀研究》，中國美術學院 2015 年度博士學位論文，第 105～107 頁。

世界——清末民初士人藝術與藝術教育的興變》〔註62〕、王東民《以古為新——金石學傳統下的李瑞清書畫研究、創作與教育》〔註63〕、邢勝峰《李瑞清書法創作研究》〔註64〕。

通過閱讀以上十一篇學位論文發現，碩士論文基於作者的專業視角，包括美術與設計學、歷史學與文學等角度，儘量有意識的去拓寬研究視域而展開論述，但建立在以技術層面的分析為主，缺少美學思想的深入探究。博士研究生的關注點集中在書學、藝術史和藝術理論的學習與思辨中，並從諸多相關交叉學科，譬如文獻學、經濟學、傳播學的角度對李瑞清的藝術做整體的梳理比較研究。公丕普的論文針對李瑞清一生的立體呈現可謂用功至深，並且對於一些疑點做了詳細的考證。如：《對「李瑞清是中國書法高等教育第一人」說的辨析——兼與陳振濂先生等人商榷》〔註65〕，作者經過考證分析，明確質疑陳振濂等學者「將李瑞清看作是中國近代高等書法教育的第一人」的說法。作者通過查閱兩江師範學堂圖畫手工科開課內容，認為提出這個論斷是由於混淆李瑞清教育家與書法家的身份，未能區別私人授徒與課堂教學兩種形式的性質所造成。

3. 評價李瑞清教育思想的論著

李瑞清在任兩江師範學堂監督時，出洋考察教育、聘請外籍教員、開辦實習基地等等舉措，都體現了其超前的治學理念，特別是率先創設圖畫手工科和音樂科，開我國高等師範學校設立藝術專科的先河。他培養了第一批藝術教育師資，比較有影響的得意門生如李健〔註66〕、姜丹書〔註67〕、呂鳳

〔註62〕公丕普：《李瑞清的藝術世界——清末民初士人藝術與藝術教育的興變》，東南大學 2016 年度博士學位論文。

〔註63〕王東民：《以古為新——金石學傳統下的李瑞清書畫研究、創作與教育》，浙江大學 2017 年度博士學位論文。

〔註64〕邢勝峰：《李瑞清書法創作研究》，寧夏大學 2018 年專業碩士學位論文。

〔註65〕《南京藝術學院學報（美術與設計）》，2016 年第 4 期，第 146～149 頁。其中有「並未看到關於李瑞清開設書法課的記載，筆者還檢索了《清道人遺稿》以及李健、胡小石、姜丹書、張大千等人的文章，均未發現關於李瑞清開設書法課的直接文獻記載」的結論。

〔註66〕李健（1881～1956）字仲乾，別署鶴然居士、鶴道人，李瑞清大哥李瑞祖第三子。近代書畫篆刻名家，書法史學家、教育家，上海文史研究館第一批館員。著有《中國書法史》《金石篆刻研究》《書通》。

〔註67〕姜丹書（1885～1962），字敬廬，號赤石道人，自兩江師範學堂畢業後任教於浙江兩級師範學堂，培養了潘天壽、豐子愷、來楚生、鄭午昌、趙丹等一大批著名的藝術家。

子〔註 68〕、汪采白〔註 69〕、胡小石〔註 70〕、張大千等，這些學生及再傳弟子對二十世紀中國書畫藝術的發展可謂功莫大焉。

　　作為近代教育肇始時期的重要人物，以下諸多文章基本反映了李瑞清對我國高等美術教育事業拓荒和奠基的作用：菊南山《李瑞清的教育思想和宗教思想》〔註 71〕、王德茲《南京大學百年史》〔註 72〕、陳雅飛《李瑞清：中國近代美術教育第一人——丹青本無雙金石長不朽》〔註 73〕、蘇雲峰《三（兩）江師範學堂——南京大學的前身（1903～1911）》〔註 74〕、陸健《李瑞清教育思想與實踐》〔註 75〕；崔衛的博士論文《學校制度下中國美術教育的起源與早期發展——三江師範學堂與兩江師範學堂圖畫手工科研究》〔註 76〕，探索了近代中國學校美術教育的源起，對李瑞清創辦的圖畫手工科做了一次詳盡的研究。還有葉仄輝《論李瑞清對中國美術教育的貢獻》〔註 77〕、孫紅陽《李瑞清藝術教育思想哲學詮釋》〔註 78〕、陳宏《李瑞清工藝教育思想研究》〔註 79〕、肖超穎、羅欣、陳聖燕《江西近現代美術教育——以李瑞清及三（兩）江師範學堂江西籍學員為核心》〔註 80〕、張金秋《李瑞清對中國現代高等師範教育的開

〔註 68〕呂鳳子（1886～1959），近現代著名畫家，書法家和藝術教育家，曾擔任過國立藝術專科學校校長，被譽為「江蘇畫派」（「新金陵畫派」）的先驅和重要締造者。

〔註 69〕汪采白（1887～1940），名孔祁，字采白，一字采伯，號澹庵，歙縣西溪人。二十一歲入兩江師範學堂國畫手工科，從叔父汪律本摯友李瑞清為師。畢業後，先後任教於武昌高等師範學校、北京師範學校、南京中央大學國畫系、北平藝術專科學校。

〔註 70〕胡小石（1888～1962），名光煒，字小石，號倩尹，又號夏廬，齋名願夏廬，南京大學中文系教授，國學大師，兼為文字學家、文學家、史學家、書法家、藝術家。

〔註 71〕《東南文化》，1998 年第 3 期，第 63～67 頁。

〔註 72〕王德茲：《南京大學百年史》，南京大學出版社，2002 年。

〔註 73〕《美術報》，2002 年 7 月 27 日。

〔註 74〕蘇雲峰：《三（兩）江師範學堂——南京大學的前身（1903～1911）》，南京大學出版社，2002 年。

〔註 75〕安慶師範學院學報（社會科學版）2003 年第 6 期，第 109～110 頁。

〔註 76〕崔衛：《學校制度下中國美術教育的起源與早期發展——三江師範學堂與兩江師範學堂圖畫手工科研究》，南京師範大學 2005 年度博士學位論文。

〔註 77〕《藝術教育》，2008 年第 6 期，第 111～113 頁。

〔註 78〕《飛天》，2010 年第 22 期，第 83～84 頁。

〔註 79〕陳宏：《李瑞清工藝教育思想研究》，山東工藝美術學院 2011 年度碩士學位論文。

〔註 80〕《美術教育研究》，2013 年第 1 期，第 36～38 頁。

拓》〔註81〕，王廣偉《李瑞清美術教育思想研究》〔註82〕等文章皆針對其教育
思想及成果展開研討。

通過上述文獻的收集整理，專門論述李瑞清書法美學方面研究的較少，偶
見幾篇也未能做系統的分析。本文主要圍繞李瑞清書法藝術思想展開討論，對
於生平軼事和藝術教育等方面的相關資料做為本書有益的參考和補充。

國外針對李瑞清的書法研究主要以日本福島大學的菅野智明（Chiaki
Kanno）為代表。20 世紀 90 年代以來，他陸續發表了幾篇較有影響的專論：《玉
梅花庵論篆》〔註83〕《李瑞清臨六朝碑四種》〔註84〕《李瑞清的墨緣》〔註85〕。
作者在《玉梅花庵論篆在近代碑學理論開展中的位置》一文中，以《論篆》作
為探討李氏書學的基本資料，同時納入對胡小石理論的比照分析，可見國外學
者的治學態度和研究方法，並且「在小論中，將李氏的《論篆》和根據他的時
代相連的碑學理論進行了探討，確立了他在書論史上的地位。」〔註86〕

二、研究意義與研究方法

1. 研究意義

李瑞清的書法藝術思想具有非常獨特的理論建樹。清末民初，「碑帖融合」
的現象在中國書法史上具有典型的時代意義，形成了二十世紀書壇的基本藝
術格局。作為這種風格的代表人物，李瑞清的書學理論對加強書法思想史的梳
理、當代書法美學體系建設以及書法創作的引導具有重要意義。

（1）有利於書法史對李瑞清的準確定位。縱觀清末民初書壇，李瑞清是
為數不多的能夠在二王傳統的承繼中自覺融入碑學審美趣味的書法家，對於
形式研究也溯源到「篆隸為本」的尊古層面。李瑞清的理論價值在於其藝術主
張明確並影響廣泛，其《玉梅花庵書斷》中有過清晰的論述：「（書法）以南北
分宗，其論甚辨，然究不確」「南北雖云殊途，碑帖理宜並究」。民國以降，「多

〔註81〕《蘭臺世界》，2014 年 4 月上旬，第 93～94 頁。
〔註82〕王廣偉：《李瑞清美術教育思想研究》，南京郵電大學 2014 年度碩士學位論文。
〔註83〕1993 年刊載於大原漢文學會《中國文化‧漢文學會報》五一號。
〔註84〕1995 年刊載於《福島大學教育學部論集（人文科學部門）》五九號，第 31～48
　　　　頁。
〔註85〕1996 年刊載於《書學書道史研究》第 6 期‧第 87～106 頁。
〔註86〕菅野智明：《玉梅花庵論篆在近代碑學理論開展中的位置》，《近現代書法研究
　　　　──全國第二屆近現代書法研討會論文集》，安徽美術出版社 1997 年 10 月。
　　　　原文 1996 年刊載於日本《集刊東洋學》七四號，第 125～137 頁。

數治書法史的人認為李瑞清書法做作」〔註87〕，世人也認為其書法價值主要在北碑。然而，李瑞清在行草書方面的藝術價值未有體現的原因，一是在清末民初崇尚碑學的大環境下，世人只看中他的魏碑及篆隸，二是在鬻書環境中，李瑞清不以行草書討生活，只是在信札往復交流的過程中，為門人和書界好友所知。他贊同碑帖相融，主張以碑之筆法入帖，從 1914 年上海震亞書局出版的《清道人臨閣帖》中可以看到他對帖學進行了卓有成效的探索，並從實踐到理論對閣帖源流做了精確的論述。徐利明在其《中國書法風格史》中把李瑞清作為「碑學書風的後勁與潮流轉向」的代表人物，認為其獨特的融北碑用筆於行書的藝術語言，在納碑入帖方面是成功的，與其擅長的魏碑書體相比較，認為「草隸與行書為最佳」。李瑞清的行草大體以這樣三種形式展現。第一，宗二王，師法宋四家。第二，以碑入帖，自出新意。第三，融諸體於一身，終成金石書派。這三種形式在作品中，間或出現，隨心所欲。

　　李瑞清是一位有影響的書法家，他的眾多書學理論的撰述與其諸多碑帖的題跋相互映證，體現了他在書學思想上的藝術格局，其撰寫的《玉梅花庵書斷》一文是高度概括的理論精髓，鄒自振稱讚他「不僅創作了為數甚多、堪稱典範的書法珍品，而且提出了一系列繼承和創新的理論，為書法改革和書藝發展開闢了廣闊的途徑，厥功甚偉。」〔註88〕

　　（2）有利於瞭解近代書法審美形態的轉變。金石考古學的興起是在宋代，這一時期的學者創造的文字傳拓和圖形繪製的方法直接影響到有清一代的漢學研究，更為重要的是乾嘉學派重視考據的文風，使得金石學研究進入鼎盛的時期，雖然對於書法的審美意識並沒有太大的影響。但李瑞清「對金文書風全面細緻的分類研究，在清代書壇上堪稱是第一人」，其書學理論是「在全面考察和實踐的基礎上提出來的」，〔註89〕侯鏡昶認為「他的書學見解和對書藝淵源的考訂，都是值得重視的。」〔註90〕東南大學 2002 年出版的李定一輯《李瑞清選臨法帖》中可以看出李瑞清研究書學的重要成果。其作為引領書法價值取向的時代巨擘，其強調古厚雄渾的意境，及反映出的書卷之氣都綜合體現出

〔註87〕陳傳席：《評現代名家與大家・李瑞清（續四）》，《國畫家》2003 年第 3 期，第 9 頁。

〔註88〕鄒自振：《李瑞清藝術成就與學術建樹讜論》，《江西社會科學》2004 年第 7 期，第 211 頁。

〔註89〕劉恒：《中國書法史——清代卷》，江蘇教育出版社 2009 年版，第 276 頁。

〔註90〕侯鏡昶：《書學論集》，華東師範大學出版社 1982 年版，第 121 頁。

李瑞清藝術的格局與美學的修養。他的審美標準體現了清人書風尚識的潮流，既能向任何一個時代陳述，同時又不被任何一個時代所局囿。

（3）有利於系統研究和挖掘李瑞清的書法藝術思想及其學派的體系架構。陳雅飛在《李瑞清書法研究的回顧與檢討》一文中指出「有清一代，書道中興。其時書法界名家輩出，李瑞清即是清末民初書壇之巨擘」〔註91〕。我在搜集整理現有資料時發現，近一個世紀以來，李瑞清書法研究雖取得一定成果，也不乏觀點鮮明的論文，但專門從藝術美學角度去分析他書法理論的著述，都缺乏系統深入的研究。在歷史和圖像分析的過程中，筆者試圖遠離文運道脈的「大判斷」，橫向比較李瑞清的思想、文化、學術中的審美趨向，觀照交遊圈、文化圈和時代風氣，貫穿看待其書法美學觀，在眾多的藝術思考與判斷中抽繹、概括他的書學思想，是一件有意義的事情，也是李瑞清書法藝術思想研究的價值所在。

（4）李瑞清書法藝術思想研究的成果能為當代書法美學的建設提供借鑒。自上世紀八十年代改革開放以來，東西方藝術思潮再次碰撞，藝術現象猶如走馬燈一般，亦若曇花一現。當代書法風格也進入多變期，對這個持續百年、傳承有序的金石學派進行學理研究，為我們繼承傳統和創新具有一定的參考價值。

2. 研究方法

本文根據書法美學研究的特性確定以下研究方法：（1）文獻學研究方法。對既往文獻資料進行系統的收集梳理，借助於現當代李瑞清研究中頗具理論價值的成果，不忽現對文獻基本資料的進一步整理爬梳，在收集日本學界對於書法藝術的理論研究中重點研析菅野智明的相關著述。裒輯徵引，包括對與其交遊的各界朋友的詩文集、日記、筆記、書札以及門人在其書派傳承中的思想和主張的搜羅剔抉，在文獻解讀基礎上，注重思想的互證性。（2）圖像學方法。書法美學研究離不開對作品的形式分析，因此對李瑞清創作的書畫墨蹟、碑帖題跋實物或圖像資料進行系統歸類，包括他考察題跋的摩崖、碑版、金文等母本資料的整理與參照，都是論證研究其美學思想的直接圖示。因此，在研究本課題的過程中，需要圖像學研究方法的支撐。目前，通過考證近年來各類公私收藏以及拍賣品的真偽，包括臺北「國立歷史博物館」在 2010 年舉辦的《張

〔註91〕《書法研究》2005 年 6 月，總第 125 期。

大千的老師——曾熙、李瑞清書畫特展》，都可以甄選出李瑞清代表性書畫作品及跋語作為本文參考的重要資料。涉及李瑞清臨仿的金石拓本，主要依據《殷周金文集成》、《中國書法全集》等圖像資源。（3）心理學與視知覺研究。李瑞清書法藝術觀念中的許多概念都超越「自然主義」態度，呈現純意向性的美學語彙，如「古茂」「古樸」「古拙」「渾穆」「雄渾」「端穆凝厚」「莊茂」「高逸」「豐厚」「雄強」「雄偉」「遒古」「奇古」「和婉」「勁秀」等等為意識而存在的表達，在理解這類形而上層面的概念時，採用「審美感受式批評」方式，從主、客統一的角度加以理解和詮釋。此外藝術心理學問題，也體現在李瑞清的書學思想中，如談論書法學習時說「心正筆正」；談論藝術創造時說「納險絕於平正」「似斜而實正」，因此，本文的論述離不開視覺心理學的研究方法和成果。（4）比較分析法。將李瑞清書法藝術理論置於傳統文脈的美學範疇中進行具體地觀照，諸如從《藝舟雙楫》《廣藝舟雙楫》《書概》《海日樓札叢》等著作的觀點中，比較分析他的美學內核以及產生這種觀點的學術背景，發現其在中國書學理論體系衍進中的創新，整理探討其學術價值及其貢獻的時代意義等。近年來，在高校書法學科教育體系培養下，諸多書法學者關注清代書法風格，他們在對何紹基、阮元、包世臣、沈曾植、康有為、胡小石等個案研究的眾多文獻中，論述的學術觀點不乏有個性鮮明的立意，對本文的框架建設、佐證收集、體例文風的影響也都有一定的啟發和參考。

三、本文研究框架

本文除緒論和結語之外，正文共分五個章節。

首先著重考察李瑞清官宦世家的文化淵源，以及家族成員對於社會發展作出的文化貢獻；其次通過李瑞清登科、通籍、出世三個重要歷史節點劃分出其書學發展的三段軌跡；在李瑞清書法藝術思想形成的多維觀論述上主要涉及其以儒為教的尊孔思想以及對晚清碑學思想的立場表述。

第二章，論述李瑞清書法藝術在儒家文化傳統中以「氣」為核心的審美特性，追求書卷氣的人文思想、「心正筆正」的倫理道德觀，以及在社會鼎革之際以出世的姿態完成人格昇華的心路歷程。

第三章，闡釋「氣味論」影響下的「以器分派」「求分於石、求篆於金」「胸有全紙、目無全字」三個重要書法藝術思想，通過對書學淵源、藝術形式、材料語言以及視覺心理學等方面的詳細分析，確立其書法思想在書學史上的

獨到價值和地位。

第四章，具體介紹李瑞清書法藝術思想在藝術形態上的風格體現，而其「雄渾」「古厚」的書法審美意味恰恰呈現與清廷政治形象截然相反的品格傾向，既書寫出國士們的強國願望，也反映了被壓抑民族不屈服的訴求。

第五章，主要談李瑞清思想的傳播和陶染。闡述對時人包括沈曾植、曾熙等眾多踐行「碑」「帖」融合的通識之士的書學理解，體現其言傳身教對二十世紀的重量級學者藝術家李健、胡小石、呂鳳子、張大千等諸弟子們的不同影響，也包括其「啟智」思想在教育實踐中的貢獻以及對南京大學文人書風的面貌形成所作出的先導之功。

文章的結語部分，匯評時人及後來學者對李瑞清書法實踐的學術異議並分析其利弊，最後歸納其書法理論的歷史意義，並肯定其學術貢獻，亦對於其書法理論、書法教育、書法實踐與書藝風格的歷史局限性有所論述。

四、本文的創新與不足之處

書法美學研究的歷史是短暫的。「自從民初梁啟超、二三十年代美學前輩朱光潛與宗白華兩位先生率先過問、並有專論以來，數十年間書法界卻一直保持著奇怪的沉默……1980 年以後，書法美學又重振旗鼓。」〔註92〕而對於李瑞清的書學藝術理論也同樣未有深入的挖掘和研究。本文係從藝術學理論的視域針對李瑞清書學藝術思想進行的個案研究。筆者通過閱覽書學文獻，辨析相關專業詞語，進一步探尋早已約定俗成的「金石學派」的學術內涵與思想遞延並釐清概念。

本書的創新之處有如下三點：

1.筆者在梳理李瑞清的書學理論過程中，從歷史和邏輯的角度對其進行藝術觀念的價值評判，並將其書學藝術思想、教育思想、文學觀念放置於整個時代的思潮和文化運動背景之中，在東西方美學觀點的互為證驗下，全方位辨析其書法藝術以及思想構建與現代藝術美學的隔閡和距離，以求相對公正的學術判斷。

2.筆者從李瑞清《玉梅花庵書斷》中抽繹出「以器分派」「求分於石、求篆於金」「胸有全紙、目無全字」三個理論進行思想架構的創建係筆者借鑒視覺心理學、美學、藝術等諸多門類研究的成果上進行的深度探索，為李瑞清的碑

〔註92〕陳振濂：《書法美學》，陝西人民美術出版社 1993 年，第 279 頁。

學觀念總結出一個完整的思想體系。

　　3.二十世紀碑帖結合的實踐證明，兩百多年來的南北書派之美學爭議已經終結。筆者在本文的研究過程中首先視「碑」「帖」二學於一體，間或分述，但保持整體觀照書學思想發展的思路，在此前提下儘量避開技法描述上的泛泛之談，這是與書法類專業研究的區別。

　　不足之處也有三點：1.古今經文學對李瑞清思想的影響，一直糾結於筆者的思考，未能深入梳理。2.限於筆者的學養和能力，本書在闡述書法藝術和金石學的邏輯關係時，未能深入挖掘，是為局限之二。3.針對李瑞清的書法實踐，其篆隸書與行草書的兩種風格的優劣比對，沒有建樹新的觀點展開評述，是為局限之三。不足之處是筆者在結束本文撰寫後反求諸己的過程，亦為今後的學習目標提供了努力的方向。

第一章　李瑞清書法藝術思想的發展脈絡

　　李瑞清（1867 年 8 月 8 日～1920 年 9 月 12 日），清末民初鼎革之際著名的教育家、詩人、書畫家，是中國近代高等師範教育的重要開拓者和改革者，同時又是中國美術教育的重要奠基人，而作為思想型學者，他在書法理論領域的學術創構對二十世紀書法藝術的發展有其獨特的思想貢獻。

圖 1-1　張大千繪李瑞清頭像，1926 年

圖片選自《〈清道人畫像〉背後的張大千創作秘密》。

　　1914 年 3 月 9 日，袁世凱頒發大總統令「設置清史館」，並敦聘曾任東三省總督的前清遺老趙爾巽任館長，「踵二十四史沿襲之舊例」，主持編修《清史稿》。其中刊載有李瑞清的事蹟，作為未定稿的清朝正史，二百餘字的追認亦可看作是官方對他一生的評價：

　　「李瑞清，字梅庵，臨川人。光緒二十年進士，選庶吉士。改道員，分江蘇，攝江寧提學使，兼兩江師範學堂監督。宣統三年，武昌亂起，江寧新軍亦變，合浙軍攻城，自總督張人駿以下，官吏咸潛遁。瑞清獨留不去，仍日率諸生上課如常。布政使樊增祥棄職走，人駿電奏，以瑞清代之。急購米三十萬斛餉官軍，助城守。設平糶局，賑難民。城陷，瑞清衣冠坐堂皇，矢死不少屈。民軍不忍加害，縱之行。乃封藩庫，以籥與籍屬之士紳，積金尚數十萬也。自是為道士裝，隱滬上，匿姓名，自署曰清道人，鬻書畫以自活。瑞清詩宗漢魏，下涉陶謝，書各體皆備，尤好篆隸。嘗謂：作篆必目無二李，神遊三代乃佳。丁巳復辟，授學部侍郎。又三年，卒。諡文潔。」〔註1〕

　　筆者在《清史稿》中發現李瑞清字、號稱謂的記載和其家譜登錄以及會試履歷中的自述有所出入。進賢縣溫圳鎮楊溪李家村保存的《李氏族譜》中記載：「必昌次子，行二，字仲霖，號雨農，易號梅庵，亦號梅癡。……同治丁卯年七月初九日寅時生。」有清一代，「士子之以鄉試中舉人、會試成進士者，皆刻硃卷。而列履歷於卷端，凡與考試之有關係者，悉列之為師，載其姓名官秩，文科然，武科亦然。」〔註2〕《光緒二十一年乙未科會試硃卷·李瑞清履歷》中記載：「李瑞清，字仲霖，號雨農，易號梅癡。行二，年二十五歲，江西省撫州府臨川縣人。以國子監生中式癸巳恩科本省鄉試第九十三名舉人。甲午恩科會試，中式第二百二十七名貢士。乙未會試正科補行殿試二甲第十五名，賜進士出身。朝考一等第十九名，欽點翰林院庶吉士。」

　　李瑞清的硃卷中「先登本人姓名、字號、排行、出生年月、籍貫等。」〔註3〕繼而記載始祖以下列祖列宗及妻室子女；附載受業和受知師，並且，師從要按照授業順序排列，以示學問淵源有自。鑒於科考制度的嚴肅性，考生自己提供的信息，應該是詳實準確，同時，可以與《李氏族譜》相比照得

〔註1〕趙爾巽等撰：《清史稿·列傳二百七十三·文苑三》，北京：中華書局 1977 年版，第 13437 頁。
〔註2〕李春光纂：《清代名人逸事輯覽》，中國社會科學出版社 2005 年版，第二冊第 487 頁引。
〔註3〕顧廷龍編：《清代硃卷集成》序，臺北成文出版社 1992 年版，第 1 頁。

到更可靠的印證。

在古代傳統中，「名」是自稱，「字」供他人稱呼自己，有尊重的意味。顏之推認為：「古者，名以正體，字以表德。」〔註4〕可見，「字」從「名」派生出來，是對「名」的含義進一步的表述和闡釋。李瑞清在兄弟中排行第二，按伯、仲、叔、季排序，故取「仲」，字仲霖。「霖」指豐沛的雨水，屬於吉語，呼應「瑞清」，符合古人「聞名即知其字，聞字即知其名」〔註5〕的取名原則。至於號「雨農」，更是和「清」「霖」一脈相承。〔註6〕

李雲麾在《先從兄清道人行述初稿》中記載李瑞清年幼時木訥，但「從祖子白公獨亟賞之，字以麟爾，故一號仲麟」；門人蔣國榜在《臨川李文潔公傳略》中記載：「公諱瑞清，字仲麟」；《世載堂雜憶》上說：「梅翁原字仲麟，因感余公知遇之恩，又傷梅貞夫人不能同到白頭，誓不再娶。先改字曰梅癡，後易字梅庵，不忘梅貞夫人也。」劉恒在《中國書法史清代卷》中寫作：「李瑞清，字仲麟，號梅庵」，段曉華點校整理《清道人遺集》的前言中亦稱：「李瑞清，字仲麟，號梅庵」等等，以上數文記載的「仲麟」似乎和「瑞清」在語義之間缺少內在聯繫，當然，也都與砆卷的記錄不合，予以標出。

第一節　家世榮光：臨川李氏在學界的影響

「茅廬低傍水，古路斷人行。黃葉林間下，秋山雨後橫。野雲歸欲盡，去雁聽天聲。信美吾鄉景，天涯空復情。」李秉禮〔註7〕（1748～1831）在《題江村秋霽圖》一詩中讚美的臨川就是李瑞清的祖籍——江西撫州。古往今來，許多名人大家在這個贛東古郡創造了難以磨滅的業績，其影響就如王勃在《滕王閣序》中所吟詠：「鄴水朱華，光照臨川之筆。」這「筆」是稱讚元嘉八年（431年），曾做過臨川內史的山水詩人謝靈運的文筆。而今天的「臨川之筆」則指的是「毛筆文化之鄉」的進賢縣毛筆，當年，乾隆御筆親題的「周虎臣筆

〔註4〕顏之推：《顏氏家訓》，管曙光注譯，中州古籍出版社2008年版，第62頁。
〔註5〕班固：《白虎通》，北京：中華書局1985版，第227頁。
〔註6〕喻學才：《李瑞清身世研究史料的新發現》，《遺產保護研究》，南京大學出版社2012年版，第376頁。
〔註7〕李秉禮，字敬之，號松甫、耕雲、韋廬，又號七松老人，李宜民次子，官至刑部江蘇司郎中。作為清代著名詩人，他癡迷韋應物等人的山水田園之作，因此把自己的住處叫「韋廬」，並有《韋廬詩集》九卷存世，袁枚稱讚其詩歌成就：「松甫詩才清絕，不慕顯榮。父子皆奇士也。」（《隨園詩話》原書卷十・六七）

莊」亦出自進賢縣文港鎮。

　　東晉咸康年間，任江州刺史的王羲之優游臨川，他當年的洗硯池（位於撫州市文昌橋）已成為歷代文人憑弔的遺跡；南朝宋文帝元嘉元年（424年）著名文學家荀伯子任臨川內史，其《臨川記》（已佚）有過書聖相關的記載；宋代文學家曾鞏在慶曆八年（1048）九月專程憑弔右軍遺跡後應邀撰文《墨池記》，推許王羲之臨池學書的精神，並引申推論出勉學勸善的目的。唐大曆三年（768），花甲之年的顏真卿出任撫州刺史，大曆六年（771）四月自撰自書《有唐撫州南城縣麻姑山仙壇記》，成為書法史上楷書的典範之作。從宋代開始，臨川才子輩出，宋詞之祖晏殊和他的兒子晏幾道、北宋思想家、文學家、政治改革家王安石皆生於斯。這裡還是明代戲曲家、文學家，《臨川四夢》作者湯顯祖的故鄉，他也曾用周虎臣專製毛筆為《周氏宗譜》開篇題序。

　　具體到李瑞清的故居所在地，就是今天的進賢縣溫圳鎮五楊溪李家村（溫圳過去隸屬撫州，今屬進賢縣，因地處南昌近郊，隨著行政區域的調整，1983年劃歸南昌市統轄），2012年，李家村被國家列為首批具有重要保護價值的中國傳統村落〔註8〕。「村無別姓根番李，溪有先人手種楊。」這是清代道光二十五年（1845）第二甲第十名進士、翰林院編修、國子監祭酒李聯琇撰寫的一副嵌村名的對聯，這副對聯既顯示出撰聯人的才華，也表示其對開基祖先李居信的敬重與追思。有著耕讀傳家傳統的楊溪李村現存有十四對進士旗杆石，記錄了自南宋至清代六百多年科舉歷史中，前後十四位進士的名錄，其中第十四位就是本書主角，也是李氏家族最後一位進士：清代光緒二十一年第二甲第一十五名進士，李瑞清。《光緒二十一年乙未科會試硃卷·李瑞清履歷》記載：「始遷祖居信，宋代由豐城正信鄉新城之湖茫遷楊溪。賜進士，除戶大軍倉。」〔註9〕由此可知，李瑞清先祖李居信遷到臨川溫圳楊溪後，一直在此繁衍。

　　清初，十五代李枝芳（清康熙庚午（1690）科中式第二十名舉人）的子嗣陸續遷往廣西桂林、湖南、貴州等地。其中享譽桂林的「臨川李氏」就是指大鹽亨，第十七代李宜民（1704～1798，字丹臣、號厚齋）在桂林繁衍的家族稱謂。雍正七年（1729），李宜民遷往廣西桂林謀生，最初以代人寫文書為生，

〔註8〕見2012年12月17日，住房城鄉建設部、文化部、財政部（建村〔2012〕189號）公布的《第一批列入中國傳統村落名錄的村落名單》。

〔註9〕轉引自曾迎三《清道人年譜（一）》，《內江師範學院學報》，2013年第28卷第9期，第16頁。

後獲得了代理官府督理梧州鹽業的資格，家族經濟實力迅速膨脹。李宜民樂善好施，致富後熱心公益，乾隆五十八年（1793），在他 90 高壽捐建隱山華蓋庵時，依據錢塘聖因寺碑刻摹勒五代貫休的《十六尊者像》供奉，現收藏於桂海碑林博物館。這種文化遺產保護的自覺和舉措，也使人們今天得以觀摩古代佛教雕刻的精神。富而優則學、學而優則仕，李宜民為了提高家族的社會地位，極重視對後輩的文化教育和道德素質的濡養，並通過捐輸實現其由商賈階層向官宦仕途的過渡，子輩中俊彥代出。由此，李家的社會地位逐漸上升，並在文化界形成藝術的族群。「李氏一門風雅，為當時桂林之冠」，[註10]成為有清一代頗具影響的書香門第。

一、李秉綬與嶺南畫派

李秉綬（1783～1842），字佩之，號芸甫、芸圃，係李宜民八十歲生第六子，官至工部都水司郎中，以詩畫著稱於世，尤以竹梅最有名，鄭午昌在《中國畫學全史》中記載：「李秉綬佩之，臨川，松梅。」[註11]有「乾嘉十六畫人」之譽，且與嶺南畫派早期的形成有著千絲萬縷的聯繫。

嶺南畫派作為中國近現代畫壇上的重要流派，追本溯源，「可以說是惲南田、宋光寶、孟麗堂、居廉、居巢、高劍父、高奇峰、陳樹人一脈相承也」。[註12]而李秉綬與孟麗堂、宋光寶等人的交往記錄，可以通過其姻親張維屏[註13]（1780～1859）的《桂遊日記》，以及潘正亨[註14]（1779～1837）等人的詩歌遠窺嶺南畫派肇始之景象。孟麗堂（約 1764～1833）[註15]，名覲乙，字麗堂，號雲溪外史，江蘇常州人。李瑞清曾在《為金楚青畫花卉跋》中記載：「陽湖孟麗堂先生，花卉山水皆古拙高淡，其畫品在李復堂之上。居粵西最久，以其畫不入時目，世或不能舉起名。余弟阿筠每歎之，余曰：『孟麗堂先生畫，本不與俗人看也。』」[註16]齊白石早期畫風可以看到孟麗堂作品

〔註10〕鍾瓊：《李秉禮》，《桂林歷史人物小叢書》，廣西師範大學出版社 1997 年版，第 3 頁。

〔註11〕鄭午昌：《中國畫學全史》，上海書畫出版社 2017 年版，第 446 頁。

〔註12〕李偉銘：《後嶺南畫派》，《粵海風》，1997 年第 1 期。

〔註13〕張維屏，字子樹，號南山，廣東番禺人。清代乾隆秀才、嘉慶舉人、道光進士。

〔註14〕潘正亨，字臨伯，廣東番禺人，嘉乾時期廣州十三行富商潘有度長子，乾隆年貢生，以善書名，尤工詩，有《萬松山房詩集》。

〔註15〕孔令彬：《孟覲乙生平事蹟略考》，《美術學報》2015 年第 3 期，第 46 頁。

〔註16〕李瑞清：《清道人遺集》，黃山書社 2011 年版，第 137 頁。

的影響，他說：「作畫最難無畫家習氣，即工匠氣也。前清最工山水畫者，余未傾服，余所喜獨朱雪個、大滌子、金冬心、李復堂、孟麗堂而已。」〔註17〕他在《癸卯日記》中也曾記錄：「過筠廠，得觀筠所藏孟麗堂畫冊，筆墨怪誕卻不外理，可謂畫中高品」〔註18〕徐悲鴻對孟麗堂評價甚高，他在一幅畫的題跋上記載了孟麗堂遷居桂林的緣由並稱讚其畫奇肆，不仿古人，並認為居廉、居巢的畫風與孟麗堂是一脈承傳的。〔註19〕

宋光寶（生卒年未詳），字藕塘，江蘇吳縣人，善用沒古法畫花鳥蟲魚，流寓廣西桂林，李秉綬聘其教寫花卉。蔣寶齡（1779～1840）在《墨林今話》中記載：「宋藕塘觀葆，吳郡人。善花鳥、工筆學北宋，逸筆宗陳沱江〔註20〕兼惲草衣（惲壽平）。」〔註21〕汪兆鏞（1861～1939）認為：「梅生、古泉兄弟出，初猶學藕塘，後乃自成一家，居氏花卉又開一生面矣。」〔註22〕居巢（1811～1865）、居廉（1828～1904）二人之於嶺南畫派有奠基之功。居廉最初學畫追隨於從兄居巢，後流寓廣西，道光二十八年（1848）在桂林隨兄同入東莞人張敬修〔註23〕（1824～1864）幕府，這期間，他們在「環碧園」欣賞到宋光寶與孟麗堂的大量作品。環碧園是李秉綬於道光四年（1824）斥鉅資在桂林疊彩山北白鶴洞下精心構築的一座園林，「（李園）岩壑內藏，廣逾百畝。春時梨花極盛，遠近丹青之士咸為作圖。」〔註24〕通過其交遊，園內鑴刻大量名家題詠繪畫。居廉在廣西時「每以暇日，挾丹青，遊野次，或登山臨水，追模花鳥草蟲諸生物，務得其神似。又專志習南田老人之沒骨畫法，或取法於沈石田，又刻印曰『宋孟之間』，宋為藕堂光寶，孟為麗堂觀

〔註17〕李祥林編著：《齊白石畫語錄圖釋》，西泠印社出版社1999年版，第33頁。
〔註18〕王中秀、曾迎三編著：《曾熙年譜長編》，上海書畫出版社2016年版，第76頁。
〔註19〕翁真如：《嶺南畫派的源流與發展》，《嶺南畫派在澳洲實錄》第009～027頁。
〔註20〕陳栝，字子正，號沱江，江蘇蘇州人，明代畫家陳淳之子。
〔註21〕蔣寶齡：《墨林今話》卷十五《藝苑之俊》，上海古籍出版社2015年版，第325頁。蔣寶齡，字子延，號霞竹、別號琴東逸民，江蘇昭文（今常熟）人，清代畫家，詩人。
〔註22〕汪兆鏞：《嶺南畫徵略》，廣東人民出版社2011年版，第178頁。汪兆鏞係汪精衛同父異母的長兄。
〔註23〕張敬修，字德圃，別署弄潮客、博溪漁父，廣東東莞縣人。道光二十五年（1845年），「援例捐府同知」，後官至廣西按察使、江西按察使署理布政使，廣東四大名園之一的可園園主。
〔註24〕蔣寶齡：《墨林今話》卷十五《芸甫水部》，上海古籍出版社2015年版，第324頁。

乙，不忘師也」。〔註25〕「宋孟之間」既示其藝術淵源，又反映自己的藝術風格與審美追求。自同治四年（1865）到光緒三十年（1904），居廉在隔山十香園紫梨花館授徒〔註26〕，教學半生，門人眾多，親授學子大多成為嶺南藝壇的精英，其中就有高劍父、陳樹人。史學家簡又文（1896～1978）認為：「芸甫得官工部，雅好藝術，亦擅繪事，由桂來粵時，專聘陽湖孟麗堂（覲乙）及長洲宋藕塘（光寶）兩名畫家同來教授花鳥。忽得此來自三江的新血灌入，嶺南畫風遂為之一振，漸而生氣勃發，演成新派。李氏有造福於廣東文藝之功，誠不可沒也。」〔註27〕上述諸多文獻可證見嶺南畫派與李秉綬之間淵源有自的文脈流變。

二、李宗瀚與臨川四寶

　　李宗瀚（1769～1831），係李秉禮〔註28〕（1748～1831）長子，過繼給伯父李秉仁為嗣，乾隆五十八年（1793）癸丑科進士。道光時為工部左侍郎，主浙江學政。《清史稿》卷三百五十四、列傳一百四十一載其傳，稱「宗瀚孝謹恬退，中歲以養親居林下十年，書法尤為世重。」〔註29〕作為文學家，李宗瀚崇尚韓愈，善詩詞，著有《靜娛室偶存稿》《杉湖酬唱詩略》各二卷傳世。李宗瀚書法承繼王羲之、虞世南一路風格，與劉石庵、程春海同為清嘉、道年間三大書法家。曾國藩在同治六年（1867）十一月初十日的日記裏，認為自己可以師法的古今書家時說：「一石，謂劉石庵〔註30〕；兩水，謂李春湖、程春海〔註31〕。二祖，謂

〔註25〕李健兒：《廣東現代畫人傳附編》，民國年間版本。

〔註26〕朱萬章：《居廉藝術活動年表》，《中國書畫》2009年第2期，第52～53頁。

〔註27〕簡又文：《廣東繪畫之史的窺測》，轉引自黃小庚、吳瑾編《廣東現代畫壇實錄》，嶺南美術出版社1990年版，第213頁。簡又文，字永真，號馭繁，廣東新會人。撰有《太平天國全史》《太平天國典制通考》，是近代研究太平天國史的拓荒者。

〔註28〕李秉禮，字敬之，號松甫、耕雲、韋廬，又號七松老人，李宜民次子，官至刑部江蘇司郎中。作為清代著名詩人，他癡迷韋應物等人的山水田園之作，因此把自己的住處叫「韋廬」，並有《韋廬詩集》九卷存世，袁枚《隨園詩話》稱讚李秉禮詩歌成就：「松甫詩才清絕，不慕顯榮。父子皆奇士也。」

〔註29〕《李宗翰傳》，參見《二十五史·15清史稿》下，中國文史出版社2003年版，第1849頁。

〔註30〕劉墉（1719～1804），字崇如，號石庵，山東高密縣人。乾隆十六年（1751年）進士，官至內閣大學士。清代書畫家、政治家。

〔註31〕程恩澤（1785～1837），字雲芬，號春海，安徽歙縣人。嘉慶十六年（1811）進士，官至戶部侍郎。精詩文、書法、繪畫、金石。何紹基是其得意門生。

羲獻；六宗謂歐虞褚李柳黃也。」〔註32〕

李宗瀚憑藉自身的詩書技藝以及豐富的碑帖藏品，結交了如翁方綱、法式善、曾燠、秦瀛、英和、斌良、陳用光、歐陽輅、潘世恩、郭尚先、朱桓、吳嵩梁、顧蒓、葉紹本、朱方增、阮元、陶澍、張維屏、朱鶴年、顧皋、彭邦疇、鄧顯鶴等〔註33〕當時許多文人雅士。1983年，李宗瀚所書「拓園」匾額在桂林拓園舊址出土，現藏於桂海碑林博物館。作為一代收藏和鑒賞大家，其收藏的珍品，諸如「臨川四寶」〔註34〕「臨川十寶」〔註35〕，還有王蒙的代表作《青卞隱居圖》（上海博物館藏）等大量歷代名畫名帖，均藏於拓園靜娛室。並且，針對其所喜愛的漢淳于長《夏承碑》等八件珍品，專作《靜娛室八詠》詩一組（參見《靜娛室偶存稿》卷下）。徐珂（1869～1928）編撰的《清稗類鈔‧鑒賞類三11》之「謝梅石論拓碑法」（中華書局1986年版，第4422頁）一文中記載了：「李宗瀚，……嘗得元康里氏所藏唐拓《廟堂碑》〔註36〕，及唐拓《化度寺碑》，皆親自鉤摹上石，均極神妙。」《葉鞠裳論碑拓之孤本》（《清稗類鈔‧鑒賞類三12》亦記載：「隋丁道護《啟法寺碑》〔註37〕，唐魏棲梧《善

<hr>

〔註32〕曾國藩：《求闕齋日記》，金城出版社，1995年版。

〔註33〕黃陽興：《清代李宗瀚文學、書法及其收藏（下）》，《中華書畫家》2013年07期，第84頁。

〔註34〕臨川四寶：（1）隋丁道護書啟法寺碑；（2）唐虞世南書孔子廟堂碑；（3）唐褚遂良書孟法師碑；（4）唐魏棲梧善才寺碑。

〔註35〕臨川十寶：（1）趙州石氏帖（王義之小楷）；（2）化度寺碑（唐‧歐陽詢書）；（3）夏承碑（陽文篆額題《北海淳于長夏承碑》3行8字，傳為蔡邕書）；（4）啟法寺碑；（5）廟堂碑唐石本；（6）雲麾李秀碑（唐‧李邕書）；（7）宋拓虞恭公碑；（8）宋拓多寶塔碑（唐‧顏真卿書）；（9）孟法師碑；（10）善才寺碑。

〔註36〕《孔子廟堂碑》，原碑立於唐貞觀七年（633）。碑高280釐米，寬110釐米，楷書35行，每行64字。為虞世南六十九歲時所書，是歷代金石學家和書法家公認的虞書妙品，「僅拓數十紙賜近臣」（清楊賓《大瓢偶筆》）。原石封成後不久即毀，黃庭堅有「孔廟虞書貞觀刻，千兩黃金那購得」詩句，足見原石拓本的稀缺珍貴。李宗瀚藏《孔子廟堂碑》唐拓殘本，原為元代收藏家康里嶸嶸舊藏。重新裝幀後，封面由翁方綱題簽：《廟堂碑唐本》臨川李氏秘笈，北平翁方綱。鈐「覃溪」印。該本於民國初期出版石印本後流入日本，今藏於三井紀念美術館。

〔註37〕隋丁道護書《啟法寺碑》，丁道護為隋朝著名的書家，生卒年月不詳，譙國（今屬安徽省）人，官至襄州（今湖北襄樊）祭酒從事。原碑立於隋文帝仁壽二年（602），為隋碑代表作，原石亡佚已久，現存傳世宋拓本僅為李宗瀚所藏唯一拓本。宋蔡襄評《啟法寺碑》語：「此書兼後魏遺法。……隋唐之交，善書者眾，皆出一法，道護所得最多。」（《蔡忠惠集》）米芾《海嶽名言》云：「首護所書啟法寺碑，冠絕一時，蔡君謨題跋極許可之，謂騰薛純陀也。」此為何義門大史舊本，手題簽存，前後有「研山堂印」「孫承澤印」，最後有「魏國公印」，為宋賈

才寺碑》〔註38〕，皆在臨川李氏。」

　　李宗瀚所藏的碑帖幾乎都經過翁方綱（1733～1818）的鑒定和題跋。精通鑒賞、長於金石考證的翁方綱，其書法強調「無一筆無出處」，在乾嘉時期與劉墉（1720～1805）、梁同書（1723～1815）、王文治（1730～1802）齊名，與李宗瀚是極為親密的師友關係。嘉慶十七年（1812），翁方綱題跋李宗瀚藏《啟法寺碑》，其跋文稱「予聞此碑之名三十餘年，去年春，吳門陸謹庭為予勾摹一本，已足見其概矣。此拓本即義門所藏者，今歸於臨川李春湖宗丞。唐以前正書若此者，世已罕有，自蔡君謨，歐陽永叔已歎美之，況今日乎？吳中金石舊拓秘本多在謹庭松下清齋，惟此本在謹庭一親眷處，極珍秘，不肯輕以示人。今竟為春湖所得。春湖博雅嗜古，若虞永興《廟堂碑》唐拓本及魏棲梧書《善才寺碑》，藝林所不可得見者，今皆聚於春湖齋，而予亦皆幸得附名題記，所見歲月於其賭側，虹月夜光，照我屋壁，何啻共此墨緣邪。」在啟法寺碑這種「上承六朝，下啟三唐」的結點上，可以看出楷書完成從隸書的進化奠基時期，開始走向精美、規整的風格成熟期。此帖於1909年經李翊煌付諸石印，民國間由李氏家族後人散出，之後流往日本。

　　嘉慶二十四年（1819）春三月，「極三朝之寵遇，為一代之完人」的兩廣總督阮元（1764～1849）在李宗瀚的拓園鑒賞了《善才寺碑》拓本，並以行書題寫跋文〔註39〕，該拓本現藏於日本三井文庫。李春湖在京師為官時，曾邀同

　　　　　秋壑鈐記。《啟法寺碑》封面由翁方綱書「隋丁道護啟法寺碑」，鈐「覃溪」印。內有李宗瀚跋文，文尾鈐「李宗瀚」「公博」「聯琇嗣守」「翊煌嗣守」印。

〔註38〕唐魏棲梧《善才寺碑》全稱《大唐河南府陽翟縣善才寺文蕩律師塔碑銘並序》。碑署虞渙撰文，褚遂良書，據清王澍、翁方綱考證，定為魏棲梧書。此碑為唐開元十三年（725年）安葬寺主文蕩律師的寶塔落成法會的立碑紀念，原碑在宋代亡佚。李宗瀚藏宋拓本《善才寺碑》，封面由翁方綱題簽：唐魏棲梧書善才寺碑。內頁有「蔡京珍玩」印、「內殿秘書之印」，鈐「李宗瀚印」「寶」「臨川李氏」「靜娛室書畫記」「覃溪審定」印，翁方綱、李宗瀚、阮元、馮銓等題跋印記。現藏三井紀念美術館。

〔註39〕跋文內容如下：「有唐一代碑版多是北派，以褚、歐二家為正宗。歐、褚出於北魏、周、齊、隋，與虞之南派判若江河。北派出於索靖之隸法，何嘗出於鍾、王哉？凡字中微帶隸意者，皆是北派，此碑在唐已至開元矣，而第十頁「掃」字、「和」字，猶存隸意，與登善之常帶隸意者，淵源顯見。又，柳誠懸書法淵源亦出於此等碑版。靜觀此碑，上與褚、薛及北超諸碑相承，下與誠懸各碑相貫。終唐之世，以及開成石經，未有不沿於歐、褚者，吾固曰：閣帖盛而碑版晦，碑版晦而書派紊。此等舊碑在世，猶可印證吾言，再數百年，無知之者矣。嘉慶廿四年三月，從春湖中丞處得讀此碑，雨窗清靜，聊識冊尾。揚州阮元時在桂林行館。」

年進士，著名詩人英和（1771～1840）欣賞其道光三年（1823）收藏的褚遂良《孟法師碑》〔註40〕，遂有英和《觀同年李春湖副憲家藏唐搨褚書〈孟法師碑〉》一詩〔註41〕，「淡墨探花」王文治亦對此帖有行書題跋。

圖 1-2 廟堂碑、善才寺碑、褚遂良孟法師

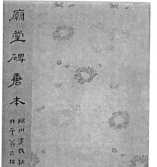

李宗瀚在得到《孟法師碑》《夫子廟堂碑》《善才寺碑》《啟法寺碑》這四件傳世碑帖後寫下了「隋唐秘妙，真則稱丁。虞髓褚骨，魏罕知名。得一已絕，矧四難並。珍逾趙璧，不出戶庭」的題記，足見他擁有後的欣喜與珍重。並且，李宗瀚「謂之寶者，嘗以寶字圓印印其端」和「心賞」葫蘆印。光緒十七年九月十九日（1891年10月21日），近代實業家張謇（1853～1926）在南昌拜會李翊煌〔註42〕等人，二十五日（10月27日），「博孫招食蟹，因得觀『靜娛室四寶』，蓋隋丁道護啟法寺、唐虞世南廟堂、褚遂良孟法師、魏棲梧善才寺四

〔註40〕《孟法師碑》全稱《唐京師至德觀主孟法師碑》，立於唐朝貞觀十六年（642），岑文本撰文，褚遂良書丹，萬文詔鐫刻。此碑原石佚失已久，李宗瀚所藏唐拓孤本傳世，現藏日本三井聽冰閣。該孤本殘缺不全，存字776個。封面由李宗瀚摹褚氏正楷書「褚河南書孟法師碑」。首頁為李宗瀚跋文，碑文首頁鈐「寶」「李宗瀚印」，尾頁有明代王世貞、王世懋，清代王澍、王文治、陸恭、李宗瀚等人鑒定題跋多篇。鈐「臨川李氏」、「靜娛室書畫記」等印。

〔註41〕英和：《恩福堂筆記·詩鈔·年譜》，北京古籍出版社1991年版，第227頁。

〔註42〕李翊煌（1850～1917），字佩四，號博孫、聯琇四子，過繼聯琇為嗣，光緒十二年（1886）丙戌科進士（中國第一歷史檔案館藏：清代官員履歷檔案全編，6冊，第452頁）。光緒二十四年（1898），以道員用分發河南補用知府；宣統二年（1910），署光州直隸州知州（陳三立：《清故三品銜河南候補李君墓表》，《散原精舍詩文集》，上海古籍出版社2003年版，第932頁），今河南潢川縣，民國初隱居上海，1917年卒於南昌。

碑也。天下奇珍，生平初覯，絕大眼福。飯後上船啟行，同行者賡臣、松如及太平朱某，賡臣舟中之主人也。」（張謇《柳西草堂日記》）在張謇勸說下，李翊煌將家藏名拓石印傳世，使得李氏秘藏得以傳播。對於此事，1892 年 7 月 15 日《申報》第 6907 號第 4 頁、1893 年 5 月 30 日《申報》第 7221 號第 1 頁，先後均有記載。2019 年 1 月 16 日，日本東京國立博物館學藝企劃部長、書法史學者富田淳在東京國立博物館策劃「書聖之後——顏真卿及其時代書法特展」中，根據策展需要，李宗瀚的「臨川四寶」首次聯袂露面，四件碑帖在專門的展櫃中獨立展示，並貫穿了展覽整個第一、二部分，顯現其非常重要的價值。其中《孟法師碑》《夫子廟堂碑》《善才寺碑》三件由三井紀念美術館收藏，《啟法寺碑》拓本長期收藏於日本私人手中，這次也屬首次公開展示〔註43〕。而其最有價值的則是李宗瀚舊藏的《淳化閣帖》六、七、八 3 卷殘本，明末清初為孫承澤所收藏，後經李宗瀚、李聯琇、李翊煌三代守藏，帖中鈐有「寶」「臨川李氏」「李宗瀚印」「李氏珍秘」，「公博鑒藏」「聯琇嗣守」「翊煌嗣守」「翊勳敬觀」（翊煌、翊勳均為李宗瀚裔孫）等印。宣統元年（1909），該帖由李翊煌石印傳世。2003 年，上海博物館斥鉅資 450 萬美元從美國人安思遠手中購回。

　　1915 年三月一日（4 月 14 日），沈曾植、羅振玉、李瑞清在李翊煌寓舍觀賞《淳化閣帖》。羅振玉在《五十日夢痕錄》中記載了這個過程：「三月朔上午培老來談，並約至古渝軒午餐，坐客為李梅庵方伯瑞清。午餐後，同至李君博生翊煌寓舍，觀所藏宋拓《淳化閣帖》殘本三冊，後有宋人王淮跋，並有「中書省」「門下省」「尚書省」三印。又觀王弇州藏本宋拓《大觀帖》三冊，均極精。又見所藏文湖州山水卷，後有山谷老人跋，書法從巨然出，極佳。李君為春湖先生後人，初以京曹改外秩，國變後寓滬上，以醫術自給，可謂不愧門第者矣。是日又聞王聘三方伯乃徵、胡樞堂侍御思敬近並在滬上，隱於黃冠，皆予舊識也。予曩歲視學西江，王方伯守南康，署齋寥寂如僧舍，約予遊匡阜，以雨不果。方伯為言官時有直聲，樞堂侍御往在諫垣，亦以悾直不容於僉壬，乞養歸，予曾作詩送其行。今均遁跡江湖，恨不得與之握手，一話滄桑也。」〔註44〕

〔註43〕詳見富田淳 2011 年、2015 年發表的文章《李宗瀚的收藏》《李宗瀚的傳說——臨川李氏的四寶和十寶》《李宗瀚的眼光》。

〔註44〕羅繼祖主編：《羅振玉學術論著集》第十一集，上海古籍出版社 2010 年版，第 154 頁。

　　1918 冬，李瑞清在《跋宋拓淳化閣帖》中，清晰地提出自己對《淳化閣帖》的見地：「自來言匯帖者莫不祖《淳化》《大觀》《絳州》《潭州》皆其苗裔也。《淳化》覆本無慮數十家，世所傳者，以肅府本、賈似道本為最著。以余所見，原刻凡三本，其一唐薇卿丈所藏本，雲從臺灣所得，墨色黝古，尚無銀錠紋。一王子展年伯本，宋時金剛摺標，明人題跋皆在紙背，所號為賈似道本者也。其一則余家司空公本，此本是也。然皆為賈似道藏本，亦一奇也。此本銀錠宛然，有宋人兩題：一為王淮季海本，有宋名臣；其一無名，然亦名手也。其標邊押縫處有賈似道長腳封字印，則尚是宋人所標。且昔稱淳化刻，以二王帖為最佳。況此三卷全是大王帖，雖屬殘本，尤得精華，每一展臨，如見右軍伸紙操觚也。」〔註45〕（相傳《淳化閣帖》祖本刻於棗木，年代久遠，棗木開裂，後用銀錠加固，故有無銀錠紋可以作為北宋祖刻本的判斷參照，目前有銀錠文的本子，只有在二十世紀八十年代，傅申先生收購，現藏美國弗瑞爾美術館的南宋紹興國子監本與李宗瀚這三卷）。〔註46〕

　　李瑞清曾以魏書體寫《告子弟學書》一文，言「瑞清兒時聞家大人曰，司空公學書必日書三百字以為程，雖嚴冬遠道，必夜起秉燭，書已乃上車。先人學書之勤如此，小子識之不敢忘。因此碑亦平日自課，謹書所知，以告吾家子弟。瑞清敬志。」〔註47〕工部尚書雅稱大司空，李宗瀚官至工部左侍郎，雅稱少司空，故而有此一尊稱。上文所言的榜樣形象帶給族人的影響深刻而長遠，其家族後人也多以文士處世。

三、李聯琇與鍾山書院

　　李聯琇（1820～1878），字季瑩，號小湖，李宗瀚四子，道光二十五年（1845）第二甲第十名進士，先後擢侍讀學士、大理寺卿等職，著有《好雲樓集》等。致仕（正常退休）後，曾在南京鍾山書院講學和著述，並擔任院長。他的最大成就在詩歌創作上，繆煥章（1812～1890，繆荃孫的父親）在《雲樵外史詩話》中稱其詩「氣味淵永浩瀚，瓣香東坡可知矣」。〔註48〕

〔註45〕李瑞清：《跋宋拓淳化閣帖》，《清道人遺集》，黃山書社 2011 年版，第 143 頁。
〔註46〕汪慶正：《〈淳化閣帖〉存世最善本考》，《淳化閣帖最善本》，上海書畫出版社 2003 年版，第 24 頁。
〔註47〕李定一、陳紹衣：《熔冶古今書法的一代宗師李瑞清》，海峽文藝出版社 2003 年版，第 4 頁。
〔註48〕王天晴：《臨川文化名人研究指要》，江西高校出版社 2001 年版，第 93 頁。

　　濫觴於唐朝的書院作為重要的教育機構一直延衍至晚清。雍正二年（1724），兩江總督查弼納在江寧府創建官辦書院，因毗鄰南京東郊鍾山而得名鍾山書院，著名的《顏魯公放生池碑》即收藏於書院之中。1853 年，太平天國佔據江寧時，鍾山書院被毀，1864 年，清軍克復南京後，曾國藩另闢新址重建鍾山書院。李聯琇、林壽圖、孫鏘鳴、梁鼎芬、繆荃孫先後出任院長。自同治四年（1865）至光緒四年（1878），李聯琇擔任鍾山書院院長前後長達 14 年之久，對書院的學術建設和發展做出了一些貢獻，被「院中人士祀之講堂」。光緒二十七年（1901），清廷正式頒布書院改制的諭旨，光緒二十九年（1903）四月，署理兩江總督的張之洞將鍾山書院改為江南高等學堂，鍾山書院最後一位院長繆荃孫，出任學堂首任監督。《南京大學百年史》記載：「1903 年 3 月，魏光燾接任兩江總督，李瑞清作為他的幕僚也來到江寧，任江南高等學堂監督。」蔣國榜在《臨川李文潔公傳略》中記載：「時朝旨廢書院，興學堂，罷私塾，設師範傳習所，一時寒畯譁然，不赴考。周公急委公為傳習所總辦，眾聞公來，群相慶曰『此吾鍾山山長李老師後也，必有以蘇我等矣』。蓋公族叔祖諱聯琇，世稱小湖先生者，為曾文正聘，主鍾山書院久，流風遺教，人士尚未忘也。」〔註49〕李聯琇與李瑞清在此處的先後任職，故有上述一說。

　　我們從楊樹明整理的李氏家族世系表〔註50〕以及徐雯雯對李瑞清家世考〔註51〕，可以看出李氏由十七世分為兩支，上述李宜民一支人丁興旺，才人輩出，顯示了以文化為核心的家學淵源的傳承力量。

表 1　李瑞清家族世系簡表

楊溪李家始祖	李居信
六世	李德貞
七世	李崇瑛
八世	李聖（三子）
九世	李浩
十世	李橚
十一世	李益

〔註49〕李瑞清：《清道人遺集》，黃山書社 2011 年版，第 98 頁。

〔註50〕楊樹明：《清末民初大變局中的李瑞清》，江西師範大學 2005 年碩士研究生論文，第 49 頁。

〔註51〕徐雯雯：《李瑞清年譜》，南昌大學 2010 年碩士研究生論文，第 116 頁。

十二世	李一和（次子）		
十三世	李國禎（次子）（1587〜1643）		
十四世	李曰滌（次子）（1609〜1668）		
十五世	李枝芳（長子）		
十六世	李婧（五子）		
十七世	李宜民 （1704〜1798）	李仁民（次子） （1709〜1760）	
十八世	李秉禮（次子） （1748〜1831）	李秉鑰 （1752〜1823）	
十九世	李宗瀚（長子） （1769〜1831）	李宗淮（四子） （1791〜1853）	
二十世	李聯琇（四子） （1820〜1878）	李庚（四子） （1819〜1895）	
二十一世	李翊煌（過繼） （1849〜1916）	李必昌（長子） （1839〜1901）	
二十二世		李瑞清（次子） （1867〜1920）	

　　由上表可見李瑞清這一支嗣脈延續非常清晰。十七世李仁民（1709〜1760），字遙瞻，號中亭，一號敬亭，李宜民弟。敕封儒林郎，晉封奉直大夫。十八世高祖李秉鑰（1752〜1823），字玉堅，號秋山。國子監生，候選州同。敕授儒林郎，誥授奉直大夫，誥封通奉大夫。十九世曾祖李宗淮（1791〜1853，李秉鑰四子）字子舒，號幼海。國子監生，議敘鹽課司提舉。誥授奉直大夫，誥封通奉大夫。且「自李宗淮於桂為官，始寓居廣西桂林臨桂縣。」〔註52〕《鬻書後引》中自述：「瑞清三世為官」〔註53〕，即指從其曾祖始。李宗淮四子李庚（1819〜1895），字君任，號子白，李瑞清的祖父，「國子監生，廣西興安尉，洪秀全起廣西，兩犯興安，令逸有守城功授五品銜廣東補用鹽大使，浩授奉直大夫，浩封榮祿大夫。」〔註54〕李庚長子李必昌（1839〜1901），即《光緒二十一年乙未科會試硃卷‧李瑞清履歷》中記載的：「本生父必昌，字慕蓮，號蘭生。國子監生。由軍功涉保監運使銜，賞戴花翎。記名海關道，雲南候補道，前湖南長沙府同知，歷官武陵、平江、長沙、衡山縣知縣。誥授中議大夫。」

　　古今的名門望族為證明身份歸屬，均致力於編修家譜，這種以血緣為紐帶

〔註52〕徐雯雯：《李瑞清年譜》，南昌大學 2010 年碩士研究生論文，第 2 頁。

〔註53〕李瑞清：《鬻書後引》，《清道人遺集》，黃山書社 2011 年版，第 127 頁。

〔註54〕《清代硃卷集成（85 冊）》，臺北：成文出版社，第 7 頁。硃卷：明、清兩代，為防舞弊行為，鄉試及會試場內，考生的各類試卷（即墨卷）須彌封糊名，由謄錄人用朱筆重新抄寫一遍的卷子，送交考官批閱，稱為硃卷。考中後，將本人在場中所作之文刊印成冊，也叫硃卷。

的宗族群體，通過譜系管理在一定程度上規範了倫理道德，維護了社會秩序。家譜以文獻的體例記載了姓氏淵源、始祖源流、世系繁衍、支派分流、人口遷徙等諸多詳細的內容，在一定程度上還原出家族歷史和社會圖景。特別是家譜中蘊含的「光宗耀祖」的人生觀以及孝與忠的交融性使得家族文化既延續了宗族的小群體，又認同於民族國家的大同，使它不僅成為族群社會的信念，還塑造著整個家族的人格精神，成為影響社會發展與進步的精神認同。

1981 年出版的《中國美術家人名辭典》李氏人名條中，臨川『李氏家族』中就有李秉禮、李秉鉞、李秉銓、李秉綬、李宗瀚、李宗淞、李宗涵（李秉綬次子）、李慧（李秉銓女）、李必昌、李瑞清、李健，十一人收入，另外，李雲麾〔註55〕（1886～1957）的女兒，著名畫家李承仙〔註56〕（1924～2003），也承繼了家族的藝術基因，隨同丈夫常書鴻（敦煌研究院第一任院長），致力於敦煌藝術的保護和研究事業。這些族人努力的成果都證明李氏家族是一個人文底蘊深厚的文化世家。為楊溪李村編制保護規劃的南京東南大學旅遊研究所所長喻學才教授說：「臨川『李氏家族』，完全可以稱為江西乃至中國的一個奇特文化現象。」「書畫承家學」，李瑞清能夠成為著名的教育家、書畫家，家學是至關重要的原因，而整個李氏家族傳統豐厚的文脈氣場帶給他的則是較為全面的儒家人文思想及相應的審美知識架構。

第二節　李瑞清書法藝術思想的發展分期

李瑞清的一生適逢中國歷史千年未有之大變局，他出生在洋務運動早期，經歷了中法戰爭直至五四運動的諸多事件，既曾高居廟堂，又能遠處江湖。其間親身參與了公車上書，並且在辛亥革命中作為晚清的「封疆大吏」，臨危受命，「承乏藩司」之職於南京，光復後棄官並「黃冠託跡以求志，不降不辱臣自保」，流寓上海鬻書畫以自給。1917 年 7 月張勳復辟後，被再度登位的溥儀授予「學部左侍郎」，雖未實任，但亦可以看出他的「草木有榮

〔註55〕李雲麾，又名李容恢，字常定，生於廣西桂林。1905 年在廣西加入同盟會，是辛亥革命的先驅者之一，曾遭清政府追捕，逃到南京，棲身於堂兄李瑞清門下。北伐以後脫離軍界，更名為李宏惠，從事學術研究。1949 年以後任國務院中央文史研究館第一批館員。

〔註56〕李承仙，李雲麾女兒，出生於上海霞飛路寶康里。1946 年畢業於重慶國立藝術專科學校西畫系，1947 年國立敦煌藝術研究所助理研究員，1982 年任國家文物局研究員。

枯，臣心終不死」〔註57〕的遺老情懷，其一生忠、誠、節、義，登入了《清史稿》的傳記行列。

　　作為傳統文人的李瑞清，在政權鼎革、人生轉捩後的生存過程中，社會環境、人文風氣乃至於經濟生活等因素對其書法藝術風格的形成至關重要，而其所作的各種詩文、信札、碑帖及書畫題跋，特別是後期納碑入帖實踐的成果等等，則反映其藝術思想漸趨成熟的歷程。一個書法家的藝術風格之形成是漸變的過程，不可能用一個時間點來判定前後的因果承續，鑒於此，筆者從他短暫的五十四年生命過往中，依循其人生歷程中「登科、通籍、出世」三個重要事件為節點，劃分出書學演化軌跡的三個階段，以此研究其書法藝術風格及書學理論思想的邏輯脈絡。

一、書法醞釀期（1867～1895 問學登科）

　　19 世紀 60 年代開始，為挽救清朝統治，洋務派以「自強」為目的，以學習西方技術為目標，開始推動近代軍事、政治、經濟、文化的布局建設，客觀上促進了資本主義經濟在中國的產生和發展。

　　同治六年（1867），十六歲的日本睦仁皇太子在京都繼承天皇之位，其親政後領導的明治政府從制度的學習建設到科學技術的全面引進，由上而下進行「脫亞入歐」的現代化改革，並制定「富國強兵、殖產興業、文明開化」的三大政策，明治維新使日本邁入資本主義社會，中日兩國也由此逐漸拉開了差距。這一年「七月初九日寅時」，李瑞清誕生於廣東。此時，其父李必昌正在廣東為官，同治七年（1868）「以軍功由廣東南海尉而湖南武陵、長沙、衡山、平江等縣令。」〔註58〕於是，李瑞清隨侍父宦來到湖南，十八歲之前在此度過，且「居長沙最久」〔註59〕，故深受湖南人文風俗的薰陶和滋養。「湖湘文化傳統中有一個非常突出的特點就是『重踐履、重實學、重經世致用』」〔註60〕作為特徵明顯的地域性文化，湖南擁有一大批既有知識、又有經邦濟世志向的

〔註57〕李瑞清：《題梁節庵崇陵種樹圖》，《清道人遺集》，黃山書社 2011 年版，第 32 頁。

〔註58〕李雲麾：《先從兄清道人行述初稿》，《清道人遺集》，黃山書社 2011 年版，第 271 頁。

〔註59〕李瑞清：《喻星齋七十雙壽序》，《清道人遺集》，黃山書社 2011 年版，第 51 頁。

〔註60〕丁平一：《湖湘文化傳統與湖南維新運動》，湖南人民出版社 1998 年版，第 25 頁。

士人群體，在近代史上造就了「湖南人材半國中」的盛譽。何紹基、王闓運、譚延闓、曾熙、楊度等湖湘名流與李瑞清在各個方面的交集都對其產生了不可估量的影響。葉德輝（1864～1927）在《龔定庵年譜外記序》中提到：「曩者光緒中葉，海內風尚《公羊》之學，後生晚進，莫不手先生（指龔自珍）文一編。其始發端於湖湘，浸淫及於西蜀、東粵……」〔註61〕其中，晚清湖南最重要的學者王闓運（1833～1916），為學主治《春秋公羊傳》，其文學觀念、詩歌創作的美學品格對整個湖湘地區的學術風尚影響甚大，李瑞清少年時代成長於斯，所受的經學教育離不開公羊學經世致用的思想陶染。而在書法的臨習方面，也免不了受到風靡湖南的何紹基〔註62〕（1799～1873）書法的薰燉。曾幾何時，何紹基被劃為「碑學家」，或劃為「學顏字的」，既是忽略了他對晉唐傳統的學習，又忽略了他對新發掘傳統的積極吸收。李瑞清的隸書自學於何書，受其影響極深，譚澤闓（譚延闓之弟）說李的書法由何紹基「得筆，而沉古拙厚為二千年書家開一新面目」〔註63〕。李瑞清曾自言「瑞清七八歲時即好觀圖畫，書架有《山海經》《爾雅》諸圖，每夜秉燭倚几，按圖而問，家大人臥床指道之，則大笑樂。」〔註64〕這些古典文獻的家藏既可以說明祖上對文化傳家的重視，也反映了圖畫的喜好潛移默化地影響了他於藝術的感悟。十歲左右的時候，「瑞清幼習訓詁，鑽研六書，考覽鼎彝，喜其瑰偉，遂習大篆，隨筆詰屈，未能婉通。」〔註65〕

　　書法的基礎首先是字學，識讀與書寫訓練是古代教授蒙童識字的教育手段。王國維《漢魏博士考》記載：「漢人就學，首學書法，其業成者，得試為吏，此一級也。其進則授《爾雅》《孝經》《論語》。」〔註66〕《爾雅》是傳授研究字義的最早專著，而訓詁則是給古書中的文字做注解，它從語言學的角度研究古代文獻，有助於閱讀理解。「六書」是建立在小篆基礎上的古

〔註61〕孫文光等編著：《龔自珍研究資料集》，黃山書社1984年版，第123～124頁。
〔註62〕何紹基，字子貞，號東洲，別號東洲居士，晚號蝯叟，湖南道州（今道縣）人。道光十六年進士，詩人、畫家、書法家。書法初學顏真卿，又融漢魏而自成一家，尤長草書。有《惜道味齋經說》《東洲草堂詩‧文鈔》《說文段注駁正》等專著。
〔註63〕李定一、陳紹衣：《熔冶古今書法的一代宗師：李瑞清》，海峽文藝出版社2003年版，第40頁。
〔註64〕李瑞清：《王上宮白描十八學士圖跋》，《清道人遺集》，黃山書社2011年版，第80頁。
〔註65〕李瑞清：《鶯書引》，《清道人遺集》，黃山書社2011年版，第126頁。
〔註66〕謝維揚、房鑫亮主編：《王國維全集》第八卷，浙江教育出版社2009年版，第109頁。

文字歸納總結出來的漢字體系，是通過六種構形方式和原理講授的實用型文字識別方法。「六書」之名最早見於《周禮・地官・保氏》，《說文》則對「六書」明確定義為「指事、象形、形聲、會意、轉注、假借。」。〔註67〕後世對「六書」的解說仍以許慎的釋義為核心。段玉裁在《寄戴東原先生書》中說：「音韻明而六書明，六書明而古經傳無不可通。」〔註68〕李瑞清的蒙學教育，始終堅持漢字書寫的長期訓練，雖然是為迎合科舉考試要求為目標，但在審美觀念、書寫心理上，為其文學詩賦的成就乃至書論題跋等文雅簡約，鍊字精警的文風打下良好的基礎。如他在《跋漢五斗鑒拓本》中，引用《說文》《廣雅》《急就篇》《漢書顏師古注》《考工記》及注、《薛氏鍾鼎款識》《三禮圖》對「鑒」的音義與形狀做了詳細考證。〔註69〕其在《魯孝王石刻跋》云：「年本從禾，上作垂筆，乃由篆初入隸形耳。」〔註70〕由上可以看到文字學知識對於書法的重要性。並且，他不輕易服膺蘭亭序傳承的經典述說，敢於提出質疑：「今世所傳《蘭亭》與《世說新語》所載多異，『莫春』作『暮』，『禔』作『禊』，『暘』作『暢』，唐以來俗書也，晉代安得有此？此余所大惑也。」〔註71〕

　　光緒九年（1883），十七歲的李瑞清在武陵朗江書院〔註72〕跟隨余祚馨（其未來的岳父）學習，很受其賞識。十八歲時娶余祚馨六女兒梅仙為妻。李瑞清跋徐沛齋臨《道德經》：「余十八以前專志篆隸，後稍稍習六朝，於古今名蹟略考其得失。（《評跋萃刊》）」〔註73〕。從這個跋文可以看出李氏年輕時既鍾意篆隸書體的研學，並未完全用心於科考的館閣體範式，這也是進京考試時，他父親擔心之所在。據《李氏族譜》記載，中法戰爭結束的1885年，李必昌正「署梧州知府，旋出關辦理越南軍務，總理龍州後路營務處。」〔註74〕這一年，李

〔註67〕許慎：《說文解字》，北京：中華書局1963年版，第314頁。

〔註68〕《說文解字注》，上海古籍出版社1981年版，第1344頁。

〔註69〕李瑞清：《跋漢五斗鑒拓本》，《清道人遺集》，黃山書社2011年版，第71頁。

〔註70〕李瑞清：《魯孝王石刻跋》，《清道人遺集》，黃山書社2011年版，第140頁。

〔註71〕李瑞清：《跋自臨蘭亭》，《清道人遺集》，黃山書社2011年版，第150頁。

〔註72〕《清嘉慶常德府志》記載：「朗江書院，在府學後。乾隆十六年（1752）知府雷暢、知縣李際隆建，存膏火銀八千七百五十兩。其銀發典生息每年一分二釐行息，其得息銀一千零五十兩，為師生修繕膏火之資。現存銀三千八百兩。」清末停辦。

〔註73〕轉引自肖鵬：《清道人年譜長編》，福建師範大學2017年度碩士學位論文，第33頁。

〔註74〕徐雯雯：《李瑞清年譜》，南昌大學2010年碩士論文，第2頁。

瑞清十九歲，偕妻梅仙與三弟瑞荃一起到廣西探望留任戍邊的父親，開始跟從當時的桂林知府秦煥學習科舉應試的寫作方法。李瑞清在《書曲江手跡後》一文中記載了此事：「後隨宦桂林，時山陽秦文伯〔註75〕先生官桂林知府，家大人使余與舍弟阿筠從先生問文法。」〔註76〕

　　光緒十二年（1886），二十歲的李瑞清攜妻余梅仙返湘，寓居長沙「弱冠學漢分」〔註77〕。作為漢隸的別名，明朝書法家豐坊（1492～1563）在《童學書程》中解釋「所以謂之『分』者，蔡琰曰：『存篆八分，入隸二分。』隸即今之楷書也。自歐陽修誤以八分為隸，後人皆踵其訛。杜甫云：『大小二篆生八分。』孫過庭云：『鍾繇隸奇。』則唐以前因無以分為隸者。由此觀之，分、隸之辨明矣。」〔註78〕劉熙載（1813～1881）在《書概》中對於書體有過梳理：「小篆，秦篆也；八分，漢隸也。秦無小篆之名，漢無八分之名，名之者，皆後人也。後人以籀篆為大，故小秦篆；以正書為隸，故八分漢隸耳。」「未有正書以前，八分但名為隸；既有正書以後，隸不得不名八分。名八分者，所以別於今隸也。」〔註79〕康有為在《廣藝舟雙楫・分變》中也總結闡述了歷代關於漢分的說法。

　　文伯子在《書法輯要》中談到「學八分者，先學篆，篆既熟，方學八分，乃有古意。」由此可知，李瑞清嚴格遵循古人學書次第要求，循序漸進由篆書進入漢分的學習。李瑞清在《節臨天發神讖碑》中明確指出該碑的書體界定：「此即所謂八分書也。其布白、結體出於秦權，用筆出於景君。甲寅春日玉梅花庵清道人。」〔註80〕黃伯思認為《天發神讖碑》「若篆若隸，字勢雄偉。」〔註81〕元代

〔註75〕秦煥（1817～1891），字文伯，淮安府山陽縣人（因與陝西山陽同名，1914年改山陽縣為淮安縣，今江蘇淮安市淮安區）。咸豐十年（1860）進士，授戶部主事，光緒六年（1880）任桂林知府，光緒十五年（1889）任廣西按察使。徐雯雯在《李瑞清年譜》中記載：秦煥，字文伯，陝西山陽縣人。係同名致誤，特此標出。

〔註76〕李瑞清：《書曲江手跡後》，《清道人遺集》，黃山書社2011年版，第63頁。

〔註77〕李瑞清：《玉梅花庵書斷》，《清道人遺集》，黃山書社2011年版，第158頁。

〔註78〕王伯敏、任道斌、胡小偉主編：《書學集成　元—明》，河北美術出版社2002年版，第374頁。

〔註79〕劉熙載：《書概》，《歷代書法論文選》，上海書畫出版社2014年版，第685～686頁。

〔註80〕陳禮榮：《傳帖妙解八分書—新見李瑞清三幅書法真蹟》，《書法藝術》1995年第5期，第25頁。

〔註81〕黃伯思：《東觀餘論》，江蘇美術出版社2009年版，第63頁。

吾丘衍亦解釋:「八分者,漢隸未有挑法者也,比秦隸則易識,比隸字則微似篆,若用篆筆作漢隸字,即得之矣。」〔註82〕李瑞清在實踐中證驗了八分字體的特點。啟功則認為「『隸書』『左書』『史書』和『八分』,都是同體的異名」,關於古代字體的變化發展可參閱啟功《古代字體論稿》、金學智《書概評注》,本文不展開討論。

　　光緒十七年(1891),李瑞清借用武陵籍指標參加湖南鄉試,因其冒籍被人攻訐。光緒十八年(1892),李瑞清二十六歲時,在沒有老師的指導下開始對今隸〔註83〕的學習。他在《玉梅花庵書斷》《報陶心雲書》《鬻書引》三篇文章中都記載了這個過程:「年廿六始用力於今隸,六朝諸碑,靡不備究,而後始稍稍學唐以來書。」〔註84〕「年二十六始學今隸,博綜六朝,既無師承,但憑意擬,筆性沈腿,動輒乖午,每臨一碑,未能貫通。」〔註85〕「年二十六,始習今隸,博綜六朝。既乏師承,但憑意擬,筆性沈腿,心與手忤。」〔註86〕今隸就是今天我們稱之為魏碑的楷書,康有為也稱北魏為「今隸」的「極盛」時期〔註87〕。啟功在《古代字體論稿》中分析:「秦俗書為隸,漢正體為隸,魏晉以後真書為隸,名同實異。」〔註88〕李瑞清在《跋北宋汴學石經》中明確

〔註82〕 吾丘衍:《字源七辨》,轉引自劉熙載《書概》,《歷代書法論文選》,上海書畫出版社 2014 年版,第 684 頁。

〔註83〕 明代湯臨初《書指》載:「今之真書,古所謂隸;今所謂隸,古所謂八分。分則小篆之捷,隸又八分之捷。」陸深《書輯》稱「鍾王變體,謂之今隸」,則又泛指魏晉以來之楷書而言。(邵洛羊主編:《中國美術大辭典》,上海辭書出版社 2002 年版,第 281 頁。)李贄《疑耀》稱:「唐以後之楷書稱為今隸,因謂漢隸為古隸。」朱履貞《書學捷要》云:「楷隸、八分莫辯者,晉人書勢之未明也;……以真為隸,六朝、唐人也。」(朱履貞:《書學捷要》,《歷代書法論文選》,上海書畫出版社 2014 年版,第 612 頁。據毛慶耆分析,《疑耀》一文為張萱著。見毛慶耆:《〈疑耀〉著作權之「張」冠「李」戴》,《中國典籍與文化》1998 年第 03 期。)應該說,唐代開元年間仍把正書沿稱為「隸書」。《唐六典》卷十記載:「校書郎正字,掌讎校典籍,刊正文字,其體有五,「五曰隸書,典籍、表奏及公私文書所用。」(馬文熙、張歸璧等編著:《古漢語知識辭典》,北京:中華書局 2004 年版,第 53 頁。)此「隸書」即當時為區別於漢魏時代的隸書,又稱正書為「今隸」。

〔註84〕 李瑞清:《玉梅花庵書斷》,《清道人遺集》,黃山書社 2011 年版,第 158 頁。

〔註85〕 李瑞清:《報陶心雲書》,《清道人遺集》,黃山書社 2011 年版,第 34 頁。

〔註86〕 李瑞清:《鬻書引》,《清道人遺集》,黃山書社 2011 年版,第 126 頁。

〔註87〕 姜義華、張榮華編校:《康有為全集》(第一集),中國人民大學出版社 2007 年版,第 263～264 頁。

〔註88〕 啟功:《古代字體論稿》,文物出版社 1999 年版,第 31 頁。

認定「王志庵〔註89〕先生論隸即今楷，最為篤論，以漢隸為八分，則猶沿翁覃溪、包慎伯諸先生之誤。余以為國山、三公山、天發神讖為八分，余均為隸，灼然易辨，竊笑翁包之說，只益人迷耳。」〔註90〕並且在 1916 年《節臨爨龍顏碑》中指證：「方筆圓神，腕空指實，今隸中此為第一。鄭文公外莫與比肩者。」〔註91〕從以上對於古隸、今隸、今楷、八分等概念的梳理，我們在閱讀前人書論時，對於書體面貌的判斷就不會產生混淆了。

圖 1-3　陶濬宣題《寒山寺》

圖片來源於百度百科。

李瑞清取法六朝學習今隸，對於時人所寫北碑亦有取法，包括翁同龢、梁啟超推重的魏書名手陶濬宣〔註92〕（1846～1912）。翁同龢在光緒十八年（1892）五月初七的日記中記載「陶心雲談書法，蓋包（世臣）派也；然是英雄，不依人」、「善六朝書」〔註93〕。楊守敬在《學書邇言》中說：「北魏造像，至今存者盈千累萬。其最佳者，有龍門之《始平公》《孫秋生》《楊大眼》《魏靈藏》稱為《龍門四品》，後又增至《二十品》。邇來說北碑者大抵皆從此入手，

〔註89〕王式通（1864～1931），原名儀通，字志庵，號書衡，山西汾陽人。原籍浙江紹興。光緒二十四年（1898）戊戌科進士。歷官刑部主事、員外郎、大理院推事、總檢察廳丞等，近代文學家、法學家。
〔註90〕李瑞清：《清道人遺集》，黃山書社 2011 年版，第 203 頁。
〔註91〕肖鵬：《清道人年譜長編》，福建師範大學 2017 年度碩士學位論文，第 397 頁。
〔註92〕陶濬宣，原名祖望，字文沖，號心雲，晚號東湖居士，紹興陶堰人，陶淵明第45 代孫。清末著名書法家。
〔註93〕《翁同龢日記》，光緒十六、十八年相關條目，北京：中華書局，2006 年版。

遵義莫友芝、會稽陶濬宣，其最佳者。」〔註94〕楊鈞評價「陶濬宣頗有字名，李梅庵甚為贊許。⋯⋯梅庵早年字體，全是陶法，惟未廓填，四十以後，始漸變更，此又可為余言不同於時人，甚難之證。」〔註95〕沙孟海認為「當時寫北碑的，不入於趙（之謙）則入於陶（濬宣）」。〔註96〕我們可以見到蘇州「寒山寺」三字即為陶濬宣手跡，光緒時所鑄銀圓、角子、銅圓上「光緒通寶」的模字，亦為其所書。

　　陶濬宣作為江南士大夫，有比較高的文化修養，其對書法的審美取向，反映了這個時期對碑學的思考與實踐。李瑞清在《報陶心雲書》中敘述了自己學書過程中的困惑，以及對陶濬宣書法的景仰：「及遊京師，得窺大制，誠能抗手猛龍，比肩敬邕，以為道昭復生，驚歎屢日。」〔註97〕現存南京大學鼓樓校區的「兩江師範學堂」題字中仍然能夠看出，李瑞清早期書風，無論是在用筆還是結體上，陶濬宣的書法對他的陶染和影響。陶濬宣楷書的筆劃營造受《龍門二十品》之浸染，然而時人對其書法造詣的看法並不一致。梁啟超在《稷山論書詩‧序》中也談到對陶的崇拜：「計十二三歲時，在粵秀堂三君祠見心老書一楹聯，目眩魂搖不能去，學書之興自此。」〔註98〕而楊鈞（1881～1940）在《橫掃》一文中提及陶濬宣則明顯帶有鄙夷色彩：「陶濬宣書，用廓填法，乃吳躍金之言。又聞其鬻書燕京時，趙之謙疑其書法有異，乃混作古董客，直入其齋。陶正揮筆，未及中止，管端內向，橫臥掃之。趙歸仿製一聯，懸之紙店。一日陶至，細審久之，問曰：『此聯何來？余實未制。』店主語其故，陶殊怏然。蓋陶之作書，廓填與橫掃並制也。」〔註99〕馬宗霍評其曰：「心雲寫北碑，亦有時名，然法鄭文公碑與龍門造像，未能得筆，徒具匡廓，板刻癡重，絕無意致，宜蒙匠手之誚。」〔註100〕我們

〔註94〕楊守敬：《學書邇言》，《歷代書法論文選續編》，上海書畫出版社1993年版，第716頁。

〔註95〕楊鈞：《草堂之靈‧論陶》，浙江人民美術出版社2016年版，第168頁。

〔註96〕沙孟海：《沙孟海論藝》，上海書畫出版社2010年版，第10頁。

〔註97〕李瑞清：《報陶心雲書》，《清道人遺集》，黃山書社2011年版，第34頁。

〔註98〕梁啟超：《稷山論書詩‧序》，《飲冰室文集點校》第六集，雲南教育出版社1985年版。

〔註99〕楊鈞：《草堂之靈‧橫掃》，浙江人民美術出版社2016年版，第324頁。楊鈞，字重子，自呼五里先生，齋名白心草堂，其兄楊度，其姐楊莊，均為王闓運得意弟子。著有筆記《草堂之靈》，其中近三十篇文字記載了李瑞清在書畫、印章、碑版、詩文、鑒藏方面的趣聞。

〔註100〕馬宗霍：《書林藻鑒》，文物出版社2015年版，第244頁。

今天可以從書寫的材料角度分析，陶濬宣書法的板滯和光潔可能與其喜用蠟箋紙作書有關，但楊鈞引用漢陽吳躍金所言廓填法的說辭是毫無根據的主觀揣度。當然，審美的局限性決定了陶濬宣書法平實有餘而虛靈不足的藝術品位。

上世紀五十年代初，江蘇宜興人陳祿淵〔註101〕（1904～1988）創造的新魏體美術字也多少受到陶濬宣和李瑞清魏碑大字的影響。他的座右銘「日不習字二百不容眠」（見吳俊達：《陳祿淵──新魏碑字體的創始人》），似乎是受李瑞清論及李宗瀚「日書三百字以為程」的影響。在碑學運動中，從魏碑的流行到出現制式化的「新魏體」，再到新魏體的沉寂，這個過程反映了書法審美觀的歷史衍化。

光緒十九年（1893）李瑞清帶著濃重的湖南口音返回江西原籍參加鄉試，中第九十三名舉人。光緒二十年（1894）春，李瑞清與年長其六歲的曾熙同赴京城趕考，借住在宣武門外達智橋胡同楊淑山故居松筠庵〔註102〕，「寢共衾席，出同車馬」。同年進士胡思敬在《李梅庵先生選臨法帖》題跋中記述當時初見李瑞清的景象：「聞其不讀秦漢以後書，甚奇之。後同時廷對，見所書試卷瑰瑋不可名狀。劉潛樓（劉幼雲）謂字字如螃蟹，蓋笑之也。」但是由於其「不善院體書，因留殿試。」〔註103〕「院體書」是品評書法氣格的貶義術語，從歷史上看，應源自唐朝在官吏考選時要求書寫規範的「干祿字」，到了宋代，這種字體叫院體、三館楷書。沈括《夢溪筆談》云：「三館楷書，不可謂不精不麗，求其佳處，到死無一筆，此病最難為醫也。」〔註104〕明朝稱為臺閣體，有清一代便叫作館閣體，強調正體書寫，字要烏黑、方正。標準統一的制訂目的之一也是為了減少字跡辨識的時間成本，提高閱卷效率。

我們也可以從朱和羹（1803～1852）記載明末清初書畫鑒藏家孫承澤（1593～1676）學習《聖教》的痛苦，瞭解「懷仁此序集右軍字，宋人已薄

〔註101〕 陳祿淵，江蘇宜興丁蜀鎮人，號蜀麓居士，他從北魏碑刻文字中演化，創造的新魏碑字體，俗稱新魏體，廣泛使用在招牌以及報紙、刊物、媒體的標題處，豐富了印刷文字的種類。

〔註102〕 楊椒山為楊繼盛之號。楊繼盛（1516～1555），字仲芳，號椒山，河北容城人，明嘉靖進士。嚴嵩專權，劾其五奸十罪，下獄不屈就義而死。松筠庵為其故居。

〔註103〕 蔣國榜：《臨川李文潔公傳略》，《清道人遺集》，黃山書社 2011 年版，第 97 頁。

〔註104〕 沈括：《夢溪筆談》卷十四，藝文一，第 143 頁。

之，呼為院體。謂院中習以書諂敕，士夫不學也」〔註105〕的淵源。晚清科舉考試極重書法，像包世臣從小就不善書，一共參加了 13 次會試，因館閣體未過關而最終名落孫山。李瑞清在父親的督促下，沒有步包世臣後塵，其藝術資質讓他始終保持對於書法形式選擇上的敏感。光緒二十一年（1895），他通過殿試、朝考，被欽點翰林院庶吉士。蔣國榜記錄了補試過程的細節：「乙未殿試，對策書多通假，景皇帝疑策中『長治』字作『常』，常熟文恭公奏曰：『長常聲假，如長沙郡本作常沙也。』遂置二甲朝考一等，選庶吉士。」〔註106〕常熟文恭公就是光緒帝的老師翁同龢（1830～1904），他順理成章的解釋就決定了李瑞清的一生仕宦，雖然庶吉士既不是官職，也沒有品級，但相當於朝廷的儲備幹部，前途無量。楊鈞在《際遇》一文中坦言其酸葡萄心理：「李梅庵寫大卷，醜惡不堪，伯兄謂為畫蟹，竟為翁同龢所賞，卒得庶常。嫉之者群起彈劾，以為不合法度；賴翁之勢，得以保全。……梅庵得庶常時，其書實不成形，東斜西歪，稚弱可笑，嘗託人收集前作，而以當時之作易之。」〔註107〕

　　兩朝帝師翁同龢是晚清書壇學顏的大家，其書風和喜好自然受到學子們的關注和傚仿。徐珂的《清稗類鈔》評價說：「相國生平雖瓣香覃溪、南園，然晚年造詣，實遠出覃溪、南園之上。論國朝書家，劉石庵外，當無其匹，非過論也。」〔註108〕楊守敬也稱許：「翁松禪學顏平原，老蒼絕倫，無一稚筆。同、光間推為天下第一，洵不誣也。」〔註109〕馬宗霍《霋岳樓筆談》云：「松禪早歲由思白以窺襄陽，中年由南園以攀魯公，歸田以後，縱意所適，不受羈縛，亦時採北碑之華，遂自成家。然氣息淳厚，堂宇寬博，要以得自魯公者為多。」李瑞清針對受知師〔註110〕的書風傳承，在顏真卿書法上做過一番臨寫

〔註105〕 朱和羹：《臨池心解》，《歷代書法論文選》，上海書畫出版社 1979 年版，第735 頁。孫承澤，字耳北，號北海，又號退谷，山東益都人，崇禎四年進士，一生仕明、投李、降清，三易其主。精於鑒別書畫，家藏頗富。晚年著述頗多，涉及史學、經學、書畫等許多領域，有關書畫方面的著作有《庚子銷夏記》《閒者軒帖考》《法書集覽》《硯山齋墨蹟集覽》。

〔註106〕 蔣國榜：《臨川李文潔公傳略》，《清道人遺集》，黃山書社 2011 年版，第 97～98 頁。

〔註107〕 楊鈞：《草堂之靈》，浙江人民美術出版社 2016 年版，第 231～232 頁。

〔註108〕 馬宗霍：《書林藻鑒》卷十二，文物出版社 2015 年版，第 242～243 頁。

〔註109〕 楊守敬：《學書邇言》，《歷代書法論文選續編》，上海書畫出版社 1993 年版，第 743 頁。

〔註110〕 受知師就是科舉考試中對自己主考官的尊稱。

的苦功，他分析歷代文士學顏體的特點後，由衷地讚美錢灃〔註111〕（1740～1795）：「自來學顏書者，君謨從《中興頌》以窺筆法，欲以和婉變其面貌耳。坡公則全師《東方先生畫像贊》，米老則學《放生池碑》，故魯公當宋之時，幾欲祧右軍矣。趙吳興目無宋人，意在上追晉賢，余曾見其所書《太湖石贊》，意在仿魯公《蔡明遠帖》。董華亭為有明以來一大宗。執牛耳將三百年，雖高言二王，實由《多寶塔》得筆，從楊少師以窺《蘭亭》，然以陰柔學魯公，其與君謨同也。南園侍御當乾隆時，朝廷重董書，士大夫莫不人人淡墨渴筆稱華亭矣。侍御獨能於舉世所不好之時學魯公，即此可想見其獨立不阿之概。至其書，初學告身，以得筆法，後於魯公諸碑靡不備究，晚更參以褚法。此冊乃其至經意之作，非宋以來之學魯公者所可及。能以陽剛學魯公，千古一人而已。豈以其氣同耶？」〔註112〕1916年，他為《錢南園行書冊》撰跋語稱譽：「南園先生學魯公而能自運，又無一筆無來歷，能令君謨卻步、東坡失色，魯公後一人而已。丙辰四月三日，瓶齋（譚澤闓）作南園生日，出此因題。」〔註113〕這一年，臨川老鄉何硯青（字文錯，以號行。光緒拔貢），嗜好顏體書法，拜訪求教李瑞清，就有了《與研青論書書》一文：

「頃承垂詢學書之法，書學雖小道，貧道習之幾四十年，以筆性沉膇，而質又駑下，年垂五十，尚無所成，然其門徑亦略窺矣。吾子學顏書者也，則請為吾子言顏書。魯公初學褚登善，又從張旭問草書筆法，以貧道窺之，大約由登善孟法師碑（孟法師師唐邕寫經）而悟文殊般若，由文殊般若而悟夏承碑，此其跡灼然可尋者也。故魯公諸碑全師夏承，頓挫更參虢季子白盤、兮甲盤之篆法（以魯公東方篆額觀之，其學兮甲盤筆法自見）。又學焦山鶴銘，余昔曾見楊海琴所藏宋拓中興頌，全似鶴銘筆法。包慎翁亦云，曾見宋拓八關齋，亦絕似鶴銘。魯公論書又云：『折釵股何如屋漏痕』，此魯公以篆變褚之說也。折釵股，褚法也，而魯公以篆法變之。此古人學古之法。如鄭康成注毛詩，多駁毛說也。魯公書碑，其法家大約全師漢碑，故後人視之，但覺腥腴，其實魯公目無晉人也。魯公之書學，源流大約如此。然其書唐時不張，至宋乃大行於世，宋以書派，幾以魯公祧右軍矣。宋四家除山谷外，無不學顏者。蔡君謨師魯公

〔註111〕錢灃，字東注，號南園，雲南昆明人。乾隆三十六年（1771）進士，歷任翰林院檢討、通政司副使、提督湖南學政、江南監察御史。清代詩人、書畫家。
〔註112〕李瑞清：《跋錢南園大楷冊》，《清道人遺集》，黃山書社2011年版，第144頁。
〔註113〕李瑞清：《跋錢南園行書冊》，《清道人遺集》，黃山書社2011年版，第144頁。

陰柔之品，而化以空，萬安橋記出於中興頌，並形質未化。東坡師離堆記、畫像贊，米南宮師放生池（群玉堂有米南宮臨放生池碑帖）。至元趙子昂，曾見其用魯公送蔡明遠敘筆法。逮明董文敏，則終身用偃筆，不能出多寶塔範圍也。本朝學顏者，首推錢南園先生，南園縣魯公告身悟入，後來功力極深，直欲直接魯公，其筆法尤多發明，惜其年未至六十，但少變化，未別開門戶耳。何貞翁以黑女化顏為空，晚年更參以篆籀。貞老高人，不衫不履，無復魯公嚴正之概。書學雖小道，然實如其人耳，吾子學顏書，盍更師其人，則千古之學顏書者，莫如吾子矣。」〔註114〕

這篇短文分析了顏魯公書風與篆書之淵源，簡明扼要地闡述了歷代名家學習顏書過程中的取法特色，亦可領略李瑞清對書學史溯源探究的縝密態度。

圖 1-4　李瑞清為鑒堯書

圖片來源於徐有富：李瑞清遺事下
（南大往事之十四）。

〔註114〕李瑞清：《與研青論書書》，《清道人遺集》，黃山書社 2011 年版，第 184 頁。

　　馬宗霍在《書林紀事》中記載了李瑞清為投翁同龢所好而學錢灃的事情。
〔註115〕當時「院體書」「臺閣體」「館閣體」的流行在一定程度上都可稱之為
「趨時貴書」的現象，而科舉的功利性可以讓士人一步青雲，借助書法，投
考官所好也能為考生取得好成績增加砝碼，這與書法作為科舉和官吏銓選的
一項重要衡量標準的文化背景有關聯，雖非清朝獨有之景象，但對於書法藝
術的發展影響甚壞。米芾在《書史》中談道：「本朝太宗挺出五代文物已盡人
間，天縱好古之性，真造八法，草入三昧，行書無對，飛白入神，一時公卿
以上之所好，遂悉鍾王。至李宗諤主文既久，士子始皆學其書，肥扁樸拙，
是時謄錄以投其好，取用科第，自此惟趨時貴書矣。宋宣獻公綬作參政，傾
朝學之，號曰朝體。韓忠獻公琦好顏書，士俗皆學顏書。及蔡襄貴，士庶又
皆學之。王文公安石作相，士俗亦皆學其體，自此古法不講。」〔註116〕姜澄
清認為「這種功利主義的書法觀，對書法藝術的影響也不可小視，這便是以
館閣標準作書、評書，從而約制了藝術家的自由發揮，使天下書如一面目。
評價這種制度，不宜一概肯定或否定，要言之，從技巧的基礎訓練說，有意
義；從藝術創造說，千人一面的科場習氣，令個性泯滅殆盡。在漢代，有利
於書法的擴展，促成社會風氣，造成傳統，而到清代，以小楷取士，其弊害
甚於八股。」〔註117〕張樹侯（1866～1934）在其《書法真詮》中講述兒時親
友不讓學北碑的緣由：「吾幼時學北碑，一二相愛、友人皆諄諄勸阻，以為非
試卷所宜，於抄胥更何論焉？」〔註118〕科舉時代，日常交流主要靠書寫，法
帖用筆，流暢便捷，碑筆顯然缺乏實用性。李瑞清在《跋裴伯謙藏〈定武蘭
亭序〉》中說：「余學北碑二十年，偶為箋啟，每苦滯鈍。」〔註119〕今天，把
楷書當作草書、行書的基礎，是有必要進行商榷的。我們從書法的發展史中
不難發現，楷書的最後形成是繼草書、行書之後不斷規範的結果，但其服務
於科舉，形成考場通用的字體後惟求端正拘恭，烏黑光潔，往往毫無生氣，
像雕版印刷體的時候也就談不上什麼藝術性了。

〔註115〕馬宗霍：《書林藻鑒·書林紀事》，文物出版社2015年版，第336頁。
〔註116〕米芾《書史》，叢書集成初編《書史（及其他一種）》，第28頁。
〔註117〕姜澄清：《中國書法思想史》，貴州大學出版社2013年版，第61頁。
〔註118〕崔爾平：《明清書法論文選》，上海書店出版社1994年版，第1499頁。張之
　　　　屏，字樹侯，室名晚菘堂，安徽壽州人，辛亥革命元老。1932年出版書學論
　　　　著《書法真詮》。
〔註119〕崔爾平：《明清書法論文選》，上海書店出版社1994年版，第1068頁。

　　李瑞清書法氣象中也能看出江西老鄉黃山谷對他的影響，世人評價李瑞清「能得黃山谷神髓」〔註120〕。我們從 1918 年《清道人書座右銘》卷中可以覽閱這種長槍大戟、綿勁遲澀的書風味道。應該說，李瑞清涉宦之前，家學淵源的薰陶，及其早年對「篆隸精神」的執著探求，為其書學藝術思想的形成和書風的個人面貌奠定了堅實的基礎。

圖 1-5　清道人書座右銘，1918 年

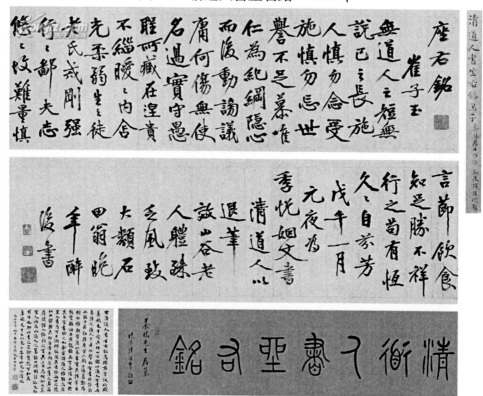

二、書法風格形成期（1895～1911 遊宦滇寧）

　　中日甲午戰爭之後到辛亥革命這段時間是社會大變革的時代，是皇權與民權的意識之爭、立憲與共和的體制選擇、改良與革命的博弈時代，是資產階級政治運動的起點。同時，也是中國近代高等教育發展的濫觴階段。中國近代大學的發展雛形，則公認為以天津中西學堂、上海南洋公學和京師大學堂為代表，分別於 1895、1896 和 1898 年成立。1898 年 7 月，梁啟超參照日本東京

〔註120〕李定一：《熔冶古今書法的一代宗師——李瑞清》，海峽文藝出版社 2003 年版，第 41 頁。

大學的規程制定了中國近代高等教育最早的學制綱要《奏擬京師大學堂章程》，1904 年 1 月，清政府頒布第一個在全國推行的系統學制——《癸卯學制》，可以說中國高等教育發展的起步階段，無論在理論架構、制度建設還是實踐方面，都是以日本為模式借鑒的。

　　光緒二十一年（1895），李瑞清在京城參加殿試期間，結識諸多飽學之士，如陳寶箴、吳大澂、康有為、胡思敬等等或精於詩詞文賦，或精於金石篆籀研究的仕宦文人，隨著眼界的開闊和個人身份的轉換，其書法學習開始轉益多師。殿試結束後的四月初六日（4 月 30 日），李瑞清在湖南舉人圈中與任錫純、曾熙等上書都察院，力阻和議。〔註 121〕此時的楊度（1875～1931）也正在附和 18 行省舉人上書請願，由此推知，李瑞清認識楊度應該在殿試到公車上書期間，之後，楊度拜於王闓運門下，這期間他在日記中多次記載了與李瑞清一起探討書學的情形。如光緒二十三年（1897）六月十五日：「晴。戢傳論字法篆隸之意、尖筆鋪筆之法甚精，王伯諒之外則稱李雨農起士、夏午詒員外。余見李書殊似偏鋒，何蝯叟以橫平豎直譏包未能，包慎伯以蓋其兩頭，觀其中節為觀字要法。鄧眉文言顏平原一生學《文殊般若》，何蝯叟殊不言此，而獨喜《黑女志》，以為北碑第一，包慎伯則以《文殊般若》在右軍上，此為異說。何為右軍浪得書名，包謂世無真蹟，江南精刻，不如河北斷碑。此說近是。」一年後的光緒二十四年（1898）正月二十三日，楊度再訪李瑞清，討論品評顏真卿、錢灃書法，共識就是顏書全用隸法，目無晉人，而錢書甚美，惟求美觀。〔註 122〕

〔註 121〕轉引自曾迎三：《清道人年譜（一）》，《內江師範學院學報》2013 年第 28 卷第 9 期，第 22 頁。《湖南舉人任錫純等呈文》：「具呈湖南舉人任錫純、曾廉、周先稷、曾熙、江宗漢、戴展誠、梁渙奎、朱先輝、馮由、曠經濤、謝南式、唐紹祁、李如松、陳龍光、鄧潤棠、廖漢章、蕭鶴祥、李振湘、沙上鑄、伍毓焜、程崇信、孫文矞、何維畯、李光寓、王章永、羅廷干、曾榮炳、楊焯、曾聲駿、周廣、孫楷、郭振墉、章華、洪汝沖、楊昀、謝爾庸、張壽衡、莫重坤、李家熙、李元音、皇甫天保、危克濟、江西李瑞清等，為聞和議將成，遺害久遠；謹呈管見，伏請代奏事。……」（臺灣文獻叢刊 210 種：清光緒中日交涉史科選輯清光緒朝中日交涉史料選輯（二），光緒二十一年（上）都察院代匯各省舉人呈文折，4 月初 6，第 246 頁。）

〔註 122〕楊度：《楊度日記》，新華出版社 2001 年版。楊度，字皙子，別號虎公、虎禪，湖南省湘潭縣姜佘石塘村人。戊戌變法期間接受改良派的維新思想，反對帝國主義，從清末到民初，楊度始堅持走君主立憲救國道路，反對共和革命，繼則參加袁世凱的復辟活動，五四運動以後，世界觀有了轉變，1929 年申請加入中國共產黨，經周恩來批准，秘密入黨。

　　光緒二十六年（1900）庚子之變後，率兵勤王的魏光燾〔註123〕（1837～1916）升任雲貴總督，李瑞清替父親呈寫了《代大人擬上滇督魏午莊書》一文，顯示了李瑞清的才華，而其書法更為魏光燾所欣賞。光緒二十八年（1902）十月，魏光燾聘請李瑞清任雲南學堂教習，可謂其出仕的開始。胡思敬在《退廬全集・文集》卷五《送李梅庵南歸序》中云「蓋自戊戌政變以後，中更兵火。凡四五年間，梅庵迭遭家難，由燕返楚，由楚而桂而滇，輾轉奔馳莫能自主。予亦以貧故留滯京師。……壬寅十月，邵陽魏公承詔開雲南學堂，聘梅庵為教習。梅庵既受魏公之幣，嚴冬冒雨雪走，視予於京邸。」〔註124〕十一月初九，朝廷調魏光燾為兩江總督。光緒二十九年（1903）二月，「江督魏午莊光燾到江」（見張謇在光緒二十九年二月十六日日記），李瑞清隨魏光燾赴任江寧，這一年他37歲。近代中國美術教育雛形的規模與格局也隨著李瑞清個人命運的轉折緊密地聯繫在一起。魏光燾之孫魏榮爵在《從三江師範創辦談到魏光燾和李瑞清》〔註125〕一文中談及「李與魏光燾早先就有這樣一段淵源，邵陽魏威肅公於光緒廿八年督雲貴，聘請李瑞清主講《大學》。不久，魏移節兩江，延攬李入其幕府。這說明李是同魏一齊到寧的。」十二月，教授魏光燾三公子魏肇文〔註126〕（1884～1955）學碑書，親臨《張黑女志》，並自跋曰：「《黑女志》遒厚精古，北碑中之全以神味勝者，緣《曹全碑》一派出也。《敬使君》與此同宗，但綿邈不逮耳。何蝯叟頗能得其化實為虛處，故能納篆分入真行也。武伯學此碑，大有悟入處。冬窗蚤暄，研冰欲鮮，臨此予之。碑中以三河與巛坙並舉，三即乾卦也，此石外無同之者，因附志於此。光緒二十九年十二月，李瑞清。」〔註127〕

　　李瑞清在何紹基影響下極鍾意北碑，而《張黑女墓誌》則是在粗獷風格居多的北碑中偏向於文雅且深具古意。上海震亞圖書局出版《清道人書黑女志》，

〔註123〕魏光燾，魏源的族侄孫，字午莊，別署湖山老人，湖南隆回人。歷任江西布政使、陝西巡撫、陝甘總督、雲貴總督、兩江總督。署理兩江總督期間，繼劉坤一、張之洞之後，實施籌建三江師範學堂。

〔註124〕轉引自曾迎三：《清道人年譜（二）》，《內江師範學院學報》2013年第28卷第11期，第27頁。

〔註125〕2001年3月30日《南京大學報》。

〔註126〕魏肇文，字芷畹，名武伯，號選廷，一號桂盦，又作二橋居士。早期同盟會會員、第一屆國會議員。其子魏榮爵（1916～2010），留美博士，1951年回國，第一代中科院院士，聲學專業創始人，南京大學教授。

〔註127〕李瑞清：《清道人遺集》，黃山書社2011年版，第150頁。

後有魏絲〔註128〕（1852～1920）、曾熙二人的先後題跋。1904年魏絲題跋：「《黑女志》因何蝯叟提倡，遂為天下名蹟。蝯老書名蓋世，聞初時不善書，自睹《黑女志》，遂得古人用筆神髓。楳庵先生雅善書法，為武伯賢侄臨此，沈妙精古，幾欲奪真。當今風塵擾攘，異端蜂起，偶一展玩，幾如登東嶽，眺滄海，令人有神仙之思。光緒甲辰四月朔日，文斤山民魏絲題。」〔註129〕曾熙於1910年跋：「梅弟臨《黑女》，不讓信本（按：即歐陽詢）臨《蘭亭》，道州臨《衡方》，跋云『與《黑女》同得於灅城，前跋失之不考耳』。辛亥七月，熙。」〔註130〕1922年再次跋曰：「髯亦喜臨《黑女志》，然以太傅法寫之，或以分書章草入之，但攝其神意即大快。文潔每臨一帖，如唐時諸賢之模蘭亭敘，筆法部位無不畢肖。《書譜》所謂『審之既精，擬之貴似』。米顛而後，臨古之功，蓋未有能及文潔者矣。此冊為教魏公子所作，其雍容沖和之度，更不可及。因勸震亞主人景之，以公同志。髯識，壬戌十月。」〔註131〕

　　光緒三十年（1904）陰曆七月二十日，魏光燾調任閩浙總督，臨行前，為李瑞清的仕途發展做了鋪墊和安排。是年，李瑞清登黃山，並在《鬻書引》記錄：「歲在甲辰，看雲黃山，觀瀾滄海，忽有所悟。」〔註132〕光緒三十一年（1905），李瑞清丁憂三年期滿，朝廷任命其為江蘇道員攝江寧提學使〔註133〕。此時繼任兩江總督的是李鴻章學生周馥（1837～1921）〔註134〕，他聘請李瑞清為師範傳習所的總辦，期間與繆荃孫、徐乃昌等人商議規劃三江師範學堂諸多發展事宜。李雲麾對這個過程說得比較詳細：「周馥繼魏督兩江，器兄且逾

〔註128〕魏絲，字復初，又字季詞，魏源孫。著有《泳經堂叢書》、《文斤山民集》、《金奏谷詞》等。

〔註129〕轉引自曾迎三：《清道人年譜（二）》，《內江師範學院學報》2013年第28卷第11期，第28頁。

〔註130〕轉引自曾迎三：《清道人年譜（二）》，《內江師範學院學報》2013年第28卷第11期，第28頁。

〔註131〕轉引自曾迎三：《清道人年譜（二）》，《內江師範學院學報》2013年第28卷第11期，第28頁。

〔註132〕李瑞清：《清道人遺集》，黃山書社2011年版，第126頁。

〔註133〕提學使：清末省級教育行政長官，光緒三十一年（1905），政府廢止科舉，裁撤各省學政，改設提學使。每省一人，正三品，總理全省教育行政事務。江蘇情況較為特殊，一共設了兩個提學使。

〔註134〕周馥，字玉山，號蘭溪，安徽至德（今安徽東至）人。1904年9月，署理兩江總督，兼任南洋大臣，1906年7月調任兩廣總督，民國十年（1921年）病逝於天津，遜清賜諡「愨慎」。

於魏。時初改學制，廢書院，罷私塾，於江寧籌設師範傳習所，不於此出不得為童子師，期盡化私塾為學堂，而士之仰束脩膏火為活者眾，嘩阻不前，事且僵。兄適於是時到省，周見牒如獲至寶，即日委為師範傳習所總辦。」〔註135〕鑒於李瑞清辦理師範傳習所頗著成效，周馥任命 40 歲的李瑞清接替徐乃昌出任三江師範學堂監督（校長）。三江師範學堂於 1902 年謀劃，由劉坤一、張之洞、魏光燾三任兩江總督先後接力籌建，期間，劉坤一病逝、張之洞調任，後繼者周馥堅持原有的計劃完成創建工作，並在 1906 年易名為兩江優級師範學堂，李瑞清為學堂親筆題字並勒石，現存於南京大學鼓樓校區，此書取法北朝之雄強筆勢，方筆意味明顯，當時還未脫開陶濬宣字體的影響。

圖 1-6　李瑞清題兩江師範學堂

圖片來源於南京大學鼓樓校區。

楊鈞曾說李瑞清在四十歲以後，書法漸漸出現變化。我認為這個時期，不僅僅是書法藝術已有個人風格，在書學理論上也日漸成熟。例如，光緒三十三年（1907）三月，李瑞清題端方〔註136〕（1861～1911）藏《瘞鶴銘》（現藏上海博物館）拓本，書云：「隸性篆勢，魯公才得其三四耳。天監井欄，與此絕異。隱居安能為此書。」〔註137〕十月，應端方的要求《跋泰山秦篆殘字》，跋曰「此《泰山殘石》二十九字，與《琅玡臺》為近，盡變古法，豈局古習常之人所能哉！古篆尚婉通，此尚駿質，折豪取勢，當為姬周入漢之過渡耳。蝯叟論篆以姬周不如兩京，竊以為過矣。兩京篆勢已各自為態，姬周以來彝鼎，無

〔註135〕李瑞清：《清道人遺集》，黃山書社 2011 年版，第 274 頁。

〔註136〕端方，字午橋，號陶齋，晚清重臣，金石學家。滿洲正白旗人，官至直隸總督、北洋大臣。宣統三年督辦川漢、粵漢鐵路，入川鎮壓保路運動，為起義新軍所殺。是中國新式教育的創始人之一，最早設立現代幼兒園（湖北幼稚園）、最早建立省立圖書館（湖北圖書館、湖南圖書館），也是中國著名的收藏家，一生嗜好金石書畫，曾是毛公鼎的收藏者，著有《匋齋吉金錄》《匋齋吉金續錄》《匋齋藏石記》《匋齋藏磚記》《匋齋藏印》五書，對文物收藏界有較高的參考價值。

〔註137〕轉引自曾迎三：《清道人年譜（二）》，《內江師範學院學報》2013 年第 28 卷第 11 期，第 32 頁。

論數十百文，其氣體皆聯屬如一字，故有同文而異體，易位而更形，其長短、大小、損益，皆視其位置以為變化。後來書體，自《河平殘石》《開通褒斜石刻》《石門楊君頌》《太和景元摩崖》《瘞鶴銘》外，鮮有能窺斯秘者。」〔註138〕同月，李瑞清奉匋齋尚書命又題《魯孝王石刻跋》：「西漢隸書至難得，而傳之至今者絕少。此數字端穆凝厚，尤足見西京筆法。二『年』字，其垂筆下逾二格，漢隸中靈臺碑、宛令益州刺史李君碑皆如此，可證石門頌之『帝』字，非剝文也。年本從禾，上作垂筆，乃有篆初入隸形耳。」〔註139〕這些細緻入微的觀察和思考逐漸成為其書學藝術理論形成的重要來源。

李瑞清與端方的共事交往，應該是從 1906 年 10 月 9 日端方再任兩江總督兼南洋大臣開始，一直到 1909 年 7 月離任兩江總督期間。1906 年，李瑞清曾作述職報告——《兩江師範學堂監督李觀察上端午帥稟》：「職道接辦兩江師範學堂一年於茲矣。戰戰慄慄常懼不稱，今大帥節鉞來寧，學界人士莫不歡呼。騰湧舉手相賀。況職堂為帥所注意，曾紳嚴飭改良者，敢將接辦情形，一一敬陳，伏乞鈞訓。」（12 月《時報》）〔註140〕宣統元年（1909）春際，李瑞清在端方的金陵署中結識了已經七十一歲的楊守敬〔註141〕（1839～1915），他在跋《鄰蘇老人手書題跋》的題記中描述了他們相識和交往的過程。〔註142〕作為晚清民初學者，楊守敬注重北碑的研習，但更推崇碑帖並重，隨著交往的深入，楊氏很多重要的見解深深影響了李瑞清日後的書藝思想。

李瑞清由科舉入仕開始涉足政治，同時，這個階段也是李瑞清主政發展兩江師範學堂的重要時期，他辦學七載，以遠見卓識構建了藝術教育的體系，始創了中國高等師範教育中的第一個圖畫手工科，影響中國近代美術教育的格

〔註138〕李瑞清：《跋泰山秦篆殘字》，《清道人遺集》，黃山書社 2011 年版，第 139 頁。

〔註139〕李瑞清：《魯孝王石刻跋》，《清道人遺集》，黃山書社 2011 年版，第 140 頁。

〔註140〕轉引自曾迎三：《清道人年譜（二）》，《內江師範學院學報》2013 年第 28 卷第 11 期，第 31 頁。

〔註141〕楊守敬，字鵬雲，號惺吾，晚年別署鄰蘇老人，湖北宜都人。清末民初金石文字學家、歷史地理學家、版本目錄學家、書法家、藏書家。

〔註142〕轉引自曾迎三：《清道人年譜（二）》，《內江師範學院學報》2013 年第 28 卷第 11 期，第 33 頁。原文如下：「宜都楊惺吾先生，負海內重名，世所稱鄰蘇老人者也。昔年遊日本，日本人無不知有楊先生者。先生精鑒藏，書法靡不備究。匋齋尚書督兩江，先生嘗遊江南，為尚書坐客，時余識先生於江南。辛亥國變，余黃冠為道士，鬻書滬上，先生亦辟亂滬上，同鬻書，每遇總論書忘昕夕，余嘗為楊潛庵作大字聯，撫《匡喆刻經頌》，先生見之乃大歡！賞以為當世無此手筆，逢人輒道之，其好善如此。」

局，也為中國培養了第一批美術師資和藝術人才，「如凌直支、文淵、呂鳳子潘以及姜敬盧先生輩，皆該校畢業生也。……然此輩藝術人才，多分布服務於蘇、皖、贛、浙、湘、粵、川、晉，及北京等各中學師範學校，此為歐西畫法，直接由國人率先推行於新藝術教育上之嚆矢也。」〔註143〕他在教育事業上「視教育若性命，學校若家庭，學生若子弟，始終不渝」，其在美術教育方面的貢獻，可參閱拙文《李瑞清教育思想對近現代中國美術教育的影響和貢獻》〔註144〕。譚延闓《辛亥北上日記》記載，1911年六月二十日至閏六月二十日（7月15日至8月14日），中央教育會在京師召開，期間他與李瑞清、曾熙等人相互邀約宴飲，談書作畫，這是李與譚交往的開始。此次北京之行，對於李瑞清來說，最重要的收穫就是對敦煌寫經的收藏和關注。會議日程結束後，兄弟三人在臨川會館觀鑒李瑞清收藏的字畫，其中，七月初二日條記錄：「看唐人寫經卷，筆意類六朝人，梅庵斷為北魏人寫經，謂與中嶽靈廟碑相似也。」初三日「看字帖甚多，以石室寫經為最好。」初七日「同看唐人寫經，其硬黃紙者唐人書，白麻箋者類北魏、六朝人書。」〔註145〕三人談古論今，對於經卷的材質、書風，至文字源流之變，言切於心，經常徹夜達旦，惟恐語盡。雖然日記中是隻言片語的記述，但已證明李氏對於書法的研究已經不再局限於碑派風格的專注，而是在更為廣闊的書林藝苑中尋求書法精神的拓展。這也是李瑞清書法風格逐漸形成和藝術思想奠定的重要時期。

圖 1-7　李瑞清，隸書《節臨禮器碑扇》，1907 年

常州博物館藏。

〔註143〕潘天壽：《中國繪畫史》，上海書畫出版社 2016 年版，第 278～279 頁。
〔註144〕《南京藝術學院學報〈美術與設計〉》，2019 第 1 期。
〔註145〕轉引自曾迎三：《清道人年譜（三）》，《內江師範學院學報》2013 年第 29 卷第 1 期，第 16～17 頁。

三、藝術思想的成熟期（1912～1920 鬻書滬上）

　　民國初期的北洋時代，先後出現袁世凱稱帝和「張勳復辟」的鬧劇，之後，北洋政府處於軍閥派系控制的局勢。由於黨派勢力的頻繁更迭，執政者的意識形態大多關注於爭權奪利的實惠，很大程度上無暇干涉文化發展的方向，袁世凱借用尊孔復古的名義，將儒學定為「國教」，恢復綱常倫理以及等級制度，籠絡人心，目的也是為了助長自己的政治勢力。總體來講北洋時期在文化思想界的控制上是一個相對真空的時代。隨著新文化運動的興起，各種政治思潮、人文思想此起彼伏，李瑞清書學思想在這個狂飆激進的各種主義的薰熾下，始終以傳統為基準並逐漸成熟。

　　1911 年 12 月，中華民國臨時政府在南京成立之際，李瑞清已避走江寧，鬻書滬上以營生，其書畫落款不具本名，開始用「清道人」題署，亦不用民國紀年，這是區分和確認李氏書風的重要標誌。他自己在《鬻書後引》中記載：「其冬十一月，避亂滬上，改黃冠為道士矣。」〔註146〕胡思敬在《退廬全集・文集》卷二《李布政守江寧記》中描述李瑞清在辛亥十一月：「賣破車充二百金充行囊，遂黃冠改道士裝，如必相迫脅，義不苟活，避居上海。」朱大可〔註147〕（1898～1978）曾署名「拾遺」撰寫《近代書家名號小志》，其中介紹清道人名號的由來：「李瑞清，號梅庵。先生兩娶於梅而皆早逝，其號梅庵，志悼亡也。入民國後，自號清道人，蓋寓不忘故國之思，非惟以其本名清也。」（按：刊於 1928 年 8 月 24 日《金鋼鑽》報）

　　上海在 1843 年開埠前夕，其經濟的發展即已是「江南之通津，東南之都會」（嘉慶《上海縣志・序》）。太平天國後期，為躲避戰亂，曾經繁華富庶的長江中下游地區的財富、勞動力開始向上海轉移，給上海的經濟發展帶來巨大的活力。因此，這個由富貴貧賤各階層組成的龐雜的移民社會和他們的價值觀念與傳統社會都有了很大的不同和轉變，十里洋場純粹靠買賣發展成為當時中外通商巨埠，也是西方思想、文化登陸的碼頭和中國現代文明的發軔地。

　　李瑞清剛到上海，處境艱難，鄭孝胥〔註148〕（1860～1938）在其 1912 年 2 月 15 日的日記中記載了李瑞清當時捉襟見肘的生活窘狀：「陳伯嚴、李梅庵

〔註146〕李瑞清：《鬻書後引》，《清道人遺集》，黃山書社 2011 年版，第 127 頁。
〔註147〕朱大可，名奇，別署蓮垞。書法學曾熙、李瑞清，晚年專作古籀，出版有《古籀蒙求》。
〔註148〕鄭孝胥，字蘇戡，一字太夷，號海藏，齋名海藏樓，詩人、書法家，福建省閩候人。1932 年任偽滿洲國總理大臣兼文教總長。

來，梅庵著道士服，家口四十八人，坐糧僅支正月。」〔註149〕為了眼前生存的苟且，操守與現實的差距，一定程度上改變了李瑞清對於文化價值的態度。他在《鬻書引》中顛覆了「不齒言利」的榮辱觀：「是以大賈貴於王侯，卿相賤同廁役，尊富卑貧，五洲通例。若夫貧困不厭糟糠而高語仁義，誠足羞也。昔范蠡智士，治生於陶，子貢大賢，鬻財齊魯，心竊慕之。語云：『長袖善舞，多財善賈。』余拙於為宦，歲俸所入，僅足自活，鬥智爭時，誠非所能。鬻書力作，倘亦末業，比之灑削馬醫，或毋慚焉，猶賢乎掘冢博戲云爾。」〔註150〕楊鈞說：「國變之時，梅庵書畫求者尚少，故窘困之狀，實使人憐。」〔註151〕書畫市場催生了職業藝術家筆耕不輟的實踐，為其書學觀念提供了不可或缺的經驗。寄寓滬上這九年是李瑞清夯實書法藝術思想的成熟期，標誌是其書學見解已不落碑派思想的窠臼，別開生面的提出個人見解，全面顯現其藝術思想的格局與氣派，主要體現在：廓清碑帖概念、闡述碑帖並就的書學理念。

李瑞清對碑帖概念起源及發展有清晰的認識，他在《玉梅花庵書斷》中認為碑學中興源自阮元的倡始，並且是禪宗的分派啟發了阮元對於書學的歸類研究。此揣測之說與阮氏自說有異議，詳見後文分析。而他對於碑帖的定義則非常明確的概括為「何謂帖學？簡札之類是也。何謂碑學？摩崖、碑銘是也。」〔註152〕古人書寫並無碑帖之分，但他們在寫「碑」和寫簡札時所用的技法不一樣。阮元分析說：「南派乃江左風流，疏放妍妙，長於啟牘，減筆至不可識。而篆隸遺法，東晉已多改變，無論宋、齊矣。北派則是中原古法，拘謹拙陋，長於碑榜。」〔註153〕這裡的「中原古法」就是篆隸、八分遺法，相對南帖的妍妙簡率，偏於拘謹拙陋。李瑞清在論述碑帖筆法的不同功用時說：「曾季嘗笑余曰：『以碑筆為箋啟，如載磨而舞，所謂勞而寡功也。』比年以來，稍稍留意法帖。」〔註154〕這段話強調了法帖最適合寫箋啟，用碑體為之則「如載磨而舞」、「勞而寡功」，但書寫榜書大字時則用碑派書法最為實用。當然，這種思想不是李瑞清本來就有的，而是在和朋友的交往論戰中逐步清晰並形成

〔註149〕鄭孝胥：《鄭孝胥日記》第三冊，北京：中華書局1993年版，第1396頁。
〔註150〕李瑞清：《鬻書引》，《清道人遺集》，黃山書社2011年版，第127頁。
〔註151〕楊鈞：《草堂之靈》，浙江美術出版社2016年版，第80頁。
〔註152〕李瑞清：《玉梅花庵書斷》，《清道人遺集》，黃山書社2011年版，第156頁。
〔註153〕阮元：《南北書派論》，《歷代書法論文選》，上海書畫出版社2014年版，第630頁。
〔註154〕李瑞清：《跋裝伯謙藏〈〈定武蘭亭序〉〉，《清道人遺集》，黃山書社2011年版，第22頁。

的。1934 年，齊白石的大貴人夏壽田（1870～1935）為曾熙《山水冊十二幀》的題跋中回憶他們相聚在京城的一些情節：「歲戊戌復相遇京師。余賃廡晉陽寺，髯與清道人同居臨川館。髯與清道人至相得，約為兄弟，朝夕斷斷論書家南北宗，又各出唐宋人畫相誇詫，髯得意時，輒聲震屋瓦。余時相過從，頗厭聞之，顧亦低佪，不忍捨之去。兩人所論，至精微且徵引繁博，今皆不復記憶。但記留食時，有煎鯗甚甘，還家後遣廚人治之，遠不及也。」〔註 155〕（見中國嘉德 2014 秋季拍賣會《霎岳樓往事——馬宗霍與他的師友》第 2266 號）

　　碑學倡始，阮元功不可沒，其在抬高北碑地位的同時，客觀上並未否認帖派的價值。包世臣和康有為則在論述碑學時經常情緒化。當然，在清代書學論述中這樣的論斷比較常見，如葉昌熾（1849～1917）說鄭道昭「不獨北朝第一，自有真書以來，一人而已。」〔註 156〕而包世臣研究推崇北碑是否因其二十五歲時「下筆尚不能平直，以書拙聞於鄉里」〔註 157〕遂產生逆反心理也未可知。包世臣評析筆之源流，提倡碑學，雖然帶有偏激之見，但開闢書法的新途徑，影響了諸多有識之士的書風變革，如趙之謙、沈曾植、康有為等人在藝術實踐上形成的藝術面貌，可見包派思想對於晚清書學的貢獻。通過對碑、帖主張的整體觀照，包世臣傾向碑帖並重而康有為是尊碑抑帖；對不同時代的碑帖，包世臣褒唐為主而康有為則是尊魏卑唐。李瑞清既尊重包世臣碑帖並重的傾向，又不似康有為卑唐的偏激，他對二人著述亦有所評判。「瑞清昔讀安吳述書，服其精思，但書體雜蕪，微乖大雅。南海康有為作廣包書，搜集稍宏，但繹包說，匪繇思至。」〔註 158〕通過比較，能清晰地看出包世臣、康有為、李瑞清針對碑帖的理解在書法思想上具有明顯的承接和發展特點。

　　作為書壇密友，沈曾植「納碑入帖」的建議對於李瑞清藝術思想的成熟可謂影響至深。1914 年，李瑞清在沈曾植、秦幼蘅的勖勉下，選臨了從東漢張

〔註 155〕轉引自曾迎三：《清道人年譜（一）》，《內江師範學院學報》2013 年第 28 卷第 9 期，第 24 頁。

夏壽田，字耕夫，號午詒，湖南桂陽蓮塘大灣人，師從王闓運，與楊度等同門，光緒戊戌科（1898）榜眼，辛亥後任民國總統府內史監內史，袁世凱復辟時的得力幹將。

〔註 156〕葉昌熾，柯昌泗：《語石異同評》，北京：中華書局 1994 版，第 180 頁。

葉昌熾，字頌魯，號鞠裳、鞠常，晚署緣督廬主人，長洲人。清末金石學家、文獻學家、收藏家。著有《語石》《藏書紀事詩》《緣督廬日記》等。

〔註 157〕《歷代書法論文選》，上海書畫出版社 1979 年版，第 640 頁。

〔註 158〕李瑞清：《報陶心雲書》，《清道人遺集》，黃山書社 2011 年版，第 34～35 頁。

芝的草書帖到明末八大山人書黃庭經近五十多種法帖，可謂用功至深，且每臨一帖均有言簡意賅的跋語，既我們目前所見的《玉梅花庵臨古各跋》。這是李瑞清研究帖學的思想成果，他通過技法範圍內的系統臨寫，在碑與帖的「通」「變」關係上有了深刻的理解進而將筆法至會筆意，是其書法藝術思想成熟的標誌。這些臨寫的法帖遂列入出版人朱挹芬的出版計劃，1915 年，《清道人臨唐宋元明漢魏六朝帖》（上下冊）（或稱為《李梅庵先生選臨法帖》）面世。

譚澤闓曾在《清道人節臨六朝碑四種》題跋中介紹了李瑞清碑帖字畫的出版緣起，皆因上海震亞圖書局經理「朱君挹芬好清道人書，收集既多，復為影印以公於世，今蓋三數集矣。道人書傳後不待言獨及今能廣播其遺跡者惟朱君，道人雖不賴是以傳而使今世之好道人書者得此模楷，其為惠於藝林何如也。農髯跋尾如山谷題東坡帖可稱二妙矣。」在上海眾多出版機構的競爭中，朱挹芬將震亞圖書局定位於專門經營書法字帖並與當時的一線書法家合作非常廣泛，李瑞清與出版界的合作可以說既為其生活帶來了實在的利益又擴大了聲譽，以致「海東鄰國爭擲重直購致之」。〔註 159〕

表 2　李瑞清書畫作品及收藏碑帖在民國期間的出版物統計

	震亞圖書局	其他出版機構
1912		《清道人習字帖》、《李瑞清魏碑法書》、《清道人書許君墓誌》、《清道人書曾母碑》（尚古山房出版） 《清道人書魏碑四種》（求古齋） 《李瑞清魏碑》（上海遜記碑帖社）
1914	書王闓運撰《長沙朱閣學墓碑》	
1915	《李梅庵先生選臨法帖》（又稱《清道人臨唐宋元明漢魏六朝帖》） 《清道人節臨六朝碑四種第一集》	
1916	題自藏《泰山經石峪金剛經墨拓》上下二冊 跋《經石峪全圖》 題《曾農髯臨黃庭經》 《清道人臨毛公鼎》 題《蘭亭序六種合刻》	書吳昌碩撰《朱君生壙記》（上海大眾書局） 清道人藏《宋拓石門頌》（上海有正書局）

〔註 159〕陳三立：《〈清道人遺集〉序》，《清道人遺集》，黃山書社 2011 年版，第 1 頁。

1917	跋《大鶴山人手寫詩稿小冊》 李瑞清藏《米南宮書方圓庵記》 《清道人節臨六朝碑四種第一集》第三版	《李梅庵臨周散氏盤銘真蹟》（上海中華書局） 題《定武蘭亭肥本》（上海商務印書館）
1918	《李瑞清書座右銘》 《李梅庵先生藏何子貞四種》 《擴大散氏盤》 題《放大毛公鼎》 題《錢南園書論坐帖》 題《錢南園杜詩蘇詩合冊》 題《曾農髯臨〈夏承碑〉》 題《秦權量詔版景大本》 書《傅母危太夫人墓誌銘》 跋《金石蕃錦集第一》	題《武進周惺弇臨漢魏李唐石刻》（常州新群書社）
1919	題《鄭書問先生尺牘》 贊《衡陽丁列婦傳》 《清道人臨禮器碑》 題籤《石庵相國墨寶》 篆蓋《清故廩生李君之墓誌銘》	題《曾熙書金剛般若波羅蜜經》（上海道德書局） 《全椒積玉橋殘字拓本》（上海有正書局） 題《柳公權金剛經》（求古齋書帖局） 書《耒陽伍母雷太夫人之墓誌銘》（民國石印本） 撰書《清故吏部主事謝公墓碑》（民國間印本）
1920	《清道人臨瘞鶴銘》 《清道人臨張黑女墓誌》 《清道人節臨六朝碑四種第二集》	題吳歷《平疇遠風圖》（商務印書館）
1921	《清道人臨散氏盤》 《清道人手札》 《李瑞清書祝君墓誌銘》 《清道人書彭君墓誌銘》 《李書萊陽伍太宜人墓誌銘》 《清道人臨毛公鼎全文》	
1928	《清道人節臨六朝碑四種第三集》	
1929	《清道人節臨六朝碑四種第四集》	
1937		《李瑞清先生魏碑》（安東誠文信書局）

　　畫家陸恢（1851～1920）跋文《清道人臨唐宋元明漢魏六朝帖》贊曰：「鍾鼎、彝器、石鼓、琅玡、泰山及兩漢金石刻，篆隸之原；三國、六朝至隋唐，化分為真，體變而筆法在，猶是書之正脈。例以書品上者為神，次不失為能，故精書家皆從此人。然格律勝，則或流於滯；謹嚴甚，則難求其趣，書道有未盡焉。主君子補偏救弊，不得不兼求古人箋奏、文稿、尺牘一切行草之書，以博其縱蕩流麗之觀，此書之逸品也。逸、神、能三品備而書無缺陷矣。……子芳老兄與先生交甚篤，故以所臨秘閣帖貽之。而子芳不以自秘，付攝印公諸同好，其有益後學及衿懷之曠，胥於是見，因樂為題之。乙卯三月吳江陸恢書於滬上」〔註160〕。曾熙亦跋語亦不吝譽美之辭，此集中還有沈曾植、吳昌碩、胡思敬、梁啟超、康有為、鄭孝胥等諸多好友的跋文，可以窺見近代這些大家對於李瑞清書藝中所蘊含的理論學養、審美格局的認可和欽慕。上海震亞書局出版的《清道人臨閣帖》《玉梅花庵臨古》就是這個時期在學習、研究帖學等方面代表作的集成。李瑞清將帖學中的諸多風格付之以筆，並對閣帖源流做了科學的論述，從而由實踐到理論為書學的發展作出了有益的探索。1915年，李瑞清挽留曾熙鬻書滬上，此後，二人在談書論畫的交流日趨頻繁，藝術思想在碰撞中相互影響。《譚延闓日記》與《鄭孝胥日記》都記載並印證了這一時期滬上文人在日常交遊中飲酒賦詩、鑒賞書畫自娛的景象。缶老的感慨不似敷衍，更不是阿諛，如果李瑞清的生命不是那樣的短暫，筆者相信他的藝術成就還會更有新的面貌。

　　六祖慧能曾說：「人雖有南北，佛性本無南北。獦獠身與和尚不同，佛性有何差別？」通過對阮元、包世臣、康有為書學思想的比較，筆者認為李瑞清「南北雖云殊途，碑帖理應並究」〔註161〕的觀點，已脫離碑學窠臼，轉而進入書學的本源。碑與帖的藝術特色不能以南北地理位置來劃分，從這個角度來說，將碑與帖完全對立起來的觀點是不科學的。康有為晚年對碑帖的說辭亦有公正之語，他曾說：「自宋後千年皆帖學，至近百年始講北碑，然張廉卿集北碑之大成，鄧完白寫南碑、漢隸而無帖，包慎伯全南帖而無碑。千年以來未有集北碑南帖之成者，況兼漢分、秦篆、周籀而陶冶之哉。」〔註162〕康氏對前輩名家各有偏頗的點評後自詡自己才是「集北碑南帖之成」的實踐者，其自負

〔註160〕李定一輯：《李瑞清選臨法帖》，東南大學出版社2002年版，第78頁。
〔註161〕李瑞清：《清道人遺集》，黃山書社2011年版，第74頁。
〔註162〕《中國書法全集‧第78卷‧康有為、梁啟超、羅振玉、鄭孝胥》，圖版第37號。

可見一斑。

　　從表面的形象上看，篆書和草書的書寫意味似乎差距很遠，但我們看八大山人草書的使轉和其畫荷花的莖稈，起筆和收筆基本上沒有刻意的修飾，始終運用一種粗細相等的線條在運動。作為最具動態的書體，草書跟篆書的銜接融合，給人以高逸靜遠的感覺。李瑞清在《臨晉武帝省啟帖》跋中提出這種書體之間的緊密關係：「以齊篆作草，寬博逋古，懷素自敘出此」，在臨《晉元帝中秋帖》跋中亦說：「筆筆圓滿而停蓄，此由篆隸化草之初如此，後人以真書筆橅之，故失之。」〔註163〕李瑞清在筆耕硯田的實踐中也以此高古的審美追求為指南，「自來言帖者，莫不稱蘭亭，……餘則略參以篆隸筆作此」〔註164〕他在題《定武蘭亭肥本》跋中曰：「自來言帖學者莫不首推《蘭亭》，宋時士大夫家刻一石，游丞相一人刻至五百種之多，故以定武石刻為第一，以不失古法，而肥本最為難得。此本墨色黝古，用筆渾厚，猶有鍾元常風度，如『欣』字末畫翻落，章草筆也。『向』『因』『固』諸字，汪容甫先生謂似始平公，非得此本，何以證其言之非誣？包慎翁謂六朝人之不可及處只是滿足，無一闕處，山谷稱楊風子『下筆便到烏絲闌』，今觀其跡，亦只是滿足，合觀乃可悟古人筆法。至『羣』字之直、『崇』字之三點、『殊』之蟹爪，帖賈皆能言，故不復縷數。壬寅三月，清道人。甲寅乃作壬寅，可笑，可笑。」〔註165〕

　　1920年七月十六、十七日，李瑞清在中風前五天，為日本書畫會臨寫了《石門銘》《鄭文公碑》《中嶽嵩高靈廟碑》《司馬景和妻墓誌》四幅北碑書作，可以看作是李瑞清一生鍾情翰墨的代表作，這份沉古拙厚的求索被世人譽為「中國書法家精擅北魏者，一千四百年來第一人耳」，也可以說是其短暫的54年人生對於藝術追求成果的最好評價。1920年9月12日（農曆八月初一）晚，李瑞清病逝於上海謙吉東里483號，前安徽巡撫馮煦聯名諸多前清遺老奏請「暫居宮禁」的清皇室給予恤典，十一月贈諡號「文潔」。是年臘月初八，曾熙在南京牛首山，葬李瑞清於雪梅嶺羅漢泉旁，「復築玉梅花庵以祀公。」〔註166〕

〔註163〕李瑞清：《玉梅花庵臨古各跋》，《清道人遺集》，黃山書社2011年版，第152頁。
〔註164〕李瑞清：《跋自臨蘭亭》，《清道人遺集》，黃山書社2011年版，第150頁。
〔註165〕曾迎三：《清道人年譜（一）》，《內江師範學院學報》2014年第29卷第5期，第17頁。
〔註166〕蔣國榜：《臨川李文潔公傳略》，《清道人遺集》，黃山書社2011年版，第100頁。

有清以來，受金石學的影響，人們對書法的研究視野和審美期待傾向於所謂「碑學」的價值，對「帖學」的評價不夠積極，也就未有新的理論建樹。劉熙載、楊守敬所說的碑帖兼容，沈曾植、李瑞清的實踐態度，無論從學術梳理還是造型研究，對整個書法史的作用和影響都值得深思。

第三節　李瑞清書法藝術思想的來源

李瑞清書法藝術思想，帶著時代的烙印，在自信和自覺中以辯證的姿態汲取吸納東西方文化和審美理念。

西學大行其道的晚清，諸多有新思想的讀書人在用中國傳統經學解釋西學的同時，選擇了佛學作為參照，即葛兆光所言「打算用佛學的一套說法來『格』西洋科學之『義』。」〔註167〕1910 年 9 月 14 日，李瑞清參與並同楊仁山、沈曾植、蒯光典、鄭孝胥、張謇等人發起成立佛學研究會。

《佛學研究會成立》：「十四日在南京大中橋韜園地方，發起人到者二十餘人，當議訂簡章數則，定名為佛學研究會，至旁夜方散。當日發起會員為：沈子培、楊仁山、蒯禮卿、鄭蘇戡、張季直、朱古微、陳伯嚴、俞恪士、李梅庵、魏季詞、陳善余、諸貞長、王雷夏、趙仲宣、易季復、魏蕃實、梁慕韓、蒯若木、李曉暾、梅擷雲、梅斐時、陳宜甫、桂伯華、歐陽鏡吾、余同伯、李正剛、歐陽石芝、狄楚青等。當即舉定楊仁山先生為會長，沈子培、蒯禮卿兩先生為副會長，並議定以上海為通信總機關。」（1910 年 10 月 24 日《時報》）

會長楊仁山（1837～1911）是近代佛教復興的啟蒙者，主張佛道相通，卻完全不能接受基督教。而此時基督教的發展已經影響到中國近代教育和思想文化等方方面面，特別是耶穌背負人類苦難的形象符號為廣大教徒提供了精神信仰，但卻讓李瑞清感覺到儒學的式微。在他看來，孔子未受到如此的擁戴正是孔教無法興盛的原因，他想利用信仰力量的培養來挽救面臨危機的傳統儒學，並期冀與王權的結合拯救失序的晚清政治。

李瑞清在經歷了中法戰爭、甲午戰爭，特別是戊戌變法的失敗後，深切體會到國民愚昧麻木的狀態。因此，他在反思「今世豪傑之士，往往遠言富強以救國，促進立憲以維亡」〔註168〕的社會現實下，意識到「今日之患，不在憲

〔註167〕葛兆光：《中國思想史（第二卷）》，復旦大學出版社，2016 年。
〔註168〕李瑞清：《與伍仲文書》，《清道人遺集》，黃山書社 2011 年版，第 180 頁。

之不立，而在民智之未開，上有謀公益之心，下無議政法之識，是則可憂也。」
〔註169〕他認為只是依靠士大夫精英為主體的仁人志士由上而下的應對社會變革，畢竟是曇花一現，而國民的整體素質關係到國家的強弱，「民智」的開啟與否，是決定專制和立憲的主要區別，他說：「民智未開之日，一二人豪喆度眾人之情以立法，遂由一二人自苛其責任，謂之專制；民智大開之日，則由眾人共議，以達其情而立法，謂之立憲。」〔註170〕這種論述極似清廷在 1906 年 9 月 1 日宣布預備立憲詔書之解答詞。我們今天來看預備立憲的進程設計，其核心理念是開啟民智、普及具有參政議政能力的訓練，而編輯國民必讀課本，第三年到第五年創設並推廣鄉鎮簡易識字學塾，則是提高「民智」的具體措施手段，甚至到了民國六年（1917），孫中山還專門編譯了《民權初步》教中國人如何集會和選舉等常識。〔註171〕而今，經過一個多世紀的轉軌與探索，但在歷史大是大非的基本判斷中，愚氓未曾減少，可見啟智明德在今天依然是任重而道遠的大工程。

甲午戰爭的失敗，應驗了 19 世紀以來西方傳教士對中國國民性隱含著缺陷的分析批評〔註172〕，雖然是基於不同文明背景下的善意提醒。1895 年 3 月，嚴復針對這種有兩千多年傳統的「畜根奴性」指出「今夫民智已下矣，民德已衰矣，民力已困矣。有一二人焉，謂能旦暮為之，無是理也。何則？有一倡而無群和也。是故雖有善政，莫之能行。」儘管嚴復宣傳達爾文生物進化論的「物競天擇、適者生存」及「優勝劣汰」等觀點，但他並不贊成立即實行西方的民主制度，而是建議「是以今日要政，統於三端：一曰鼓民力，二曰開民智，三曰新民德。」並且集中筆墨闡述開啟民智，增進民力，發揚民德的治本之說。「然則三者又以民智為最急也。是故富強者，不外利民之政也，而必自民之能自利始；能自利自能自由始；能自由自能自治始，能自治者，必其能恕、能用絜矩之道者也。」（《原強》）

民智不開，其實就是認為社會進步需要依賴或寄託於某一偉大人物的駕

〔註169〕李瑞清：《諸生課卷批》，《清道人遺集》，黃山書社 2011 年版，第 89 頁。

〔註170〕李瑞清：《諸生課卷批》，《清道人遺集》，黃山書社 2011 年版，第 88 頁。

〔註171〕孫中山：《建國方略》，《孫中山選集》，人民出版社 1981 年，第 384 頁。

〔註172〕按：1865 年，赫德發表《局外旁觀論》評價中國現狀：「文武各事之行，盡屬於虛，執法者唯利是視，理財者自便身家。」1866 年，威妥瑪在《新議略論》認為中國人「好古惡新，謂政治以堯舜之時為最，外國人考察內外不同之事，惟以此件為獨特。」

臨指揮，從不相信自己力量的卑弱心理，是「罷黜百家、獨尊儒術」的副產品，是真不知道「民為貴，社稷次之，君為輕」的道理，也有些類似於今天公僕觀念的本末倒置一樣，這都是兩千年來的文化糟粕形成的非文明觀念。李瑞清顯然受到嚴復上述理論的影響，二人都認為中國大眾精神信仰缺失彷徨，德智體素質普遍落後，他們強調通過新式教育開啟「民智」，但又都堅持君臣之倫不能廢棄的「忠君愛國」思想。

公車上書後不久，康有為在翁同龢、張之洞的資金支持、孫家鼐的館舍保障下，圖謀成立京師強學會，後由梁啟超變相運作，開張強學書局〔註173〕，刊行《中外紀聞》，雖然組織活動從籌劃到被查封僅僅存在了四個月之短，但在社會上產生了很大的影響。1896 年 8 月，《時務報》在上海創刊，銷量為「中國有報以來所未有」，為大眾瞭解中國時務和西方動態開闢了重要的窗口。1897 年 4 月，江標（1860～1899）在長沙創刊《湘學新報》，「講求中西有用諸學，爭自濯磨」（《湘學報章程》），以倡新學、開民智、育人才、圖富強為宗旨。1897 年 10 月，嚴復等人在天津創辦《國聞報》。這些報刊抨擊時弊，介紹西方體制，探討中國改革出路的論說也都時刻影響著李瑞清。自進京朝考登科以來，李瑞清行走往返於京湘，接觸了陳寶箴、梁鼎芬、江標、譚延闓等政軍兩界人士，瞭解維新思想，傳統教育之精髓又逐漸融入了一些新學思想。從目前可查之資料表明，李瑞清與梁啟超的交集始於 1895 年的「公車上書」，1896 年，李瑞清題吳清卿（吳大澂）撫部畫《江建霞學使修書圖》〔註174〕，圖後亦有江建霞（江標）〔註175〕、梁啟超、譚嗣同等多人題跋，1915 年，梁啟超任中國公學董事長，3 月 28 日李瑞清參加公學十週年紀念會，並發表演講。《譚延闓日記》記錄 6 月 4 日、5 日，李瑞清接連宴請梁啟超，並邀請譚延闓等人陪同。是年端午，梁啟超為《清道人節臨六朝碑》題跋並讚賞李瑞清筆法的臨古開新，其後再無覓出二人交流的記錄。

李瑞清思想中開啟民智的願景與梁啟超戊戌變法前夕撰寫《變法通議》中「言自強於今日，以開民智為第一義」的論述，以及其後「新民說」的內涵和

〔註173〕閭小波：《強學會與強學書局考辨──兼議北京大學的源頭》，《北京社會科學》1999 年第 1 期。

〔註174〕江建霞《修書圖》，1935 年十月蘇州振新書社發行。

〔註175〕江標，字建霞，一作兼葭，號萱圃，又號師鄦，江蘇元和（今蘇州）人。光緒十五年（1889）進士，官翰林院編修，官至湖南學政，戊戌變法間受命四品京堂、總署章京上行走。未就職而新政失敗，革職禁錮於家，次年卒。

目標基本相似，即從全面改造國人的素質來帶動社會的進步。區別在於李氏是想通過倫理的改造維護已有的社會秩序，達成國家一統的政治目的，是具有責任感的封建士大夫對當時意識形態主旋律的政治趨同；而梁啟超明確指出「新民」乃「自新」之謂也，不是為了迎合已有的社會規範，而是要革新與創造並不完美的現實社會，「為中國今日計，必非恃一時之賢君相而可以弭亂，亦非望草野一二之英雄崛起而可以圖成，必其使吾四萬萬人之民德、民智、民力，皆可與彼相埒，則外自不能為患，吾何為而患之？」（《新民說》）「新民」思想既是梁啟超的政治理想，也是新型知識分子的學術宗旨，更是五四運動中「改造國民性」思想的萌蘖。〔註176〕

　　李瑞清心存君國之志，以尊經守道為說教，可謂傳統士大夫的典型代表，他鍾情於「以孝悌為本，以忠恕為用」的孔子之學，強調人格修養，其思想主要體現在《諸生課卷批》《兩江猶級師範學堂同學錄序》《趙仲弢夫子六十壽序》、《臨川廖氏族譜序》《世界宗教會小引》《與張季直書》《與伍仲文書》《與某君書》《劉幼雲前輩介石山房圖記》及《李岷琛傳》等文章。作為高教體制改革的具體操盤手，李瑞清在《兩江猶級師範學堂同學錄序》中評述的世界級哲學家，包括對釋迦牟尼、蘇格拉底、柏拉圖、亞里士多德的關注，可以看出他對於世界教育格局不可謂不通曉。他在研習歐洲學術的歷史脈絡中指出「蘇倫言法學，畢達哥拉言天算，諾芬尼言名學，額拉吉來圖言天演學」，在分析佛教、基督教產生緣由的同時，對於儒家學說從秦漢歷至唐宋元明清各個時期的脈絡淵源分析透徹，同時又分列世界各國哲學及思想家作對照分析，如「意有麥志埃、威里伯魯那，德有哥比尼、加士亞格臘巴，法有門的伊尼，丹有泰哥伯里，英有培根，自此以來，歐西科學蒸蒸日興焉。至明之季，利瑪竇以耶教來中國，徐光啟頗從之言天算，此西學入中國之始。」他針對中國教育的發展亦列舉出各國教育家之概觀，「然歐美教育之興，實始於培根、笛卡爾；統系之定，自廓美紐司；澡垢曙昏，乃由陸克謙謨、非希，最為教育大家，近世學者，又多折衷威爾孟教育之學，數百年中，經名人數十輩，積思參究，蓋其成立若斯之難也！」〔註177〕由此也可以看到洋務運動雖然失敗，但其傳播西學的熱潮客觀上促進了國人對西方政治體制、歷史文化、科學技術、宗教信仰

〔註176〕　金雅：《梁啟超美學思想研究》，北京：商務印書館2005年版，第34、35頁。
〔註177〕　李瑞清：《兩江優級師範學堂同學錄序》，《清道人遺集》，黃山書社2011年版，第40、41、42頁。

等諸多方面的瞭解。

李瑞清的著述內容豐富，涉及哲學、政治、經濟、文化、教育、倫理等諸多領域。綜上分析，其思想體系的構建主要由三個部分內容組成：啟迪民智的教育思想、以古開新的藝術思想、維繫政體的尊孔思想，後兩種思想則直接影響其書法藝術思想的形成和發展。

一、清代碑學興起的思想背景

有清一代的碑學興起以漢碑熱為先導，依次是篆書、北碑的崇尚過程，並且「碑學之興，乘帖學之壞，亦因金石之大盛也。」〔註178〕清代碑派書學不是純粹的藝術學本身的東西，而是以經學、史學、金石、考據等所謂的「古學」作為學術根基，從書藝實踐、書法史、藝術批評等方面體現書學價值的總構成。碑學最大的成就體現在篆隸書以及魏碑體的繼承和創作研究的發展。而李瑞清書法為世人所尊崇的藝術面貌也主要體現在魏碑體和篆隸書的表現形式上。

「古人書法未有不托金石以傳者」。〔註179〕「立碑述德」是「身歿名存，永世慕思」〔註180〕的心理企盼，這種人物碑銘的鐫刻方式，「至後漢以後，始有碑文，欲求前漢時碑碣，卒不可得。」〔註181〕趙明誠在《金石錄跋尾》中說：「自東漢以後，一時名卿賢大夫，死而立碑，則門生故吏往往寓名其陰，蓋欲附託以傳不朽爾。」〔註182〕「漢以後，天下送死奢靡，多作石室石獸碑銘等物。建安十年，魏武帝以天下雕弊，下令不得厚葬，又禁立碑。」兩晉時期，也曾頒布過類似曹魏的禁碑令，但並未得到切實的執行。東晉元帝後，「禁又漸頹。大臣長吏，人皆私立。」〔註183〕南北朝時，南朝承襲魏晉遺制，曾有「南朝禁碑，至齊未馳」之說，但在當時，紙作為書寫材料已經開始取代簡牘和縑帛，造成傳世的書法作品多以尺牘、書札等墨蹟為主。北朝諸政權沒有

〔註178〕康有為：《廣藝舟雙楫》，《歷代書法論文選》，上海書畫出版社 2014 年版，第755 頁。

〔註179〕阮元：《北碑南帖論》，《歷代書法論文選》，上海書畫出版社 2014 年版，635頁。

〔註180〕劉勰：《文心雕龍》，范文瀾：《文心雕龍注》，人民文學出版社 1958 年版，第214 頁。

〔註181〕歐陽修：《集古錄跋尾》，《歐陽修全集》，北京：中國書店 1986 年版，第 1140頁。

〔註182〕趙明誠：《金石錄》，金文明：《金石錄校證》，上海書畫出版社 1985 年版，第272～273 頁。

〔註189〕沈約：《宋書·禮志》，北京：中華書局 1974 年版，第 407 頁。

碑禁令，傳於後世的則多是碑銘文字，尤其是墓誌銘在北魏統治時期急遽增多，遂有了「魏碑體」之說，也可以說是專指北魏碑碣、墓誌、造像題記和摩崖刻石中以方峻粗率為特徵的楷書書體，大概時間是北魏孝文帝拓跋宏遷都（493）之後，以洛陽一帶的北朝石刻為典型代表。如康熙十八年（1679），河北安平出土的北魏營州刺史《崔敬邕墓誌》，金農的老師何焯（1661～1722）在《義門先生集》中評論此碑曰：「入目初似醜拙，然不衫不履，意象開闊，唐人終莫能及，未可概以北體少之也。六朝長處在落落自得，不為法度拘局。」〔註184〕可見世人已開始認識魏碑的審美價值。李瑞清在《臨崔敬邕墓誌》中高度認可此碑：「能合鄭文公碑、司馬景和妻之妙，魏志中此為第一」〔註185〕（見圖1-8）。逐漸，北魏墓誌、造像題記和摩崖刻石成為金石家搜羅考據的熱門，金石著錄對北魏碑刻的研究更是片石不遺，為書家學碑創造了條件，從另一角度也揭示了時人崇重漢魏碑版的熱潮。

圖1-8　《李瑞清魏碑法書》

上海尚古山房出版。

〔註184〕何焯：《北魏營州刺史崔敬邕墓誌跋》，《義門先生集》卷八第12頁，清道光三十年（1850）刻本。
〔註185〕李瑞清：《節臨六朝碑跋》，《清道人遺集》，黃山書社2011年版，第151頁。

米芾曾云：「石刻不可學，但自書使人刻之，已非己書也，故必須真蹟觀之，乃得趣。」（《海嶽名言》）此論說致使宋、元、明三代乃至清代康、雍以前無人問津碑碣書體。清朝重視書法，有「康雍之世，專仿香光；乾隆之代，競講子昂」〔註186〕的記載。同治元年（1862）的科舉策論題：「一問經學，二問史注，三問書法，四問田賦，五問兵制。」〔註187〕書法的地位僅次於經史之學，足見其重要性。柳詒徵認為「惟明末清初之學者，則兼講為人與讀書，矯明人之空疏，而濟之以實學。」〔註188〕清初學術風向的轉變，導致文人學者訪求碑刻，考訂經史成為風氣。以行醫為業的南京人鄭簠（1622～1693）倡學漢碑，心追手摹，「沉酣其中三十餘年，溯流窮源，久而久之，自得真古拙、趨奇怪之妙。」〔註189〕其隸書技法迥異於明人勻整裝飾的書寫風貌。王鏞認為：「碑學書法的開端是從以鄭簠為代表的隸書家首先開始，由隸到篆而逐步展開的。」〔註190〕金農（168～1763）書法「求拙為妍」，有「餓隸渴筆，不讓古人」（黃易語）的革新精神，在董、趙風氣流行的康、乾時代，他獨創「漆書」生澀拙樸、奇絕脫俗的風格，他自闢蹊徑用實踐的精神擺脫二王體例的束縛。《魯中雜詩》表達了他師碑的膽魄：「會稽內史負俗姿，字學荒疏笑騁馳。恥向書家作奴婢，華山片石是吾師。」〔註191〕這種離經叛道的勇氣成為碑學不斷拓新的精神楷模。

中國人將學術和藝術劃分為南北的起源可以追溯到六朝時期。唐開元十二年（724），禪宗自五祖弘忍門下分化為南宗頓悟法門和北宗漸修法門，即「南頓北漸」二宗；董其昌在《畫禪室隨筆》卷二中借助佛教的用語梳理了中國古代山水畫發展的脈絡：「畫之南北二宗，亦唐時分也。但其人非南北耳。北宗則李思訓父子，著色山，流傳而為宋之趙幹、趙伯駒、伯驌，以至馬、夏輩。南宗則王摩詰始用渲淡，一變勾斫之法，其傳為張璪、荊、關、董、巨、郭忠恕、米家父子，以至元之四大家。」〔註192〕明末馮班《鈍吟書要》中有一句

〔註186〕王曉斌：《論書法藝術欣賞的模糊意味及成因》，曲靖：《曲靖師範學院學報》2006年第1期，第99頁。
〔註187〕《翁同龢日記》，陳義傑點校，北京：中華書局1989年版，第192頁。
〔註188〕柳詒徵：《中國文化史》，中國大百科全書出版社1983年版，第722頁。
〔註189〕見《隸法瑣言》，轉引自《中國書法鑒賞大詞典》（下）第1094頁程質清文（大地出版社1989年）。
〔註190〕王鏞：《中國書法簡史》，高等教育出版社2004年版，第286頁。
〔註191〕金農：《冬心先生續集》自書墨蹟稿本，有正書局石印本。
〔註192〕董其昌：《畫禪室隨筆》，浙江人民美術出版社2016年版，第62頁。

不成系統的表述：「畫有南北，書亦有南北」〔註193〕，這也是書法界對於南北書論產生淵源的揣度，其實阮元（1764～1849）在《南北書派論》中已詳述其出於經學之根源：「南北朝史家亦每以夷虜互相詬詈，書派攸分何獨不然。」〔註194〕他在金石研究的過程中，從時間和空間兩個範疇框定了東晉、南朝為書學南派，五胡十六國、北朝至隋為書學北派的劃分，並通過《南北書派論》《北碑南帖論》兩篇文章，明晰地闡述了碑、帖兩大流派各有所長的書法風格：「南派乃江左風流，疏放妍妙，長於啟牘，減筆至不可識；……北派則是中原古法，拘謹拙陋，長於碑榜。」〔註195〕這些理論成果是經學專家在書學思想方面的集中體現，標誌著清代碑學理論的正式形成。金丹認為：「阮元在書法史上的最大貢獻就是確立北碑地位，為在『二王』帖學之外開闢新徑提供理論依據。」〔註196〕儘管阮元的實踐面貌相較於理論貢獻還有一定的滯後差距，但「借古開今」的學術引領致使晚清書風驟然轉向。阮氏系統闡述南北書派的創見，也被金丹視為「地域書風理論的創建者」。〔註197〕

　　李瑞清不支持南北分派之說，他明確指出「碑學之中興，自阮相國始，阮有《南帖北碑論》。以南北分宗，其論甚辨，然究不確。南碑有《寶子》《龍顏》，北碑有《敬使君》《張黑女》《李洪演造像》，何耶？大約古人碑帖分途，簡書尚妍雅，碑誌尚古樸，《寶子》《龍顏》與北派何異？蕭梁石闕，無異《刁惠公墓誌》，此可知也。唐之褚遂良，元之趙孟頫於碑帖皆致力，而界限分明。褚書《孟法師碑》學《唐邕寫經》，《聖教序》學《龍藏寺》，至《枯樹賦》《哀冊》，則學《黃庭經》可知也。」〔註198〕我認為李瑞清的異議，恰恰就是啟發了他針對金文的溯源採取「以國分派」的構想。康有為、曾熙、葉昌熾、楊守敬、羅振玉等學者對此南北說也均舉例提出了不同的意見，但作為文化視覺符號的分析歸類，此研究的價值就在於為清理紛繁複雜的書史思路起到了「伐木開道」的先聲作用。

〔註193〕馮班：《鈍吟書要》，《歷代書法論文選》，上海書畫出版社2014年版，第552頁。

〔註194〕阮元：《南北書派論》，《歷代書法論文選》，上海書畫出版社2014年版，第634頁。

〔註195〕阮元：《南北書派論》，《歷代書法論文選》，上海書畫出版社2014年版，第630、637頁。

〔註196〕金丹：《阮元書學研究》，榮寶齋出版社2012年版，第130頁。

〔註197〕金丹：《阮元書學研究》，榮寶齋出版社2012年版，第122頁。

〔註198〕李瑞清：《玉梅花庵書斷》，《清道人遺集》，黃山書社2011年版，第157頁。

　　包世臣（1775～1855）潛心於書法學習，曾自稱「右軍後一人」，這種自信很容易給人以錯覺，當然，歷史長河會滌蕩其書法實踐的真實面貌。李瑞清認為包世臣「手寫帖而口言碑」〔註199〕具有兩面性，包世臣的聲名顯赫源於其成書於道光五年（1825）的著述《藝舟雙楫》，其中「論書」二卷（別名《安吳論書》）圍繞書寫技法闡述其書學思想，而《歷下筆談》一文則著重從藝術審美的本體角度評析北碑欹側多變、質樸率意的藝術價值。

　　光緒十四年（1888）康有為上書不達，政治失意，聽從沈子培「勿言國事」之勸，「盡觀京師藏家之金石凡數千種」，作《廣藝舟雙楫》一部，似與《藝舟雙楫》桴鼓相應，從書名也可以看出其對於包氏思想的推崇和演繹。不過，他在書中對阮元的南北分派是持反對態度的，他承認碑帖兩大流派，但不承認地域書風的存在，他說：「故書可分派，南北不能分派。」〔註200〕在書中，他推舉伊秉綬、鄧石如為碑派書風開山之祖，並且，他在古、今經文學的關係啟發下推演出書法的古今區別，進一步強化了碑學理論：「至今判之，書有古學，有今學。古學者，晉帖、唐碑也，所得以帖為多，凡劉石庵、姚姬傳等皆是也。今學者，北碑、漢篆也，所得以碑為主，凡鄧石如、張廉卿是也。」〔註201〕康有為在文章中從書法認識論的角度提出「尊碑」的五大理由：「尊之者，非以其古也。筆劃完好，精神流露，易於臨摹，一也；可以考隸楷之變，二也；可以考後世之源流，三也；唐言結構，宋尚意態，六朝碑各體畢備，四也；筆法舒長刻入，雄奇角出，迎接不暇，實為唐、宋之所無有，五也。有是五者，不亦宜於尊乎！」〔註202〕立足於圖像學的立場，這種開新求變的解析對碑學取代帖學作了價值闡釋。同樣，他的書法實踐也體現了對北碑的推崇，可謂言行一致。

　　以上概述可以看出阮元、包世臣、康有為三人的理論是構成碑學體系的主幹，這也是歷史的定論。這種地域性的劃分造成學術界許多無謂的爭論，其實，南北之分已不是空間概念，而是不同藝術風格的鑒賞標準。況且，碑

〔註199〕李瑞清：《玉梅花庵書斷》，《清道人遺集》，黃山書社2011年版，第157頁。

〔註200〕康有為：《廣藝舟雙楫》，《歷代書法論文選》，上海書畫出版社2014年版，第804～805頁。

〔註201〕康有為：《廣藝舟雙楫》，《歷代書法論文選》，上海書畫出版社2014年版，第778頁。

〔註202〕康有為：《廣藝舟雙楫》，《歷代書法論文選》，上海書畫出版社2014年版，第756頁。

學、帖學並非對立，無論是簡帛墨蹟還是書丹勒石，二者原本的表象都是在於書寫所依附材質上的痕跡。潘天壽（1897～1971）認為南北地域不存在藝術孰優孰劣的問題，他指出：「古人也有偏見，尚南貶北，不光是畫，文學、醫術、拳術，總是尚南貶北……我們不要有南北的偏見。各有特點、弱點，取強點，去弱點。」〔註203〕

隨著地下文物的不斷出土，金石學蓬勃發展，清中葉以後的書寫歷史，呈現眾多審美意趣，而碑學面貌流派紛紜，蔚為大觀。鄧石如（1743～1805）踐行碑學主張之先河，在從摩崖碑碣到紙張的書寫載體轉換中，追求篆、隸書寫的筆法意味，引發了新的審美風尚；趙之謙（1829～1884）在《藝舟雙楫》的指引下進一步趨向碑派技法體系的完善，其成就可謂正、行、篆、隸諸體全面的碑學典範；何紹基（1799～1873）躬行碑帖融合之路，明確了「金石氣」的審美情趣，直接影響沈曾植、曾熙、鄭孝胥等人碑帖兼容的創作態勢，以及康有為、吳昌碩、李瑞清等個性鮮明的金石氣息，他們從不同的角度去實踐探索，創作出與前人面目迥異的書體意趣，立體的夯實了碑派書學審美的面貌和形象。

其中，何紹基的書學探索對李瑞清書學思想的形成有著直接影響。何紹基篤信阮元的碑學思想，包括南北書學分派之論，也是最早實踐阮元、包世臣碑學理論的書法家，其早年書法植根於顏魯公，並由此廣涉唐碑。何紹基傾心於《定武蘭亭》，他在《跋國學蘭亭舊拓本》中說：「余學書從篆分入手，故於北碑無不習，而南人簡札一派，不甚留意。惟於《定武蘭亭》最先見韓珠船侍御藏本，次見吳荷屋中丞師藏本，置案枕間將十日，至為心醉。……蓋此帖雖南派，而既為歐摹，即係兼有八分意矩，且玩《曹娥》《黃庭》，知山陰棐几，本與蔡、崔通氣，被後人模仿，漸漸失真，致有昌黎『俗書姿媚』之誚耳。」〔註204〕馬宗霍曰：「蝯叟自謂於南人簡札一派不甚留意，然余嘗見其臨《懷仁集聖教序》，風化韻流，直造山陰堂奧，始知大家無施不可。」〔註205〕今天，我們可見到的蝯叟中年時期的行書信札，淋漓盡致的體現出「王字」的深厚藝術功底。何紹基以顏稿行書、篆隸為基點，進而上溯北碑

〔註203〕盧炘編：《潘天壽研究》第二集，中國美術學院出版社1997年版，第223頁。
〔註204〕龍震球、何書置校點：《何紹基詩文集》，嶽麓書社2008年版，第883頁。
〔註205〕馬宗霍：《霎岳樓筆談》，《書林藻鑒》卷十二，文物出版社2015年版，239頁。

並鍾意於《張黑女墓誌》，對於此，後世評論以徐珂深中肯綮：「道州何子貞太史紹基工書，早年仿北魏，得《玄女碑》，寶之，故以名其室。通籍後，始學魯公，懸腕作藏鋒書，日課五百字，大如碗。橫及篆隸，晚年更好率更，故其書覺雄而峭拔，行體尤於恣肆中見逸氣。往往一行之中，忽而似壯士鬥力，盤骨湧現；忽而如銜杯勒馬，意態超然。非精究四體，熟諳八法，無以領其妙也。」（《清稗類鈔》）〔註206〕李瑞清傾慕何書古拙氣息，愛屋及烏，早年亦傾力於《張黑女墓誌》，他集字自書五言聯中提及何紹基對北碑表現的立足點：「奇石華相暎，幽人室不扃。集《張黑女志》字，遒厚精古，實勝《敬使君》，何道州得其化實為虛之妙。通如仁兄法家正之。宣統二年四月，李瑞清。」（2010年春季西泠拍賣圖錄）

溯源何紹基書學思想，以及其風格形成的重要原因是對碑和帖在審美上的取捨與兼容的態度，他在《題雨鈴所藏聖教序第二本》說：「我雖微尚在北碑，山陰棐几粗亦窺」。〔註207〕字數不多，但可以看到他對傳統文人雅逸情致的追溯，以及他的書學審美風尚。錢松在其博士論文《何紹基年譜長編及書法研究》中專列一章「何紹基碑學思想及其矛盾性」而且提出了「對北碑態度的言行不一」的懷疑態度，〔註208〕在此不多贅言。

何紹基在碑學盛行的環境中，「書由平原蘭臺（按：指顏真卿、歐陽通）以追六朝秦漢三代古篆籀，……遂開光宣以來書派。」〔註209〕」他的書學思想大多體現在題跋、詩詞、言談之中，大部分是強調對篆隸的重視，「君看南北碑，均含篆籀裏。」〔註210〕「余學書四十餘年，溯源篆分，楷法則由北朝求篆分入真楷之緒；知唐人八法以出篆分者為正軌。」〔註211〕這種「書歸篆隸」的思想內核對湖湘文化以及後世書壇創新產生了深遠影響。左宗棠，王闓運，翁同龢，譚延闓、譚澤闓昆仲，曾熙，李瑞清，齊白石等人物，皆從不同角度踐行何紹基主張。

根據《白石老人自述》所載，「我起初寫字，學的館閣體，到了韶塘胡家

〔註206〕馬宗霍：《書林藻鑒》卷十二，文物出版社2015年版，第238頁。
〔註207〕何書置：《何紹基書論選注》，湖南美術出版社1988年版，第129頁。
〔註208〕錢松：《何紹基年譜長編及書法研究》，南京藝術學院博士學位論文，2008年。
〔註209〕馬宗霍：《書林藻鑒》卷十二，文物出版社2015年版，238～239頁。
〔註210〕何書置編注：《何紹基書論選注》，湖南美術出版社1988年版，第21頁。
〔註211〕龍震球、何叔置校點：《何紹基詩文集》，《跋〈道因碑〉拓本》，嶽麓書社2008年版，第804頁。

讀書以後，看了沁園、少蕃兩位老師，寫的都是道光間我們湖南道州何紹基一體的字，我也跟著他們學了。」〔註212〕1903年，夏壽田邀約四十一歲的齊白石同遊京師，在京期間結識了李瑞清三弟李瑞荃（筠庵），1909年秋遊南京拜訪李梅庵，為其治印三方，只可惜「獨與李梅癡呫尺神交未能相識……皆為恨事。」

　　與二王書風迥異的漢魏碑碣，以「古拙」的形態和「雄渾」的意趣得到時人的認同，這種尊碑風尚貫穿有清一代，當然，碑學的形成，不是為了破壞既定的帖學秩序，而是另闢蹊徑的構建一個新的藝術世界，同時，也為書學審美的理論研究提供了廣闊的視野。民國時期的碑學實踐已然深入到知識菁英階層，在這個大的審美趨勢下，李瑞清受何紹基思想影響，「探筆法於鍾鼎中，發凡舉例，別派分門，精確不易，又以散氅筆法入六朝碑誌中，遂成絕詣，為一時學大篆習北碑者所宗。」〔註213〕他的書寫以尊古為開新，與當時西化的文化趨向並行不悖。

二、晚清尊孔復禮的人文思潮

　　戊戌變法的前前後後，王朝子民的諸多行徑表現，讓康有為、李瑞清等人意識到信仰缺失的社會後果，他們繼承《春秋公羊傳》的思想學說，發揮今文經學的傳統，主張對儒學的文化系統進行改造，並打出「孔教復原」的旗幟，「欲樹尼山教義以作為民族精神」（《孔教十年大事》卷七），以此來穩定當時的社會秩序，在一定程度上不失為適合國情需要的選擇。平心而論，對儒學的重新認識在今天又何嘗不是明德啟智、重拾對文明信仰的手段呢。第二次世界大戰後的《世界人權宣言》在制定過程中，聯合國人權委員會副主席張彭春〔註214〕（1892～1957）將儒家的「仁愛」以「良心」形式（conscience）寫入宣言第一條：「人人生而自由，在尊嚴和權利上一律平等。他們賦有理性和良心，並應以兄弟關係的精神相對待。」從而使東西方具有了共同的普世價值觀。

　　李瑞清為眾多耆老做壽的文章中充分顯現其儒家道德觀，他堅持對社會

〔註212〕齊白石口述，張次溪筆錄：《白石老人自述》，北京出版社2024年版，第64頁。

〔註213〕馬宗霍：《書林藻鑒——書林記事》，文物出版社1984年版，第247頁。

〔註214〕張彭春，字仲述，天津人。近代教育家、戲劇活動家、外交家，聯合國人權委員會副主席，參加起草《世界人權宣言》。

的責任和道德的義務，提倡倫理忠孝，人們不僅要愛父母，還要愛其他的人，「是以君子兢兢而愛民，小人兢兢而愛身。」〔註215〕「生我者，父母也，不能愛之，而遠言愛國，此所謂務華而絕根者也。」〔註216〕他以西學為參照，認為儒家精神就是東方的宗教思想，期冀恢復儒家倫理作為當時拯救世道人心的工具，可以使民眾有精神之皈依，他說：「宗教，國粹也，教亡則國亡」，「宗教者，群學之母，使人之有愛力合群者，孰於與宗教也。」因此，他在《諸生課卷批》中反對神化孔子，把孔子重新塑造為提倡自由、平等、博愛的思想家的形象，文中評議道：「吾斷斷奉孔子為中國宗教家，吾願吾全國奉孔子為教主。……況孔教又無一切之魔魔，又無縛速人之才智之桎梏，為地球上純粹完美之第一宗教乎！」〔註217〕此論說與維新派康有為、譚嗣同、梁啟超對改造傳統儒學的思想，幾乎出自同一機杼，但他更希望將「以孝悌為本，以忠恕為用，以改良進化為目的」的儒家倫理融入到現代教育中。

　　1898年康有為要求把儒學定為國教，奉孔子為教主，在全國開「孔教會」〔註218〕，但很多學者如葉德輝、錢穆都認為他是在尊孔的招牌下，運用三世說重新設計自己的思想，在實際變法中，實現其政治抱負或野心。梁啟超作為康氏政治變法的追隨者在《南海康先生傳》中是這樣評價他的老師：「（康）先生又宗教家也。吾中國非宗教之國，故數千年來，無一宗教家。先生幼受孔學，及屏居西樵，潛心佛藏，大徹大悟；出遊後，又讀耶氏之書，故宗教思想特盛，常毅然以紹述諸聖，普度眾生為己任。先生之言宗教也，主信仰自由，不專崇一家，排斥外道，常持三聖一體諸教平等之論。然以為生於中國，當先救中國；欲救中國，不可不因中國人之歷史習慣而利導之。又以為中國人公德缺乏，團體渙散，將不可以立於大地；欲從而統一之，非擇一舉國人所同戴而誠服者，則不足以結合其感情，而光大其本性。於是乎以孔教復原為第一著手。」

　　梁啟超在上海為《時務報》主編時，譚嗣同正在南京金陵刻經處向楊仁山居士學佛法，並在此著作其《仁學》一書，他受康學大同思想的影響，在堅持孔子仁愛精神的核心下認為「孔教何嘗不可遍治地球哉！然教則是，而所以行其教者則非也。……故強學會諸君子深抱亡教之憂，欲創建孔子教堂，仿西人

〔註215〕李瑞清：《周韋齋五十壽頌》，《清道人遺集》，黃山書社2011年版，第191頁。
〔註216〕李瑞清：《臨川廖氏族譜敍》，《清道人遺集》，黃山書社2011年版，第56頁。
〔註217〕李瑞清：《諸生課卷批》，《清道人遺集》，黃山書社2011年版，第88頁。
〔註218〕康有為：《奏議》，《康南海先生文鈔》，第5冊，第10～13頁。

傳教之法，遍傳於愚賤。」（《譚嗣同全集》（增訂本）下冊第465頁）譚嗣同激烈的抨擊封建專制對人性的扼殺，反對禮教綱常作為政治秩序成為統治的工具，這一點就同李瑞清關於孔教的認知有了本質的區別。

孔子的仁愛就是主張社會和諧，梁啟超推崇這個儒家思想的價值觀，雖然中間與康有為在尊孔問題上亦有分歧和批判〔註219〕，但其「不惜以今日之我，難昔日之我。」他在《世界偉人》中評價說：「吾將以教主尊孔子。夫孔子誠教主也，而教主不足以盡孔子，教主感化力所及，限於信徒。而孔子則凡有血氣莫不尊親，舉中國人，雖未嘗讀孔子之書者，而皆在孔子範圍中也。」這是他在歐遊經歷後對傳統文化的反思與自信，包括孔子的政治主張對民主政治建設的影響。在康師傅和其弟子，以及李瑞清在內的諸多文人力奉「孔子為教主」的口號感召下，就任大總統之初的袁世凱面對紊亂的秩序，也認為民眾信仰的崩潰是「今之大患，不在國勢，而在人心。苟人心有向善之機，即國本有底安之理。」〔註220〕於是，基於政治上的考慮，他對恢復社會秩序的指導原則進行了慎重思考，他在《通令國民尊崇倫常文》（《袁大總統書牘類編》第64頁）中提倡「禮教」的尊孔活動，均具有穩固政體和民智啟蒙的雙重意圖。但由於得到了西方輿論對於尊孔行徑的支持〔註221〕，以及袁世凱、張勳適時地利用尊孔思潮進行復辟的行徑，導致原本正確的思想不僅沒有成功轉化為政治實踐，反而激起了民族心理的牴觸和政治上的清算，致使今天的諸多文獻還稱此為政治、文化保守主義者的復古逆流。

李瑞清受傳統教育根深蒂固，使其本人具有仁義禮智信的道德精神，他重視孝道，視其為做人的根本和忠君的前提。他提倡的尊孔是希望重建儒家仁義忠信的倫理綱常，從儒家文化的思想中汲取精神力量，把儒學的文化精華看做「國魂」所在。他擔心「與無學識、無經驗之人共圖立憲，勢必擄掠劫奪，陷於無政府之慘狀，其禍更甚於專制」〔註222〕，所以他希望通過教育的手段啟

〔註219〕見《清代學術概論》之二十六梁啟超與康有為的分歧。北京：中華書局年2011版，第129～134頁。

〔註220〕袁世凱：《復學校祀孔命令》，《民國經世文編》第39冊，第48頁。

〔註221〕英國莊士敦說：「中國之安內攘外，不在武力，而當歸功於孔教……使能以孔教治國，則革命不可起，而人民早盡於善良矣」。美國傳教士李佳白宣揚尊孔的兩大利處：「孔教崇道德，尚倫理，尊為國教，則民德無墜落之虞，此時利於國者一也」，「孔教多言政治，包含多種重要的學科，尊為國教，尤足以植政學之基礎，此利於國者二也。」

〔註222〕李瑞清：《諸生課卷批》，《清道人遺集》，黃山書社2011年版，第88、89頁。

「民智」，提高國人的道德素質，以延綿儒家傳統下的現行體制。他已經「睜眼看世界」，並認為孔教的復興是應對西學的最佳嘗試，況且，西學與儒學結合在實踐上很快就帶來了明顯的效果，主要體現在官辦的譯書機構，加快了中外交流，促使當時的文化教育、社會思潮等方面都具有中西參半的形態特徵。所以，他在比照「專制習深」的秦漢帝國政體後，認可清政府的現行體制是秩序和諧與穩定的保障，由衷地發出「國朝政治，三代後莫之與京也」的禮讚，這是否就是李瑞清思想的歷史局限性的體現呢？因為這也並非是他一個人在思考的問題，像梁啟超「歸自美利堅而作俄羅斯之夢」的思想轉變，卻也不可謂不深刻。梁啟超在遊歷列國考察後撰寫《新大陸遊記》，分析立憲、共和並不適合當時的大清國情，甚至認為「今日中國國民，只可以受專制，不可以享共和。」乃至 1906 年在清政府預備立憲之時，發表《開明專制論》，引導清廷由專制朝著「開明」的政體方向和平過渡。此際，梁啟超仍是清政府的通緝犯，但其所作所為仍是一介文人對國家前途命運改革的執著思考與設計。

有清一代，樸實的經史考據訓詁之學能成為學術主流，必然是諸多因素促成的。「凡當權者喜歡干涉人民思想的時代，學者的聰明才力，只有全部用去注釋古典。」〔註 223〕以閻若璩（1636～1704）的《尚書古文疏證》為代表，使「一切經義，皆可成為研究之問題」，大批學者開始重視漢代的經傳及思想理論，走上「考據學」的道路。李瑞清在這種復古思潮影響下「潛治說文、三禮、公羊何氏學」〔註 224〕。

《禮經》《周禮》《禮記》合稱「三禮」。李瑞清自小受傳統儀禮教育：「余幼性絕鈍，稍稍習禮經」〔註 225〕。在禮儀的制度章程，倫理思想薰陶影響下的李瑞清在眾多文章中，明確提出「明孝經為治國教民之書」〔註 226〕，認為「今者儀範溜蠹，禮序失次，居無師氏之訓，動無環佩之節，輪製僭度，衽席無辨，家庭多釁，冢嗣遘屯」〔註 227〕，而「晚近以來，大道鬱滯，彝倫攸斁，

〔註 223〕梁啟超：《中國近三百年學術史》，北京：商務印書館 2011 年版，第 25 頁。

〔註 224〕蔣國榜：《臨川李文潔公傳略》，《清道人遺集》，黃山書社 2011 年版，第 97 頁。

〔註 225〕李瑞清：《書曲江手跡後》，《清道人遺集》，黃山書社 2011 年版，第 63 頁。

〔註 226〕李瑞清：《趙仲弢夫子六十壽序》，《清道人遺集》，黃山書社 2011 年版，第 45 頁。

〔註 227〕李瑞清：《魏母吳太夫人六十壽序》，《清道人遺集》，黃山書社 2011 年版，第 48 頁。

亂逆無紀，排擯家族，竟言愛國。」〔註228〕其言語行事，始終把維護宗法等級關係與為君主服務聯繫在一起，並「要以輔君衛國拯民者為任。」〔註229〕辛亥武昌起事後，南京已成孤城，兩江總督張人駿拜擢李瑞清為藩司（相當於南京最高行政長官），他臨危受命，並依仗提督張勳的兵力誓與南京共存亡。應該承認，在歷史巨變的潮流關口，李氏的不識時務卻顯示其政治上的忠誠以及「君子之心貴乎道」〔註230〕的英雄本色。

　　啟功說：「清末學術界有一種風氣，即經學講公羊，書法學北碑。」〔註231〕李瑞清在宣統二年（1910）自臨《禮器碑》後有一段跋文分析過公羊學派授受源流〔註232〕。《公羊傳》得名於公羊壽與胡毋生「著於竹帛」的定稿，胡毋生尊其師公羊壽，故起名為《公羊傳》。這本書是專門解釋《春秋》，研究戰國、秦、漢間儒家思想的典籍資料，歷代今文經學家常用它作為議論政治的工具。公羊何氏學指的是東漢末何休（129～182）注釋的《公羊傳》，「妙得公羊本意」，認為孔子「志在《春秋》，行在《孝經》」的觀點，此二學乃「治世之要務」（《春秋公羊傳解詁·序》），何休將社會治亂興衰闡釋出衰亂世、升平世、太平世漸進發展的三世說。這三個階段是他對「理想」社會發展趨勢的解釋。其理論貢獻在於推進了「大一統」說與「通三統」及「三世」說。〔註233〕「通三統」是公羊學的一個概念，主要精神是宣揚儒家思想，強化中央專制集權，與孔子以來的「春秋大一統」理念相關。李瑞清在一幅繪畫的題跋中，提到了「春秋大同」與「春秋通三統」〔註234〕的觀點，從中也可以看出在復古的思潮中，「大一統」觀的理解對李瑞清仕宦生涯的影響。清代中後期，常州學派的出現，標誌著「公羊」學的重新興起，清代今文經學的倡始者莊存與（1719～1788）闡發「大一統」思想，求公羊學說之正途，劉逢祿（1776～1829）論治國之道

〔註228〕 李瑞清：《喻星齋七十雙壽序》，《清道人遺集》，黃山書社 2011 年版，第 50 頁。

〔註229〕 李瑞清：《劉幼雲前輩介石山房圖記》，《清道人遺集》，黃山書社 2011 年版，第 193 頁。

〔註230〕 李瑞清：《哈少甫六十壽序》，《清道人遺集》，黃山書社 2011 年版，第 52 頁。

〔註231〕 啟功：《夫子循循然善誘人——陳垣先生誕生百年紀念》，《啟功學藝錄》，中國對外翻譯出版公司 2000 年版，第 14 頁。

〔註232〕 李瑞清：《跋自臨禮器碑》，《清道人遺集》，黃山書社 2011 年版，第 148 頁。

〔註233〕 陳其泰：《清代公羊學（增訂本）》，上海人民出版社 2011 年版，第 36～41 頁。

〔註234〕 李瑞清：《元劉貫道蜀山棧道圖卷跋》，《清道人遺集》，黃山書社 2011 年版，第 134 頁。

「窮則必變」，對政治、文學等領域產生了深刻的影響。李瑞清在《兩江優級師範學堂同學錄序》中詳細分析了古今經學的發展進程，指出「乾嘉以來，天下承平久，士大夫好治經，言訓詁，號為『漢學』，江淮之間最盛，學者多稱鄭康成，朱學少衰矣。」〔註235〕他認為湖南士人有固守程朱理學的傳統，並舉例羅澤南及其弟子在經世致用的原則指導下投身軍旅，與曾國藩平定洪楊之亂，蓋因儒家忠君報國之思想砥礪奮進。李澤厚從儒學政治化角度的分析可以看作是李瑞清思想意識形態的注腳：「倡導今文學在當時不但沒有危害清朝政治統治的『危險』，恰好相反，它們還常常因為維護封建專制統治秩序而得到清朝統治者的獎賞。」〔註236〕

　　李瑞清科考時的策論多公羊家言，為主考官翁同龢所欣賞。他的人生所處正是「致用」與「無用」，「改革」與「守舊」之爭的時代，他在與劉廷琛〔註237〕（1867～1932）的書信中反思：「王安石以周禮治宋，天下騷然，黎民怨歎，卒至身敗名裂，為天下笑著，何也？時不同，勢不變也。」〔註238〕可見公羊學闡釋的變易歷史觀對他影響深刻，他認為研究學問的關捩在於運用變革法則。公羊今文學本身的學術內容和政治意義不在本文的研究範圍，但民族文化基因的自覺與堅守為李瑞清預埋了復古主義思想。他身處中體西用的時代背景下，在東西方文化與審美觀的比照中，思考儒家思想浸潤的生存價值與西方宗教人生信仰的意義，他旨在利用儒學維護現有的社會秩序，用忠誠鞏固他們的統治。穩定當時的局勢是儒學思想對他影響的結果，體現在書學實踐中就是「每臨一碑，步趨恐失，桎梏於規矩，縛綖於氈墨」〔註239〕的書寫特性。

　　李瑞清以儒為教的思想也可以看作是民國文學團體學衡派的理論先聲，雖然《學衡》雜誌是在其去世之後的 1922 年刊發，但撰稿的諸多國學大師，

〔註235〕李瑞清：《兩江優級師範學堂同學錄序》，《清道人遺集》，黃山書社 2011 年版，第 41 頁。

〔註236〕李澤厚：《中國近代思想史論》，北京：生活·讀書·新知三聯書店 2008 年版，第 161 頁。

〔註237〕劉廷琛，字幼雲，晚號潛樓老人，江西九江人，光緒二十年（1894 年）進士。1908 年 1 月至 1911 年 12 月期間任京師大學堂的第七任總監督（北大校長），辛亥革命後，不事民國，移居青島，齋號「潛樓」，以書事自娛。

〔註238〕李瑞清：《劉幼雲前輩介石山房圖記》，《清道人遺集》，黃山書社 2011 年版，第 193 頁。

〔註239〕李瑞清：《鬻書引》，《清道人遺集》，黃山書社 2011 年版，第 126 頁。

如王國維、陳寅恪、柳詒徵都與之有交集且理想趨同，區別在於李瑞清、王國
維是要維護封建禮教，學衡派強調的是純粹的學術研究，相同之處都是立足於
以孔教為中心的一種開放的、世界性的觀念之上。李認為「孔子之學不局於一
定之時代，不囿於一個之體段，因時因地以立學」的永恆價值，學衡派也認為
中國古典文化必須得到豐富、補充，具有「兼取中西文明之精華」的新人文主
義色彩。李瑞清上承前學，鑽研經義，以踏實樸素的學風剴切敷陳，在顛頇的
責任感下「冥行孤往」，在兩江師範學堂的建設和發展中，其披藻擷芳尋求新
知的姿態，是相對於一味崇洋的自覺與自信，呈現了清末文人士大夫典型的氣
質和特徵。

第二章　李瑞清書法藝術思想以氣為核心的審美觀

　　漢字的產生，乃至書法成為藝術，都可以看作是思維表達的一種方式，英國哲學家懷特海（Alfred North Whitehead，1861～1947）在《思維的方式》中說：「所有體系化的思想，都必須始於前提。」〔註1〕李瑞清書學思想體系的前提就是他在《玉梅花庵書斷》開篇所言：「學書尤貴多讀書，讀書多則下筆自雅，故自古來學問家雖不善書，而其書有書卷氣。故書以氣味為第一。」這句話很明顯是接受了宋人的學風以及董其昌的思想影響。句中的「學問家」是一個非常重要的前提，古來學問家就是在國學浸漬下的文人，是以其養成文化為美學品位的文人氣的體現，是本無意於藝術的書寫的氣息體現，其實就是書卷氣，具有「文化教養」的色彩。「不然但成手技，不足貴矣。」〔註2〕這句話很明確地提醒大家不能為了成為書法家而去寫字，而淪為「技無他唯手熟爾」的書寫工匠。

　　體系很重要，摹古創新是傳統書學的主旋律，也是貫穿李瑞清書學思想體系的一根紐帶，而氣味之說則提綱挈領地把握整個李氏思想的藝術格局，是李瑞清書法藝術思想的審美核心。

第一節　書法審美的「氣味」說

　　人為創造出來的事物，都會顯露出一定的氣息，即使是文字產生之前，在

〔註1〕〔英〕懷特海：《思維的方式》，趙紅譯，新華出版社 2018 年版，第 3 頁。
〔註2〕李瑞清：《清道人遺集》，黃山書社 2011 年版，第 156 頁。

陶器上畫有形式的記號，以及早期的書契，都能感受到生命的氣息和形質的意味。書法美學建立起來的秩序既抽象又具體，既注重生命與體驗的關聯，又處於不斷變化之中，可以看作是古人師心使「氣」的意識使然，但目前科學的發展進程還不可能用具體的量化闡明其存在的姿態。

李瑞清在《書斷》一文中開宗明義提出「氣味」之說，可以認定是其在書法創作中追求的終極意味，當然也是他審美思想的格局體現。

一、氣與味的書法滲透

「氣味」也可稱為「氣息」，指的是審美對象所蘊含的能夠被感覺卻難以言傳的審美感受。

1.「氣」作為最細微的流動物質形式，是構成天地一切事物的基本元素。「氣」的強調，並不是神秘論的故弄玄虛，「人在氣中，氣在人中」（葛洪《抱朴子·內篇》）。人自身本能地打嗝放屁，都是氣的宣洩，是一種客觀存在的物質，是生命的象徵。許慎在《說文》中這樣解釋：「氣，雲氣也。」這是象形文字的最初意向，反映自然界的現象，即張岱年（1909～2004）認為的「常識觀念的氣」[註3]。隨著古人在實踐中的認識，氣成為道家、中醫學中常見的概念，認為人類與一切生物具備的生命能量或動力統稱為氣，這種「流動在人體內的節奏」[註4]因運動形成的能量場叫氣場。宇宙間的一切事物，均是氣的運行與變化的結果，也可以說宇宙是最大的氣場。

春秋戰國時期的思想家，將氣的概念抽象化，「氣」成為精神意識的顯現。作為一個哲學範疇中常討論的概念，林同華指出：「『氣』是中國古典美學範疇，在美學和文藝理論中，包涵多層次的意義。作為哲學範疇來使用，它是指構成萬物和宇宙的始基物質。中國古代哲學家認為，它不但是宇宙的根源，而且是美和藝術的根源。」[註5]在中國古代文論裏，主要有兩家不同內容的氣論學說：一、受道家思想影響，道家認為「氣」是彌漫於天地之間，客觀存在著的自然之氣，是萬物賴以生存的「先天之氣」，老子把「氣」納入哲學體系，莊子把人和物看作是「氣」的變化。二、儒家認為「氣」是以「仁」為核心的道德精神之氣。肇始於孟子提出的「浩然之氣」，在審美上則落實於「充實之謂

〔註3〕張岱年：《文化與哲學》，中國人民大學出版社2006年版，第258～259頁。
〔註4〕錢鍾書：《中國固有的文學批評的一個特點》，文學雜誌1937第4期，第47頁。
〔註5〕林同華：《審美文化學》，東方出版社1992年版。

美」（《孟子‧盡心下》），即需要增強自身人格的修養才能取得的一種精神狀態，是以追求道德修養為要旨的「集義養氣」〔註6〕。《文心雕龍》中專立《養氣》篇，從一般的養身談到對文學創作的意義。儒、道兩種見解對中國美學思想的衍發起到引領的作用，影響很大。

書畫藝術，在心在手，心手相印，實乃縱任意氣的流露。曹丕（187～226）在《典論‧論文》中，從鑒賞的角度率先提出了「文以氣為主，氣之清濁有體，不可力強而致。」〔註7〕的論述，開始將「氣」由哲學範疇引入文論範疇。才情、氣稟及由此形成作品風格的「文氣」說，使美學觀念有所深入，曹丕的審美要求和雅俗的評判標準，是人與生俱來的個性化氣質決定的，體現了「慷慨以任氣，磊落以使才」（《文心雕龍‧明詩》）的建安精神。

魏晉時期，已成為書法主體的文士，其書寫中已流露出美學範疇的藝術氣息。在這個歷史階段，人們從書寫上觀賞其所透露的「氣息」，還只是用筋、骨、血、肉的生命形質，象徵點畫結構意味的審美氣息。南朝的文人士大夫在書寫旨趣上開始擺脫書工筆吏服務於實用需要的單一功能，並逐漸主導書法藝術的表現，成為文士階層娛情寄興的形式。他們對形貌、情性、精神氣息的相互品藻，也自然映像到書法作品整體氣息的審美觀照上，這種以物象比喻為主要評述的方式，可以感受當時社會風氣的傾向。袁昂（461～540）品評王羲之書法神態直接以「氣」表述：「王右軍書如謝家子弟，縱復不端正者，爽爽有一種風氣。」〔註8〕亦可睹見中國獨有的古典文藝氣息。

書畫、文章同一關捩，謝赫（479～502）在繪畫界提出「氣韻生動」的命題時，蕭子顯（489～537）在文學界也提出「文章者，蓋情性之風標，神明之律呂也，蘊思含毫，遊心內運，放言落紙，氣韻天成。」（蕭子顯《南齊書‧文學傳論》）可見六法提出的時代，類似神韻的追求是時人普遍的精神狀態。儘管鄒一桂（1688～1772）對「六法」順序提出過異議〔註9〕，但「氣」作為「六法」的靈魂，繪畫創作和品評遵循的圭臬，是藝術風格形成的生命和關鍵，因此成為中國藝術美學中提綱挈領的最重要的審美訴求。歷代學者都據此作

〔註6〕劉熙載：《藝概‧文概》，袁津琥校注，北京：中華書局 2009 年版，第 33 頁。
〔註7〕胡雲翼：《歷代文評選》，知識產權出版社 2016 年版，第 3 頁。
〔註8〕袁昂：《古今書評》，《歷代書法論文選》，上海書畫出版社 2014 年版，第 73 頁。
〔註9〕鄒一桂《小山畫譜》「愚謂，即以六法言，亦當以經營位置為第一，用筆次之，傳彩又次之，傳模應不在畫內，而氣韻則畫成後得之。一舉筆即謀氣韻，從何著手？以氣韻為第一者，乃賞鑒家言，非作家法也。」

過諸多論述，如五代梁荊浩的《筆法記》、南宋陳善的《捫虱新話‧文章以氣韻為主》、清唐岱的《繪事發微》、方薰的《山靜居畫論》等等。

　　書法作為古代學人的必修課程，影響著每一個讀書人的命運，成型於隋唐的科舉制度，強調書判取士，特別是有清一朝，會考尤重書法，龔自珍就因為「卒以楷法不中程，不列優等」。唐代正書在繼承晉隋風度的基礎上，以書取仕，畸重楷法，是書法在實用階段發展的推進。唐太宗（599～649）揚羲抑獻，志氣平和的大王書風影響了初唐的書壇，魏晉品藻的審美形式消失了。在太宗的倡導評定下，書壇從者雲響，心慕手追右軍風格，而書寫中流露的個人氣息也就不再被審美關注，不再講求超於實用性之上的美。開元時期的張懷瓘看到這一點，認為不能限制人們追求精神生活的需要，他在《書議》中有見地的指出：「夫草木各務生氣，不自埋沒，況禽獸乎？況人倫乎？猛獸鷙鳥，神采各異，書道法此。」〔註10〕這種氣論觀照下的自我意識的彰顯，引領了文人藝術的必然趨勢。正是「達其情性，形其哀樂」的不斷深化認識，又有張旭、懷素表情達性的狂草書寫經驗，北宋人不再受書判取士的嚴格約束，歐陽修陶醉在《醉翁亭記》中的眾多之樂，是他的精神體悟，也是儒家「游於藝」（《論語‧述而》）的人生境界的最高體現。他借蘇舜欽的人生一樂引發「學書為樂」〔註11〕的書寫倡導，也是「成於樂」（《論語‧泰伯》）審美思想教育下的有益身心的文化風尚，自然而然地影響到蘇、黃、米書法尚意美學思想的產生。而蘇軾、米芾把揮毫潑墨看作是不問工拙的「遊戲」天性，〔註12〕是一種「人情之所不能免也」（《禮記‧樂記》）的快樂體驗，與西方美學史上的遊戲說又是何等的相似。

　　宗白華從德文版直譯康德的《判斷力批判》：「藝術也和手工藝區別著。前者喚作自由的，後者也能夠喚作雇傭的藝術。前者人看作好像只是一種遊戲，這就是一種工作，它是對自身愉快的，能夠合目的地成功。」並認為詩是「運用想像力提供慰樂的遊戲。」〔註13〕東西方這兩種遊戲說大約有七百年的時間

〔註10〕張懷瓘：《書議》，《歷代書法論文選》，上海書畫出版社2014年版，第145頁。

〔註11〕歐陽修在《試筆‧學書為樂》中寫道：「蘇子美嘗言：『明窗淨几，筆硯紙墨，皆極精良，亦自是人生一樂事。』能得此樂者甚稀，其不為外物移其好者，又特稀也。余晚知此趣，恨字體不工，不能到古人佳處。若以為樂，則自是有餘。」

〔註12〕米芾《書史》寫道：「自古寫字人，用字或不通。要之皆一戲，不當問拙工。意足我自足，放筆一戲空。」

〔註13〕康德：《判斷力批判》上卷，宗白華譯，北京：商務印書館1964年版，第149、174頁。

跨度，但都突出了藝術的無功利性。

　　以蘇、黃為代表的文人沒有延續這種自由的、合目的性的路徑前行，而是強調書法的審美氣息不能簡單地視為書者情性流露的手段或一種生命意味的把握，且必須具有相應的素養去創造鼓蕩著文人氣的藝術形態。蘇軾曾自詡：「作字之法，識淺、見狹、學不足，三者終不能盡妙。我則心、目、手俱得之矣。」這是學養孕發的創作心態，被黃庭堅稱為「學問文章之氣」，這種審美氣息，《山谷論書》中稱讚「東坡簡札，字形溫潤，無一點俗氣」[註14]，即使在結體方面「偶有不到之處，韻勝而」。應該說，書法審美中的「俗氣」指向針對「庸俗」氣而言，和「通俗」、「世俗」無關，而主體學養的雅、俗，品格的高、下，也和技法的高妙純熟無關。如何破俗為雅，清朝詩人馮班（1602～1671）的評論則顯得含糊其詞：「黃山谷純學《瘞鶴銘》，其用筆得於周子發，故遒健。周子發俗，山谷胸次高，故遒健而不俗。」[註15]李瑞清認為黃山谷這種「遒健」的筆法，「無一筆不在空中蕩漾，而又沉著痛快，可以上悟漢晉，下開元明。」[註16]故而不俗。然而，過分「遒健」，則又如李瑞清評價蘇、黃書法「全是縱橫習氣」[註17]，缺乏意蘊。所以，書寫的尺度把控，特別是氣韻生動的要求，真乃藝術天賦的才情使然。

　　筆法的俗氣何為，尚欠專門深入研究，但如何改變「文最怕俗氣」[註18]這種格調，明初書畫家王紱（1362～1416）指出「要得腹中有百十卷書，俾落筆免塵俗耳。」[註19]王鐸（1529～1652）還提出了具體的解決方法：「醫俗氣須三代書、秦漢書；莫讀宋元書，其氣不古，近我朝時文也。」並進一步確指「文有矜貴氣，有壯麗氣，有兵戈氣，有寒酸氣，有頹敗氣，有死亡氣。全無氣，不名為文。」[註20]精神上極度自由的傅山，最重視的也是「氣」，其《文訓》篇有云：「文者，情之動也；情者，文之機也。文乃性情之華。情

〔註14〕黃庭堅：《山谷論書》，《歷代書法論文選續編》，上海書畫出版社1993年版，第64頁。

〔註15〕楊成寅主編、張長虹評注：《中國歷代書法理論評注》清代卷，杭州出版社2016年版，第10頁。

〔註16〕李瑞清：《臨黃山谷題幾、書閣及發願文三帖》，《清道人遺集》，黃山書社2011年版，第155頁。

〔註17〕李瑞清：《玉梅花庵書斷》，《清道人遺集》，黃山書社2011年版，第156～157頁。

〔註18〕王鐸：《擬山園選集》，河南人民出版社2013年版，第656頁。

〔註19〕王紱：《書畫傳習錄》，《無錫文庫》，鳳凰出版社2011年版。

〔註20〕王鐸：《擬山園選集》，河南人民出版社2013年版，第656～658頁。

動於中而發於外，是故情深而文精，氣盛而化神。才摯而氣盈，氣取盛而才見奇。」〔註21〕

　　胸中有書，下筆自然不俗。由宋至今，書法的發展又經歷了千年，書論中相繼出現了「士氣」「骨氣」「筆氣」「卷帙氣」「書卷氣」等說法。清代書論裏還提到另外幾種氣息：何紹基曾以生澀與圓熟探討董其昌書法，曾言：「觀董香光字卷，甚佳，生紙澀墨，難於圓熟，故無平日習氣也。」〔註22〕楊守敬通過大量金石碑帖鑒賞所獲得的基本經驗，在其《激素飛清閣評碑記》中說：「大抵書之好醜，格之高下，皆於神氣上見。」晚清「第一名臣」曾國藩認為作字及作詩文：「胸中須有一段奇氣盤結於中，而達之於筆墨者，卻須遏抑掩蔽，不令過露，乃為深至。」（《曾國藩日記》）劉熙載（1813～1881）在眾多「氣」的論述中明確提出：凡論書氣，以士氣為上，若婦氣、兵氣、村氣、市氣、匠氣、腐氣、傖氣、俳氣、江湖氣、門客氣、酒肉氣、蔬筍氣，皆士之棄也。〔註23〕以人喻書的模擬，自魏晉已成風氣。但凡書跡作品中透露出文人學士知識淵博，胸次高曠的精神氣息，皆可謂「士氣」，劉熙載「以士氣為上」正說明了這種尊重。

　　上述之外，還有穩定性、規範性的「廟堂氣」，這是一種安寧與秩序的人格化，呈現氣勢磅礡，落落大方，莊嚴肅穆的氣象。而劉熙載針對淺俗的時書通病，獨到地提出「高山深林之氣」，則是強調書法深遠、幽邃，難測其境的審美意味，是人生遁世絕俗，出世脫俗的一種純真自然之氣。廟堂氣與山林氣這兩種典型氣息，性格相差甚遠。但在范仲淹《嚴先生祠堂記》中，卻通過對嚴光和漢光武帝兩人關係的追慕景仰，可以感受古代中國「不事王侯，高尚其事」的山林氣與「以貴下賤，大得民也」的廟堂氣是如何的相得益彰。

　　2.「味」的出現，一開始也不是用於美學概念，而是指食物進入口腔時使人獲得酸、甜、苦、辣、鹹、辛、澀等味道的感覺。日本學者笠原仲二認為：「中國人最原初的美意識，就起源於『肥羊肉的味甘』這種古代人們的味的感受性。」〔註24〕

　　先秦道家討論過「味」的問題，體現了中國傳統的哲學思維是一種體悟性

〔註21〕傅山：《傅山集》，三晉出版社2008年版。

〔註22〕何紹基：《草堂日記》，國家圖書館藏。

〔註23〕劉熙載：《書概》，《歷代書法論文選》，上海書畫出版社2014年版，第713頁。

〔註24〕（日）笠原仲二：《古代中國人的美意識》，北京大學出版社1987年版，第2頁。

的心態，呈內向型特徵。老子提出的「味」只是用來談道的一種普遍存在，他認為「為無為，事無事，味無味」，〔註25〕前一個「味」，作為動詞，是主體對後一個味的感受和把握，是重要的審美體驗方法，雖還不具備美學的意義，卻已運用於文學藝術創作中，是「氣味論」、「氣息論」、「滋味說」等中國美學思想的源頭之一。莊子關於「味」的討論，散落在《南華經》各篇之中，重點是人的情性，還沒有關於文藝鑒賞的明確論述。孔子在《論語‧述而》中通過講述「三月不知肉味」這則故事，將「肉味」和「樂味」作了比較，開啟了以「味」論述藝術的先河。孟子、荀子針對「味」的問題皆有討論。《淮南子》一書在「味」的問題上，發展了道家的哲學思想，進一步闡明了「無味」才是「真味」和「至味」的觀點。以上諸「味」，在這裡還不是美學範疇，而是生理學概念。魏、晉、南北朝時期，「味」和「氣」的概念都開始用於文藝鑒賞。嵇康在《琴賦》中用「滋味」來比喻音樂的美感。卞蘭在《讚述太子賦並上賦表》中說曹丕作品令人「聽之忘味，奉讀無倦」，開始了以「味」論「藝」的濫觴。陸機《文賦》提出了「誦先人之清芬」來感受作品的氣息。這些已經包含著我們現在所說的純文學性的審美感受在內。同時，在審美觀點上要求所謂「應」「和」「悲」「雅」「豔」的美感，並引用音樂做了比喻的整體性論述，文中引用「遺音遺味」說的典故，明確將「味」作為美學概念使用，既是對儒家思想和審美理想的繼承，又反映了陸機側重對藝術語言和整體風格的崇尚。

南朝宗炳提出了「澄懷味象」〔註26〕的觀點，他所說的「味」是對審美對象的體味，這裡的「象」具備了審美本體的性質，「味」作為動詞，即體驗、鑒賞，突出了主體意識，使這一命題成為「以味論藝」思想發展過程中的重要環節。劉勰的《文心雕龍》更加廣泛地討論「味」的審美體驗、審美魅力、審美情趣、審美風格的問題。據楊星映女士研究，《文心雕龍》中共有 18 處使用「味」概念。「其中 3 處是『味』字本義『味道』，15 處是『味』字引申義『意味』『情味』，且多從審美角度使用。」黃鋼《劉勰以味論詩的理論構架》認為：《文心雕龍》中的「味」論，對於「中國詩歌形成以味為審美中心的理論」起了重要作用。可見，《文心雕龍》中的「味」已經不僅僅是美學概念，而是成為核心的美學概念了。劉勰之後，鍾嶸在《詩品》序中提出了「五言居文詞之要，是眾作之有滋味者也。」又說「使味之者無極，聞之者動心，

〔註25〕《老子》第六十三章。
〔註26〕于安瀾：《畫論叢刊》上，人民美術出版社 1989 年版，第 1 頁。

是詩之至也。」〔註27〕前一個「味」是名詞，後一個「味」是動詞，鍾嶸把「滋味」作為一條重要的藝術標準是繼嵇康「口不盡味，樂不極音」的發展，推進了以「味」論述文藝的發展。唐以後，「味」被拓展到很多門類的美學論述中去。對書體美的欣賞過程，是主觀感覺上的事，因情有所偏，不同的評價包括不同的趣味理解，因人而異，很難一致，決不能強以為同。張懷瓘《書斷》說「蓋一味之嗜，五味不同，殊音之發，契物斯失。」可見，滋味並不是單一的標準。對以「味」論詩來說，最有影響的是晚唐司空圖提出的「味外之旨」〔註28〕的論斷，可見他吸收拓延了前人「言不盡意」「意在言外」命題的哲學滋養，進一步超越有限的形跡，使「味」論從生理的感受昇華為無功利的審美感知，得到無限豐富的意蘊和旨趣。到了宋代，以味論藝的討論更多地出現在詩歌藝術範疇。作為美學追求的時代潮流，蘇東坡對淡味推崇有加：「發纖濃於簡古，寄至味於淡泊。」〔註29〕姜夔云：「句中有餘味，篇中有餘意，善之善者也」〔註30〕表達了對「味外之味」的回味和嚮往。反對蘇軾、黃庭堅詩風的嚴羽進一步探討了「味」的問題。其《滄浪詩話·詩法》說：「語忌直，言忌淺，脈忌露，味忌短，音韻忌散緩，亦忌迫促。」並認為：「讀《騷》之久，方識真味」〔註31〕可以認為，強調「意味」的問題，是宋代美學思想發展的重要環節。

元、明、清時期，以味論藝的風氣依然盛行，但與宋人相比，很少提出新見解。康有為的味在《廣藝舟雙楫》中也很普遍，作為詞根，其前綴的不同造成詞意的境域有所偏殊〔註32〕。王國維在《人間詞話》裏也討論了「味」的問題，〔註33〕可見，儘管王國維美學以「境界」為最高範疇，但「味」「真味」

〔註27〕鍾嶸著，徐達譯注：《詩品全譯》，貴州人民出版社1990年版，第10、11頁。
〔註28〕司空圖：《與李生論詩書》，胡經之主編《中國古典文藝學叢編》（三），北京大學出版社2001年版，第175頁。
〔註29〕蘇軾：《書黃子思詩集後》，《蘇東坡全集》（十），北京燕山出版社1998年版，第5462頁。
〔註30〕姜夔：《白石道人詩說》，胡經之主編《中國古典文藝學叢編》（三），北京大學出版社2001年版，第179頁。
〔註31〕嚴羽：《滄浪詩話》，《宋詩話全編》（五），江蘇古籍出版社1998年版，第2270頁。
〔註32〕康有為：《廣藝舟雙楫》，崔爾平校注，上海書畫出版社2006年版，第42、82、128、188、203頁。
〔註33〕王國維著，滕咸惠校注：《人間詞話新注》，齊魯書社1986年版，第24、30、39頁。

和「言外之味」等，仍是王國維關注的意旨。

綜上所述，「味」是中國傳統美學中重要的、最富「體悟」色彩的一個概念。作為詞根，儘管「味」經常與不同的字，組成意味、韻味、趣味、滋味、風味、情味等更加具體的美學範疇，但這所有的「味」，指的都是藝術作品表現出來的作者獨特的審美追求，是不同於別人情感表達的「氣味」或「氣息」。如果說，氣飄忽不定，難以把握，那麼，味則比氣具體而可操作，等同於對作品的本體的把握，不是淺嘗輒止，而是「咀嚼既久，乃得其意」，是審美主體由淺入深、具體細微地感受、領悟對象的審美追求過程。「氣」則是對作品「神」或「韻」的把握，重在整體印象。「氣」的獲得得力於味的分析，而味的解析也不能脫離「氣」的統領，它們相輔相成，相得益彰。

「氣味」的具體分解是無法窮盡的，劃分的標準越細，能夠區分出的類型就越多。「氣息」或「氣味」的本質，反映的是人對客觀事物「自我」主觀的審美感受，相當於西方美學中的「美感」概念，既是藝術家，也是鑑賞者意識具體化的質量判斷和價值顯現，當然也是時代審美的要求和體現。藝術中何為美、醜、雅、俗，是歷朝歷代在不同時期的，且隨意識形態的需要而不斷轉換的審美要求。我們在廓清書法氣息的文脈遞延過程中，自然有一個從不認識到有所認識，從感受其美到自覺尋求的歷史過程。「氣味」之說也注定成為中國書法美學的一個重要課題，這也是中國書法理論與實踐探索至晚清所產生的重要特點。因此，把握書法審美的氣味核心說直接影響到李瑞清對書卷氣的重視。

二、書卷氣的品格詮釋

《世說新語・排調》記載了這樣一則故事：「郝隆七月七日出日中仰臥，人問其故，答曰：『我曬書。』」〔註34〕書卷氣由曬而出，比喻腹有詩書，這種行為藝術透露著一絲黑色的幽默，也可以看到魏晉士人的舉止風範。書卷氣，過去指古典學術傳統所培育的人文主義精神氣質，是有文化教養階層形而上層面的氣度流露。作為一種審美境界，一種藝術風格，書卷氣不是約定俗成，也不是一成不變的藝術氣息或形式風格的顯現，它會反映出一些文人普遍性的群體生命經驗，但無關乎意識形態的認同與否。

文人書法崇尚書卷氣。陳師曾說文人畫必須具備「人品、學問、才情、思

〔註34〕劉義慶：《世說新語》，中州古籍出版社 2008 年版，第 372 頁。

想」四個要素〔註35〕。筆者認為書卷氣的內涵亦如是。當然,「經濟文章磨白晝,幽光狂慧復中宵」的辛苦,也不得少。徐復觀說:「一個人的觀念、感情、想像力,必須通過他的氣而始能表現於其作品之上。同樣地觀念,因創作者的氣的不同,則由表現所形成的作品的形相(style)亦因之而異。……所以一個人的個性,及由個性形成的藝術性,都是由氣所決定的。」〔註36〕

　　「書卷」和「氣」結合在一起,是指讀書人在氣質、儀態等方面自然流露的氣息,當然,人的物理狀態也占很重要的因素。書法之道,最初並非為書法而書法,造字之際,人們在對字的辨識中感受點畫結構透露出來的是生命氣;隨著書寫者在書寫過程中自然流露的個人風格,不僅顯露其審美偏好,而且還能彰顯他的文采氣度,這種由內而外的精神氣象人們稱之為「書卷氣」「學問文章之氣」。

　　強調書卷氣,是北宋文人士大夫成為書法主體以後才形成的書法審美標準。以蘇、黃為代表的文人書家所具有的「亦不計較工拙與人之品藻譏彈」的書法心態,是前人絕不會有的見解和胸襟。「粗繒大布裹生涯,腹有詩書氣自華」(蘇軾《和董傳留別》)概括地闡明了讀書與高雅氣質的必然聯繫。元明以來,學界評價蘇、黃二人的書法屢有新議,而筆者認為,黃庭堅與蘇東坡是中國書法史上最早進行碑帖融合的學者,就如董其昌欣賞蘇軾《集字行書千字文》,盛讚他「全用正鋒,是坡公之蘭亭也」。林語堂也給出了兩條喜愛蘇軾的理由:「一是蘇東坡的人品,正如耶穌所說的具有蛇的智慧兼有鴿子的溫柔敦厚;二是蘇軾主要的魔力,是熠煜閃爍的天才所具有的魔力。」〔註37〕這種魔力是其藝術才華感染人的力量,當然也包括書法的意氣傾向。南宋學者袁文(生卒年不詳)從字體考證的角度分析黃庭堅書法:「字之從水者,篆文作此字,蓋水字也。至隸書不作字,乃更為三點,亦是水字,然三點之中,最下一點挑起,本無義,乃字之體耳;若不挑起,則似不美觀。本朝獨黃太史三點多不作挑起,其體更道麗,信一代奇書也。」(《甕牖閒評》卷四)可見蘇、黃二人的視野早已遠溯博索,或者說超越唐代書風的籠罩,又努力擺脫右軍筆法之束縛,進入自由書寫的狀態。譬如黃庭堅行草筆法中,鋒毫的使轉往往隨書勢

〔註35〕陳師曾:《文人畫之價值》,《中國繪畫史》,北京:中華書局 2014 年版,第 127 頁。

〔註36〕徐復觀:《中國藝術精神》,北京:商務印書館 2010 年版,第 158 頁。

〔註37〕林語堂:《蘇東坡傳》,張振玉譯,湖南文藝出版社 2012 年版,第 2 頁。

而動，這種個性鮮明的顫筆對李瑞清書風有很大影響。董其昌書法審美「直欲脫去右軍老子習氣」，其實，他是希望能夠形成自己的風格面貌，為此，他將追求書卷氣的境界定位在高古疏淡的格調上。「作書與詩文同一關捩，大抵傳與不傳在淡與不淡耳。」〔註38〕黃惇對董其昌書藝概括為：「一生追求著作為他人格寫照的『淡』的意境，漸老漸熟。同時通過筆法、結字、章法、墨法諸方面形式美的探索，獲得了他自己特有的淡雅虛靜的書法風格。而這種風格正是扎根於他那以『淡』為基礎的美學觀之上的。」〔註39〕

　　從書法史的發展看董、趙書風交替流行的清代書壇，一些淡泊名利的文人，不以董、趙的妍媚輕柔為規範，追求人品的「骨氣」與「書卷氣」的內外應合，成為這一時期書卷氣的基本特點，也是特定歷史條件下，講求民族氣節者的氣骨意識。氣節操守最有代表性的傅山，強烈反對「奴俗氣」（《霜紅龕集·雜記》卷二十七），當然，振聾發聵的是其「寧拙毋巧，寧醜毋媚，寧支離毋輕滑，寧直率毋安排」〔註40〕口號的提出，他在語法句式上模仿北宋詩人陳師道（1053～1101）《後山詩話》〔註41〕中的排比修辭手法，而且在審美觀上也繼承了拙樸的風格特徵，並進一步倡導「丑」、「支離」等審美氣息的深化，傅山這種鮮明的美學氣息，「標誌著古典書學的現代轉換……。從傅山開始，對帖學的超越已不再著眼於帖學對內部的批判改造上，而是從帖學之外的原始碑刻尋求新的書法範式，建立起與帖學對峙的系統，並由此開啟了碑學的源流。」〔註42〕

　　康熙丙子舉人翁振翼認為：「無才氣不可學書，使才氣更不可學書。到得斂才歸法時，一筆一畫精神團結，墨氣橫溢，謹嚴中純是才氣。」（《論書近言》）〔註43〕何紹基把學識和修養視為書卷氣的具體表現。蘇淳元說「不讀書則氣味不馴雅」（《論書淺語》）〔註44〕楊守敬在梁同書「天分、多見、多寫」的學書觀點上認為古之大家學書「一要品高，品高則下筆妍雅，不落塵俗；一要學富，

〔註38〕董其昌：《容臺集》（《四庫全書存目叢書·集部一七一》），齊魯書社出版1997年版，第670頁。

〔註39〕黃惇：《董其昌書法論注》，江蘇美術出版社1993年版，第382頁。

〔註40〕丁寶銓刊本，《霜紅龕集》卷四，《作字示兒孫》。

〔註41〕北宋陳師道《後山詩話》：「寧拙毋巧，寧樸毋華，寧粗毋弱，寧僻毋俗，詩文皆然。」

〔註42〕姜壽田：《中國書法理論史》，河南美術出版社2004年版，第152頁。

〔註43〕《歷代書法論文選續編》，上海書畫出版社1993年版，第442、443頁。

〔註44〕崔爾平選編點校：《明清書法論文選》，上海書店出版社1993年版，第866頁。

胸羅萬有，書卷之氣自然溢於行間。」〔註45〕劉熙載的《遊藝約言》內容與《藝概》形式相類，強調書要有金石氣、書卷氣之論，此議前人多有論述，不算新見，但他反對書風虛靡，首先提出了「金石氣」的要求則是對於時代的貢獻。

書卷氣的審美意域與「南帖」亦或是「北碑」的風格界定自然沒有任何關聯，既無關乎是否為「秀雅」的狀態，又不是某種書寫手段的炫技，而是書家個人修養、人文氣質去創造的藝術形態的體現，是「形而上」精神層面的自然流露。蘇淳元將讀書和修行結合起來談書卷氣，強調「不讀書則其氣味不雅馴，不修行則其骨格不堅正……學者臨摹古人帖，已得其形模筆勢，則可置之，惟肆力讀書、修行，雖不用功於書，而書自能進。不然，專攻臨池，則書必難進，佳者不過為書工而已。東坡云：『退筆如山未足珍，讀書萬卷始通神。』此至論也。」〔註46〕賞閱很多所謂碑派名家的作品，書卷氣息濃鬱，當然，書卷氣亦有品格的高下區別，曾農髯評伊秉綬、鄧石如書法時說：「伊守一家，尚涵書卷之氣，鄧用偃筆，肉丰骨離，轉相仿傚，習氣滋甚。」〔註47〕

筆者認為：中國傳統書法美學對「氣息」或「氣味」的劃分，以「書卷氣」和「金石氣」為主，其餘類型影響較小。李瑞清崇尚骨法用筆，與董其昌的審美氣息大相徑庭，他認為：「董文敏書學全是帖學，故書碑便見輕弱無骨幹，以於碑學少功力故也，國初書家無不學董者，故簡札妍雅，而一書碑便見搔首弄姿之態，此大可歎也。」〔註48〕但玄宰「讀萬卷書，行萬里路，胸中脫去塵俗，自然丘壑內營」的具有普適性格局和氣度直接影響有清一代。

李瑞清在書法實踐中廣泛汲取傳統，又有所創變，自成面目，如《清道人臨散氏盤》中的線條勁韌古拙，是他篆書中的精品，給他帶來時譽的是《鄭文公》書體，這種為生計所需而書寫的作品，民國書畫家符鑄認為其「晚年所作或不無波折，稍過之處，然真氣貫注，自然流行」。但亦有學者指謫其用筆做作、顫抖刻意，並且「世人傚之，無其深造之功，但一意顫掣，變本加厲，古意全失，論者乃以是為道人詬病。」〔註49〕而胡小石則認為：「凡用筆作出之

〔註45〕楊守敬：《學書邇言》，《歷代書法論文選續編》，上海書畫出版社1993年版，第712頁。
〔註46〕毛萬寶，黃君編著：《中國古代書論類編》，安徽教育出版社2009年版，第711～712頁。
〔註47〕馬宗霍：《書林藻鑒·書林記事》，文物出版社1984年版，第238頁。
〔註48〕李瑞清：《玉梅花庵書斷》，《清道人遺集》，黃山書社2011年版，第157頁。
〔註49〕馬宗霍：《書林藻鑒》，文物出版社2015年版，第247頁。

線條，必須有血肉，有感情。易言之，即須有豐富之彈力。剛而非石，柔而非泥。取譬以明之，即須如鐘錶中常運之發條，不可如湯鍋中爛煮之麵條。如此一點一畫始能破空殺紙，達到用筆之最高要求。」〔註50〕古之學者具備的文學修養和相應的書法功底，使書法在文化意義上具有了價值體現，也是文人士大夫掌握書事後所做的藝術貢獻的肯定。李瑞清在金文、楷書、隸書諸體形成自己風格的過程中，特別是鬻書滬上後，很快就將大部分精力投入到帖學研究和實踐中，甚至包括被碑學書家所不屑的董其昌書法。當然，這也脫不開日常書寫時對魏晉翰札書風的傾注，尤其是手札的細節，譬如點畫轉折處以及字與字間牽絲連帶的細節交待都一絲不苟，精心而為。

從《玉梅花庵臨古各跋》來看李瑞清書學取法，體現了他對魏晉書風乃至「二王」體系的揣摩與思考。近年來，拍賣市場出現李氏的部分信札、尺牘作品，其揮灑自如的行草流露出日常書寫的文化氣質，這些在雋永之中透露著二王、唐宋法度氣息的手札，結體流美灑脫，既有帖學的流暢，於黃山谷又較之自然，絕非尋常所見的做作之態。還可以看到顏體篆籀氣的傳統筆意，骨力遒勁，且又融進了漢隸和魏碑的筆法特點，真正做到了雄渾的筆勢，古厚的意趣，當然，這個過程無法完全剝離金石文化對李瑞清在筆法、體勢等格局上潛移默化的影響。他在臨帖的題跋中反覆強調自己是在用碑法入帖，如臨晉武帝《省啟帖》「以齊篆作草」、晉元帝《中秋帖》「筆筆圓滿而停蓄，此由篆隸化草之初如此」〔註51〕的認識，其實是他學習帖學的目的，是在尋找自己的藝術語言：即如何將碑法和日常的書寫統一起來。書卷氣與後文闡釋的金石古意在李瑞清書法實踐中融合呈現，形成個人的格調與品質，他的藝術表現風格及書學觀念為我們進一步解析其藝術思想提供了較為翔實的資料。

第二節　正心立身的儒家氣度

李瑞清是詩人，屬於舊體詩人，是一個「卓然自立，心模手追於六朝三唐之間，又所謂越世高談自闢戶牖者。」〔註52〕汪國垣（1887～1966）對李瑞清有很高的評價，品述其「詩五古最高，七言絕句有東川（李頎）、龍標（王昌

〔註50〕胡小石：《胡小石論文集·書藝略論》，上海古籍出版社1982年版。
〔註51〕李瑞清：《玉梅花庵臨古各跋》，黃山書社2011年版，第152頁。
〔註52〕汪辟疆：《近代詩派與地域》，《汪辟疆說近代詩》，上海古籍出版社2001年版，第23頁。

齡）格意。惜為書名所掩，人亦不能盡知也。」〔註53〕李瑞清通過賦、詩、頌等文學藝術形式表達內心世界的志向、意趣和節操。1899 年，33 歲的李瑞清看望在雲南任職的父親，期間作《日賦》《梅花賦》《秋月賦》，我們從中即可見其政治抱負，又品尚其才華，更洞見其高尚之人格。李瑞清以梅作喻：「挺貞固之亮節兮，襄璃支之孤芳，志清潔而純粹兮；枝連卷而縱橫，參天地而獨立兮，柱萬古之茫茫。」（《梅花賦並序》）〔註54〕1901 年正月，李瑞清「侍父由黔還湘道中」，見梅花一株，「慕其貞而憐其遇」遂作《擬宋廣平梅花賦並序》。在此賦中他以梅喻己，以賦言志：「伊嘉卉之挺生，屬歲暮而始妍。襄皎潔而不涅，志婳壹而不遷。」〔註55〕其梅庵、梅癡、阿梅、玉梅花庵主的自號既保存了他對亡妻余梅仙〔註56〕的眷戀，也體現了一個傳統文人對於高潔生活的理想企望。除愛梅以外，他還多以蘭竹、松柏自喻，《畫蘭竹》〔註57〕：「瀟湘千晦參差見，粉節霜姿秋更高。空谷無人賞芳潔，滿天風雨讀離騷。」《自題畫松便面》〔註58〕：「我聞所南翁，畫蘭不畫土。哀哉孤臣心，脈脈向誰語。余亦寥落士，懷罪海濱處。寫此老松枝，思之淚如雨。不能化龍飛，後雕何足數。」「孤根閟幽岩，坐視時運易。不能回歲寒，後調復何益。」通過頌揚宋末畫家鄭思肖的愛國情操，抒懷自己的忠貞氣節。長李瑞清二十餘歲的吳昌碩曾專門寫詩《清道人畫松歌》，題贊李瑞清的人品及其安貧樂道的精神：「墨飲一升難鼓腹，猶自開口笑向天。」〔註59〕此題畫詩也為讀者勾勒出李瑞清格調高古，豐神秀逸的人格形象。

一、「品」的格局與操守

李瑞清成長、求學的經歷是其品格培育和完善的過程；在仕宦和教育生涯中開闊了生命格局並逐漸夯實了人格形象；在交遊和學術實踐中形成並建立起自己的藝術觀和方法論。人格的最終完善其實是隨著人的生活狀態、心理狀態與人的世界觀的反覆影響和提升的綜合，包括影響到創作方向的選擇。書法作品中所建立的「人格形象」，正是來自「品格」對於「風格」的不斷塑造，

〔註53〕汪辟疆：《光宣詩壇點將錄》，北京：中華書局 2008 年，第 44 頁。
〔註54〕李瑞清：《梅花賦並序》，黃山書社 2011 年版，第 10 頁。
〔註55〕李瑞清：《清道人遺集》，黃山書社 2011 年版，第 13 頁。
〔註56〕李瑞清：《亡室余梅仙墓誌銘》，黃山書社 2011 年版，第 200 頁。
〔註57〕李瑞清：《畫蘭竹》，黃山書社 2011 年版，第 30 頁。
〔註58〕李瑞清：《清道人遺集》，黃山書社 2011 年版，第 116 頁。
〔註59〕李瑞清：《清道人遺集》，黃山書社 2011 年版，題詞第 3 頁。

當「風格」務須在意他者的喜好時，恰恰就是「書非使人愛之為難，而不求人愛之為難」〔註60〕的格局體現，包容態度和立場使得「風格」趨向於自然，既無損於藝術的品質，又完成對人格的超越。

「品」的風氣源起於漢末魏晉以來品藻人物的方式。「蓋當時之崇尚文學藝術，皆由其崇尚人生來。此一時代之人生，亦可謂是一種文學藝術的人生。」〔註61〕班固在《漢書·古今人表》中以儒家標準為準繩將古人分三等九則。南朝齊謝赫（生卒年不詳）《古畫品錄》收錄了從三國吳至南朝齊代的 27 位畫家，分為六品評議。南朝梁庾肩吾（487～551）的《書品》倣仿《漢書·古今人表》挑選以東漢張芝居首的草、隸書家共 128 人，分為上、中、下三等，每等又分上、中、下，共為九品。南朝梁鍾嶸（502～557）在《詩品》中按照上、中、下三品品評了兩漢至梁代的詩人 122 人，這幾部著述的品第思想與體例對後世多有借鑒意義。錢穆指出：「此一時代由品評人物而連帶注重品評詩文，遂亦連帶而注重品評字畫。」〔註62〕品評作為一種藝術鑒賞的手段，其全方位品評尺度往往左右審美的格調。在傳統審美理論中，根據詞性分析，「品」有兩重基本義，「品」作動詞使用，有品評、鑒定等級的高低之分。《宋書·恩倖傳》：「以才品人。」〔註63〕作名詞用，有判定其品格、格調的意思，與事物的品質、種類、或品第、品位等審美特質有關。

儒家美學在評判作品的時候，強調主體的品行素養是藝術創作的根本。人生活在世間，有時候根本無法選擇人情、責任、社會等各種羈絆，在這些社會規則下，人品體現了品性道德對於社會公眾表現出來的行為範式，一種穩定的價值取向。「為士之道，首重人品。」〔註64〕傳統士大夫以儒家思想為基礎，用倫理學觀點，通過人品高下作為評書的標準，隱喻品行與操守。蘇軾借用杜子美詩品境界作參照，讚美顏真卿端實渾厚的書法風格，「顏魯公書，雄秀獨出，一變古法，如杜子美詩，格力天縱，奄有漢、魏、晉、宋以來風流，後之作者，殆難復措手。」〔註65〕人品論主張「作字先作人」，後世以「顏公書如

〔註60〕劉熙載：《書概》，《歷代書法論文選》，上海書畫出版社 2014 年版，第 714 頁。

〔註61〕錢穆：《中國學術思想史論叢》（三），安徽教育出版社 2004 年版，第 140 頁。

〔註62〕錢穆：《中國學術思想史論叢》（三），安徽教育出版社 2004 年版，第 140 頁。

〔註63〕王力主編：《古漢語常用字字典》，北京：商務印書館 2005 年版，第 293 頁。

〔註64〕黃圖珌著，袁嘯波校注：《看山閣閒筆》，上海古籍出版社，2013 年版，第 1 頁。

〔註65〕崔爾平選編點校：《歷代書法論文選續編》，上海書畫出版社 1993 年版，第 55 頁。

正人君子」〔註66〕，作為平正書風的典範，欣賞者在觀瞻其作品的同時仰慕忠烈高尚的人品。《宣和書譜》在「陸繢」條下，從社會忠義道德的角度強調書法美的價值：「顏真卿之筆，凜然如社稷臣；虞世南之筆，卓乎如廊廟之器」〔註67〕。顏真卿作為歷代學人的偶像，品學其書法的過程，同時也是欣賞者在潛移默化中受到教益，人品與格局相應地得到昇華的過程。

何紹基認為書法品格的提升，必須要完善自己的道德規範，做人還要有「真性情」。他稱道「魯公書似其忠烈」，這些夾雜了人品論的書法審美，包括對姿媚書風的激烈抨擊，顯然已超越了碑帖之辨。如何紹基以下兩則題跋：「《懷仁聖教》集山陰棐几而成，珠明魚貫，風矩穆然，然習之化丈夫為女郎，縛英雄為傀儡，石可毀也，甋椎何貴耶？」「涂山又有志學書，余勸其多看篆分古刻，追溯本原，此帖雖佳，止可於香爐茗碗間偶然流玩及之，如花光竹韻，聊可排悶耳，豎起脊樑，立定腳根，書雖一藝，與性道通，固自有大根巨在。」〔註68〕何紹基還曾寫道：「懸臂勢如破空，搦管惟求殺紙，探求篆隸精神，莫學鍾王軟美，寫字亦如做人，先把脊樑豎起。」〔註69〕李瑞清受何紹基影響，以顏真卿的品格為表率，強調學書人要樹立高尚的品德節操，其《玉梅花庵書斷》開篇就強調人品的重要性：「書學先貴立品，右軍人品高，故書入神品。決非胸懷卑污而書能佳，此可斷言者。」〔註70〕並在《臨顏魯公告身、陰寒等帖》跋文中指出：「宋以來書家無不師魯者，此書道一大關鍵。」〔註71〕

正如清代蒙古族畫家松年在《頤園畫論》中認定「書畫清高，首重人品。品節既優，不但人人重其筆墨，更欽仰其人」〔註72〕李瑞清祖父、父親均為由軍功而立業的官宦分子，在儒家忠君愛國的家學環境下，自小就具有忠孝節義的思想，「公考榮祿公，幼為講文信國，史忠正殉難事，公謇默移時，問曰：『何時又易朝耶？』榮祿公呵之曰：『我朝享祚正長，安所得此不祥語？』公

〔註66〕馮班：《鈍吟書要》，《歷代書法論文選》，上海書畫出版社 2014 年版，第 554 頁。

〔註67〕宋《宣和書譜》卷十七《草書五》，上海書畫出版社 1984 年版，第 134 頁。

〔註68〕何紹基：《跋張涂山藏賈秋壑刻閣帖初拓本》，《東洲草堂文鈔》卷十，《續修四庫全書》1529 冊，第 226 頁。

〔註69〕王潛剛：《清人書評》，《歷代書法論文選續編》，上海書畫出版社 1993 年版，第 830 頁。

〔註70〕李瑞清：《清道人遺集》，黃山書社 2011 年版，第 156 頁。

〔註71〕李瑞清：《清道人遺集》，黃山書社 2011 年版，第 154 頁。

〔註72〕俞劍華：《中國古代畫論類編》上卷，人民美術出版社 1998 年版，第 332 頁。

對曰：『兒固願師文文山、史可法耳。'榮祿公心默許之。」〔註73〕

　　李瑞清在《劉幼雲前輩介石山房圖記》這篇文章中，可以看到傳統士大夫人生追求的目標：「士所貴於天下者，謂能行道施德，撥亂世反之正，以致於太平，非徒伏出崛穴岩岩之中，蟬蛻塵垢之外，約身潔己已也。……勿以高蹈遠引為賢，要以輔君衛國拯民者為任。」〔註74〕這種儒家忠義之信念、行為之規範秉持一生，1920年，54歲生日前曾為王龍文〔註75〕（1864～1923）題寫《宋文信國公畫像及札子後》一卷，「語云：主憂臣辱，主辱臣死。夫人臣輔翼其主上，必有奮死不顧世之心，蹈白刃以赴其困阨。若夫與世浮沉，依阿當世，朋鄰比周，內恃豪暴以凌轢其氓庶，外倚強鄰以為援，以詐力弋取尊位，多金恣欲以自快。其高言救國者，偽也，其實為財貨耳。卒至身名俱敗，國亦隨亡，豈不哀哉！至如偷生苟活，不能比死一灑君父之恥，潔身抱咫尺之節義，雖不苟合，然其無益於世，與全軀保妻子之臣何以異，誠足羞也。文信國公，當宋之亡，歷艱處困，貞固不回，囚縲三年，至無可為，卒以身殉，以報其君，豈非夫子所謂殺身成仁者耶！余獨悲今世俗之士，以忠君愛國異其說，希世用事之徒，陽託愛國之名以自解，而亂臣賊子號為烈士，反令志士仁人，與自經於溝瀆之匹夫同類而共笑之，而患得患失者稱俊傑矣。歲在庚申，書文信國公卷子後。臨川李瑞清敬題。」（《宋文山相國真蹟》，民國珂羅版）〔註76〕明末抗清死節黃道周視書法為「余事」，其一生行誼可謂是與書風統一的典型，李瑞清在《黃石齋先生逸詩跋》中亦有欽慕之語。家貧顯孝子，國難識忠臣，李瑞清以文天祥、史可法、黃道周〔註77〕為楷模，鄙夷眾多「識時務」的清廷官員搖身一變成為民國元老的圓滑醜態之行為，而其「道不同不相為謀」的決絕，絕非是不明事理的愚忠，其保全倫理操守的態度正如譚延闓的讚譽：「平生高

〔註73〕蔣國榜：《臨川李文潔公傳略》，《清道人遺集》，黃山書社2011年版，第97頁。

〔註74〕李瑞清：《劉幼雲前輩介石山房圖記》，《清道人遺集》，黃山書社2011年版，第191～193頁。

〔註75〕王龍文，字澤寰，號平養居士，又號髯俯，補泉，湘鄉縣新安鄉三十四都人（今屬雙峰縣三塘鋪鎮）。光緒二十一年（1895）一甲第二名進士及第（探花），授翰林院編修，誥封奉政大夫。庚子之變後因主戰被彈劾，奪官歸里。1904年，被聘為益陽箴言書院第18任山長；自1914年起掌教衡陽船山書院三年。

〔註76〕曾迎三：《清道人年譜》（五），《內江師範學院學報》第29卷第11期，第35～36頁。

〔註77〕李瑞清：《黃石齋先生逸詩跋》，《清道人遺集》，黃山書社2011年版，第202頁。

節抗古人」〔註78〕。

　　1910 年，李瑞清「不避艱險，以蚊負山，創辦留美預科於滬上」，此時，他辦學目的明確：「送一人，即將來救中國多一人之力」，由於沒有「巨金以支持」，「交卸之後，日薪不足以自給」，「學生今年所繳各費，查單一概照退，以便就學他校。諸君其能恕我乎？幸也，非所敢望也！其罪我乎？當也，非所敢辭也！」〔註79〕1907 年，秋瑾因受徐錫麟案株連，有人對李瑞清說：「杭郡守貴福，戮一秋瑾遂得大用，君兩學堂內，保無有無數秋瑾在，但一反手，何憂不陳梟開藩乎？」李瑞清正色曰：「若以言論旨趣有所異同遂謂之為逆，則凡治公羊家言者皆宜獲咎矣。以人血染吾冠頂，吾尚有天良在耶？」〔註80〕以上這些事例足見李瑞清是一個有抱負、有擔當、有立場的坦蕩君子，他交往的朋友皆可謂文人中的志士，陳三立因「七七事變」竟絕食五日憂憤而亡；徐乃昌在抗日戰爭時期與漢奸絕交並堅拒偽職，表現了知識分子的民族氣節；主張「實業救國」的張謇為民族工業的興起和教育事業的發展都令後人稽首懷念。

　　中國兩千多年的專制集權經過歷代文人的幫扶整飭，逐漸夯實建構，並將政治意識與文化傳統混淆一談，如宋明理學對於「三綱」的倫理曲解，奉行效忠君王與王朝的理念，並且事關名節榮辱。以南宋和明末為例，確是如此，當國家與民族危難時，士大夫都是以身作則、衝鋒在前，具有犧牲精神的榜樣。武昌首義後，江蘇積極響應，巡撫程德全反正，在獨立的過程中，蘇浙滬軍政府派兵會攻南京，兩江總督張人駿臨時任命李瑞清補缺為江寧布政使扼守金陵，蔣國榜在《臨川李文潔公傳略》中記述了當時的情境：「總督張人駿、提督張勳，方治軍北極閣。戰比捷，俄報將軍鐵良、藩司樊增祥，正任官以下多逃，全城震驚，相與諮歎無策。忽然風送校舍振鈴聲，以遠鏡下窺，蓋兩江師範學堂弦誦未輟也。張人駿喜曰：『李某果不去，好男子！是誠可寄命任重者。』立遣使迓公，一見即離席拜曰：『樊山行矣，頃已電保公授寧藩矣。』」〔註81〕南京光復之日，李瑞清「乃召寧中父老縉紳而告之曰：『余不死，黃冠為道士矣。庫之財，寧之財也，幸尚保之。』皆涕下莫能仰視。時藩庫尚儲數十萬金，

〔註78〕李瑞清：《清道人遺集》，黃山書社 2011 年版，第 4 頁。

〔註79〕李瑞清：《清道人遺集》，黃山書社 2011 年版，第 37～38 頁。

〔註80〕李瑞清：《清道人遺集》，黃山書社 2011 年版，第 276 頁。

〔註81〕蔣國榜：《臨川李文潔公傳略》，《清道人遺集》，黃山書社 2011 年版，第 99 頁。

及兩江師範清冊，移交無一介苟。」〔註82〕光復後，李瑞清拒絕了革命軍都督程德全挽留做「顧問官」的建議，謀劃去上海，因為「此去作逋客，無用興處」〔註83〕，於是就把自己的車子賣掉換成盤纏充當路費，並易黃冠，自號清道人。劉成禺《世載堂雜憶·清道人與鄭蘇龕》敘述：「辛亥，南京城將破，（胡）小石住城北，急往城南，謁梅翁於藩署。梅翁預備離南京，辦清經手事項，潔身而去。草數函，皆交清銀錢手續公函。中有與程雪樓一函，用虎皮黃色箋紙，字寫鍾太傅體，函首書『某某頓首死罪，致書於雪樓中丞，都督閣下』：內述藩司庫內存現款若干，毫無沾染，並有『願中丞善事新國，己則從此為出世人』之語意。」李瑞清一度被委任為江寧布政使、學部侍郎，官居二品，但其奉公廉潔的處事原則、慎獨自律的修身教化、一介不取的清高品格，是儒家倫理教育培養的士人道德體現的代表。

言為心聲，文以載道，李瑞清作詩云：「世事如棋局，艱難倚老臣。愧無濟時策，空作尚書賓」〔註84〕「斂袵逐簪組，安知憂國心」〔註85〕，都可洞見其「先天下之憂而憂，後天下之樂而樂」的情懷。與儒家經世致用的道德觀不同，莊子倡導的恬淡虛靜、無功無名的無為理想是身處亂世或逆境之時，堅持人格操守的精神支撐。李瑞清深受儒道互補影響，騰達之時，修齊治平，窮壁之日，獨善其身。俞明震在《寄李梅庵道士》詩中規勸云「出世莫出家，酸辛告吾黨。」〔註86〕也可謂一語道破出世難，出家更艱辛的社會現實。

李瑞清在書信中也提到窘境的現狀：「辛亥國變，求死不得，漂泊海上，鬻書偷活。寒家幾四十人，恃貧道一管以食，六年以來，困頓極矣。」〔註87〕曾經患難與共，死守南京的江南提督張勳送白銀600兩，李瑞清堅拒其餽饋並謂「曩日少軒（張勳）之銀可愛，今日少軒之銀萬不能受。少軒今日之銀，民

〔註82〕李瑞清：《清道人遺集》，黃山書社2011年版，第100頁。

〔註83〕李雲庵：《先從兄清道人行述初稿》，《清道人遺集》，黃山書社2011年版，第279頁。

〔註84〕李瑞清：《荷花生日邵陽尚書置酒張飲莫愁湖上久旱得雨池沼微涼作此奉謝》，《清道人遺集》，黃山書社2011年版，第113頁。

〔註85〕李瑞清：《九日從尚書端公遊半山寺》，《清道人遺集》，黃山書社2011年版，第114頁。

〔註86〕俞明震：《觚庵詩存》，上海聚珍仿宋印書局，民國九年印，卷四第5頁。上海圖書館藏。

〔註87〕李瑞清：《復維良會書》，《清道人遺集》，黃山書社2011年版，第122頁。

國政府所給餉項也，予不欲間接受民國政府之賜。」〔註88〕這是政治立場的宣誓，也是道德操守的人品選擇。隨著鬻書收入的好轉，李瑞清卻並沒有完全被金錢侵染，而是有其堅守。柳肇嘉說：「求者如市，然非其人，雖千金不可得」。〔註89〕陳贛一在《新語林》中收錄了李瑞清的一則故事：「鼎革後僑寓淞濱，改黃冠為道士，鬻書為活，歲入甚豐。朱瑞〔註90〕（1883～1916）以五千金乞為其母書墓誌銘，李笑謝之，其高潔誠今世罕睹。」〔註91〕曾農髯曾經記述過一件事：「道人每以乞書供不敵求為苦，譚組庵（譚延闓）嘗曰：『盍不令仲乾為之，我固不能辨，恐世亦無有能辨之者。』道人曰：『我興闌筆倦時，健侄或過我，然我以心血易人金錢，不可欺也。』」〔註92〕

　　從人品討論書法創作格局，是書法古典美學最基本的訴求，並且儒學文化修身立德的倫理綱常影響著歷代無論是在朝的學者或是隱逸的文人，南宋朱熹《晦庵論書》：「余少時喜學曹孟德書，時劉共父方學顏真卿書，余以字書古今誚之，共父正色謂余曰：「我所學者唐之忠臣，公所學者漢之篡賊耳。」余嘿然無以應，是則取法不可不端也。」〔註93〕元朝翰林院侍讀學士郝經在《陵川集》中站在儒家正統思想的立場上以人喻書，以書喻人。傅山一生特立獨行，後人也引用其《作字示兒孫》一詩為論據強調書法美學的倫理觀。

　　書品，乃人為因素的影響，從其開始就不是純藝術的。清代朱和羹認為書法是一門技術，但人品境界決定了的書學格局：「品高者，一點一畫，自有清剛雅正之氣；品下者，雖激昂頓挫，儼然可觀，而縱橫剛暴，未免流露楮外。故以道德、事功、文章、風節著者，代不乏人，論世者，慕其人，益重其書，書人遂並不朽於千古。」〔註94〕人的品行制約了學養、氣質的發展，書寫者本質的流露是不以人的意志為轉移的。阮元的「南北二論」從理論上本意是以碑碣證歷史，但卻意外地發現碑學可以救帖學之弊，於是乎從格局的角度「所望

〔註88〕劉成禺：《世載堂雜憶》，遼寧教育出版社1997年版，第126頁。

〔註89〕李瑞清：《清道人遺集》，黃山書社2011年版，第96頁。

〔註90〕朱瑞，民國成立後任浙江都督，後積極支持袁世凱稱帝，1916年病逝於天津。

〔註91〕陳贛一：《新語林》，上海書店出版社1997年版，第2頁。

〔註92〕曾熙：《清道人書法之嫡傳》，《曾熙年譜長編》，上海書畫出版社2016年版，第363頁。

〔註93〕毛萬寶，黃君編著：《中國古代書論類編》，安徽教育出版社2009年版，第713頁。

〔註94〕朱和羹：《臨池心解》，《歷代書法論文選》，上海書畫出版社2014年版，第740頁。

穎敏之士，振拔流俗，究心北派，守歐、褚之舊規，尋魏、齊之墜業，庶幾漢、魏古法不為俗書所掩，不亦禕歟！」〔註95〕劉熙載《藝概·詩概》所指出的「氣有清濁厚薄，格有高低雅俗。」〔註96〕氣格不同，所表現出的審美特徵也不同，而格調高下的問題則是對藝術家個人稟賦的考驗。「取法乎上，僅得其中」，要做出上下，高低的判斷與抉擇，卻關乎自身的天分與修養。楊鈞認為「書畫雖小道，而關於人品者至大。鬪茸齷齪之徒，即有精巧之藝，亦不為士林之許也。」〔註97〕1915年陸恢〔註98〕（1851～1920）跋《李梅庵先生選臨法帖》並推認該書為逸品：「鍾鼎、彝器、石鼓、瑯琊、泰山及兩漢金石刻，篆隸之原；三國、六朝至隋唐，化分為真，體變而筆法在，猶是書之正脈。例以書品上者為神，次不失為能，故精。書家皆從此入。然格律勝，則或流於滯；謹嚴甚，則難求其趣，書道有未盡焉。主君子補偏救弊，不得不兼求古人箋奏、文稿、尺牘一切行草之書，以博其縱蕩流麗之觀，此書之逸品也。逸、神、能三品備而書無缺陷矣。」〔註99〕

1916年《申報》3月30日載《清道人之亮節高風》：「臨川李梅庵先生原名瑞清，早歲通籍為前清巨宦，改革以後，兩袖清風，鬻書為業，自號清道人。先生書名滿天下，不但本國人視為高品，即日本、新加坡等處亦皆不惜厚贈爭來乞書。惟先生於義利之界辨之尤嚴，凡遇撰就來文乞書者如不合意，無論饋何厚幣，概不應命。日前有民國偉人某以千金乞書其太夫人墓誌銘，先生因來文意不甚合，毅然謝絕。兀傲性成，取財不苟，其亮節高風洵罕覯也。再先生自辛亥年寓滬以來，迄已五年，從未他往，平日除鬻書畫自給外，絕不與聞他事，近有人謂先生與康南海同赴徐州，毫無影響，實係訛傳耳。」周樹模〔註100〕（1860～1925）所撰《沈觀齋詩》中有《李梅庵易冠服為道士，歎仰高行贈詩一首》詩云「編鬘謂殊風，斷髮髻本俗。裸國困大禹，莫避鉗奴辱。毀裂到冠冕，茲事胡太酷。適越資章甫，吾見歸匈匈。

〔註95〕《歷代書法論文選》，上海書畫出版社2014年版，第634頁。
〔註96〕劉熙載：《藝概》，人民文學出版社1978年版，第82頁。
〔註97〕楊鈞：《草堂之靈》，浙江人民美術出版社2016年版，第123頁。
〔註98〕陸恢，字廉夫，號狷叟，自號破佛盦主人，江蘇吳江人。清末民初著名畫家，熱衷於考訂金石文字。
〔註99〕肖鵬：《清道人年譜長編》，福建師範大學2017年度碩士學位論文，第332頁。
〔註100〕周樹模，湖北天門人，字少朴，號沈觀，室名沈觀齋。光緒十五年（1889）進士，官至黑龍江巡撫，兼任中俄勘界大臣。辛亥革命後任民國中央政府平政院院長。

之子脫籠妓，永懷塵外踢。答髻加以巾，鞭履自結束。不受世法拘，草草還初服。和光混入摹，酷意念骨肉。稍得賣畫錢，十口共擅誓。沈寂守窮巷，倜儻安話曲。奸怪謝時人，完此未雕璞。」淞濱吟社主導發起人周慶雲〔註101〕（1866～1934）《夢坡詩存》卷五，第十六頁有《乞李梅庵畫松樹》詩云「我愛蒼松盤根錯節，泊乎凌霄釐盡冰雪。放筆寫來幹直如鐵，誰生澗底而慕高潔。」周慶雲在《淞濱吟社集》序言中流露出的強烈遺民意識也可以看出李瑞清等人對清王朝的故國之思，而淞社成立的情景正如其所敘：「當辛壬之際，東南人士胥避地淞濱，余於暇日，仿月泉吟社之例，招引朋舊，月必一集，集必以詩。選勝攜尊，命儔嘯侶，或懷古詠物，或拈題分韻，各極其至。每酒酣耳熱，亦有悲黍離麥秀之歌，生去國懷鄉之感者。」〔註102〕從淞社結群看這些「仍以顛覆清室為不道，辛亥革命為叛亂，不惜為清室遺老者」〔註103〕，其生存狀態的煎熬以及在新思想的排斥壓力下，他們團聚在一起感時傷世，相互守望，避世求安，更多的轉向於傳統文化的訴求，保持傳統價值的持守。

二、「心正筆正」的人格氣脈

歌德曾說過「在藝術和詩裏，人格確實就是一切」〔註104〕。「人格」作為一個心理學術語，它是由英文「personality」一詞翻譯而來。人格所包含的內容十分豐富，大到人生觀價值觀，小到個性習慣。中國美學理論對人格要求的規範過程中，有以人論藝、以藝喻人的傳統。《禮記》精闢地闡述了思想情感的不同決定了言辭表現的不同狀態：「有好有惡，咸發於聲。心氣華誕者，其聲流散；心氣順信者，其聲順節；心氣鄙戾者，其聲嘶醜；心氣寬柔者，其聲溫好。」〔註105〕西漢文學家揚雄強調「言不能達其心，書不能達其言，難矣哉！惟聖人得言之解、得書之體，白日以照之，江河以滌之，灝灝乎其莫之御也。面相之，辭相適，捘中心之所欲，通諸人之嚂嚂者，莫如言。彌綸天下之事，記久明遠，著古昔之唔唔，傳千里之忞忞者，莫如書。故言，心聲也；書，

〔註101〕周慶雲，字景星，號湘齡，別號夢坡，浙江吳興南潯人。近代有名的民族資本家，平生愛好詩詞、書、畫、金石，精於考據。

〔註102〕周慶雲：《淞濱吟社集序》，《淞濱吟社集》，晨風廬1915年刻印本，第8頁。

〔註103〕胡先驌：《評俞恪士觚庵詩存》，《學衡》第十一期，第6頁。

〔註104〕〔德〕愛克曼輯錄：《歌德談話錄》，朱光潛譯，人民文學出版社2015年版，第408頁。

〔註105〕王聘珍：《大戴禮記解詁》，北京：中華書局1983年版，第191頁。

心畫也。聲畫形，君子小人見矣。聲畫者，君子小人之所以動情乎？」〔註106〕
此處「書」的原意是書籍，卻開啟後人用書法解釋「心畫」，闡明筆跡是其心
理活動狀態的軌跡體現。劉熙載引申其意並思考「揚子以書為心畫，故書也者，
心學也。心不若人而欲書之過人，其勤而無所也宜矣」並且「學術經綸，皆由
心起，其心不正，所動悉邪。」〔註107〕中外文論同理，都認為風格是以人格
修養為根基，作品能展示性格、品行、思想之類的看法。

　　中國歷代類似的評述俯拾皆是，蔡邕說：「書者，散也。欲書先散懷抱，任
情恣性，然後書之。若迫於事，雖中山兔豪，不能佳也。夫書，先默坐靜思，隨
意所適，言不出口，氣不盈息，沉密神采，如對至尊，則無不善矣。」〔註108〕

　　寫字是一種情緒表達的活動，還需要有內在的修養工夫。虞世南認為：「欲
書之時，當收視返聽，絕慮凝神，心正氣和，則契於妙。心神不正，書則欹斜，
志氣不和，書則顛仆。」〔註109〕可以看作是強調和呼應蔡邕所說。武則天引
申《禮記·大學》「欲修其身者，先正其心」之意，撰《臣軌》，提出君子行為
的首要準則，作為臣僚借鑒之書：「夫心者，神明之主，萬理之統也。動不失
正，天地可感，而況於人乎？故古之君子，先正其心。」張懷瓘說：「文則數
言乃知其意，書則一字已見其心。」〔註110〕可以肯定，人的書寫習慣反映不
同的心理素質和秉性特徵，孫過庭《書譜》亦有詳細的分析。〔註111〕

　　「心正筆正」源於柳公權借談書法秘訣，直言規勸唐穆宗律己清政的典
故：「穆宗即位，入奏事，帝召見，謂公權曰：『我於佛寺見卿筆跡，思之久矣。』
即日拜右拾遺，充翰林侍書學士。遷右補闕、司封員外郎。穆宗政僻，嘗問公
權筆何盡善，對曰：『用筆在心，心正則筆正。』上改容，知其筆諫也。」（《舊
唐書·卷一百六十五·列傳第一百一十五》）〔註112〕柳公權作為「筆諫」的先
賢，其「心正筆正」的說辭，被後人引申為人格與書法在儒家道德層面的一種

〔註106〕〔漢〕揚雄：《揚子法言》諸子集成本，北京：中華書局1996年版，第14頁。
〔註107〕項穆：《書法雅言》，《歷代書法論文選》，上海書畫出版社2014年版，第513
　　　　頁。
〔註108〕蔡邕：《筆論》，《歷代書法論文選》，上海書畫出版社2014年版，第5～6頁。
〔註109〕虞世南：《筆髓論·契妙》，《歷代書法論文選》，上海書畫出版社2014年版，
　　　　第113頁。
〔註110〕張懷瓘：《文字論》，《歷代書法論文選》，上海書畫出版社2014年版，第209
　　　　頁。
〔註111〕孫過庭：《書譜》，《歷代書法論文選》，上海書畫出版社2014年版，第130
　　　　頁。
〔註112〕《舊唐書》卷165，第4310頁。

倫理學命題，為歷代文人稱頌並引用。

歐陽修在《世人肥字說》從「書惟賢者能存」的角度認定「古之人皆能書，獨其人之賢者傳遂遠。」〔註113〕足以說明，傳世之書多以人重，並非都出自於藝術的衡量標準。元代的書畫家郝經在其《移諸生論書法書》中評顏魯公、蘇東坡：「蓋皆以人品為本，其書法即心法也。故柳公權謂『心正則筆正』，雖一時諷諫，亦書法之本也。苟其人品凡下頗斜側媚，縱其書工其心中蘊藏者亦不能掩，有諸內者，必形諸外也。」〔註114〕

明代項穆引申發揮：「心為人之帥，心正則人正矣。筆為書之充，筆正則書正矣。人由心正，書由筆正。」〔註115〕，他的迂闊之論發展為心正──人正──筆正──書正的書學邏輯，與梁同書、周星蓮、朱和羹的闡述近趨一致，歸根結底都是在強調儒家的價值觀。李瑞清植根於「敦品勵學」，他在《臨柳誠懸辱問帖》中「此帖想見懸鋒掉管時，心正筆正，非獨筆諫」〔註116〕的跋文與上述諸人論書幾近相同，強調心正筆正是書家的人格體現。

「書如其人」從理論上說，是真理，但也是一句不可證偽的說辭。粉飾後的書法在風格表現上可以和人錯位，特別是在傳統理學下的「超我」意志可以壓抑「本我」的個性釋放，所以完全根據「書如其人」去評判書法的格調與倫理之間的關係，非常牽強。不能否認，「風格是人格的映象」（愛德華‧吉本）〔註117〕，審美過程中強調藝術作品是人的生活狀態、心理狀態的綜合，但實際上，只有人的品行性格與其書風或文風相近，人格化傾向才評述得通。荀子說「人之初，性本惡，其為善者，偽也。」「偽」的概念，不是虛偽，而是人為的意思。有獨立人格的人，對自己的言行都會有所修飾，也就是說，最本真的人，也有不希望被別人看見的一面。藝術家可以有強烈的主觀情感好惡，但對於理論家來講，避免意識形態的政治色彩，才不至於步入武斷的陷阱，影響其立場取捨及藝術判斷。傅山站在道德的高度，先以「書如其人」的人格角度似乎否定趙孟頫書法的價值：「予不極喜趙子昂，薄其人而遂惡其書」，但其先

〔註113〕陳東來編著：《初學書藝》，西泠印社出版社 2015 年版，第 44 頁。

〔註114〕崔爾平選編點校：《歷代書法論文選續編》，上海書畫出版社 1993 年版，第 175 頁。

〔註115〕項穆《書法雅言》《歷代書法論文選》，上海書畫出版社 2014 年版，第 531 頁。

〔註116〕李瑞清：《清道人遺集》，黃山書社 2011 年版，第 154 頁。

〔註117〕引自艾布拉姆斯：《鏡與燈》，北京大學出版社 1989 年版，第 367 頁。

抑後揚的文筆，依然讚譽趙的書法：「近細視之，亦未可厚非，熟媚綽約自是賤態，潤秀圓轉尚屬正脈，蓋自《蘭亭》內稍變而至此，與時高下，亦由氣運，不獨文章然也。」(《霜紅龕集》)講究氣節的倪雲林同樣認為趙孟頫書法：「為本朝法書第一。」又說「趙榮祿高情散朗，殆似晉宋間人。」(《清閟閣遺稿》卷十一《跋趙松雪詩稿》)董其昌晚年倒也有一句公道話：「余年十八學晉人書，得其形模便已目無吳興。今老矣，始知吳興之不可及也。」

　　蔡京、秦檜在書法史上沒被捧起來，皆因品行有虧，人言俱廢。朱和羹曾言「世稱宋人書，必舉蘇、黃、米、蔡。蔡者，謂京也。京書姿媚，何嘗不可傳？後人惡其為人，斥去之，而進端明於東坡、山谷、元章之列。然則士君子雖有絕藝，而立身一敗，為世所羞，可不為殷鑒哉！」〔註118〕由此可見人品論形成、發展，並滲透在各種類型的藝術創作與批評中，具有深遠的社會影響。

　　另有一類人，以嚴嵩、王鐸、董其昌為典型，人品雖遭詬病，但其藝術造詣卻「不以人廢言」。明人何良俊評價嚴嵩詩才書藝說：「嚴介老之詩，秀麗清警。近代名家，鮮有能出其右者，作文亦典雅莊重，烏可以人而廢之？」(《四友齋叢說摘抄》卷5，紀錄彙編本)〔註119〕。並且傳世的嚴嵩書法作品，我們今天還可以看到許多：北京朝陽門外大街建於明代的綠琉璃牌坊上的「永延帝祚」、宣武門菜市口的「鶴年堂」、飲食業老字號「六必居」、山海關的「天下第一關」、曲阜的「聖府」匾額等擘窠大字，還有現存湖南永州柳宗元紀念館的「尋愚溪謁柳子廟」碑等，其筆勢強健，字體豐偉渾闊，透露出儒雅。不喜歡他的人則有負面言論，認為其字粗大、媚俗，中規中矩的特點符合他諂媚的品性。董其昌官職也是到了相當可觀的級別，可卻因其行為的不堪，導致所謂「民抄董宦」的故事發生。但康熙偏愛董其昌的書法，上有所好下必甚焉，主子的喜好出現了滿朝皆學董書的熱潮，士子也以董書為目標作為求仕捷徑。王鐸身仕明清兩朝，且均身居高位，可謂無甚人格。嘉道之前，其書名也未被真正推重過，直到康有為的《廣藝舟雙楫》才開始認為王鐸書法勝過董其昌。吳德旋《初月樓論書隨筆》說：「張果亭、王覺斯人品頹喪，而作字居然有北宋大家之風，豈得以其人而廢之。」〔註120〕沙孟海談藝不討論其人品問題，評

〔註118〕《歷代書法論文選》，上海書畫出版社2014年版，第740頁。

〔註119〕轉引自龔鵬程：《墨林雲葉》，東方出版社2015年版，第105頁。

〔註120〕毛萬寶，黃君編著：《中國古代書論類編》，安徽教育出版社2009年版，第716頁。

「（王鐸）一生吃著二王法帖，天分又高，功力又深，結果居然能得其正傳，矯正趙孟頫、董其昌的末流之失，在於明季，可說是書學界的中興之主」。王鐸書法藝術價值的體現不僅僅是為求新求變者所提倡，更為重要的是撇開書法與人品、人格之關係，獨論其藝，這種欣賞的純粹性使其在書法界的藝術地位越來越高。以上諸人情況不盡相同，但很有意思的現象，就是他們曾經的社會地位，給他們帶來的藝術價值和社會價值，值得思考和商榷。

黑格爾在《美學》中說：「一個藝術家的地位愈高，他也就深刻地表現出心情與靈魂的深度。」〔註121〕在今天的中國藝術界，這句話是斷斷不能成立的，因為大家都懂得，地位和品味以及作品的深度，不能簡單地劃上等號。如今，把「人品」理解為政治立場或道德品行，從而把藝術品評的衡量標準變為單一的政治標準或道德標準，走入了人品決定論的評判誤區，勢必會有偏差和錯誤的界定。《論語‧衛靈公》曰：「君子不以言舉人，不以人廢言。」清楚說明了人與言是兩個範疇，同樣也說明藝術與人格關係的複雜性。

張之屏（1866～1935）從書學實踐中總結出許多尖銳的批評觀點。說到「心正則筆正」，他認為：「據吾所見，字之美者，未足代表正人；字之惡者，適足代表邪人。」，雖然說法有悖於以往的以品格論書法的觀點，但極為客觀。後又說：「品行道德，固屬別一問題，要以作字亦不可不立品也。」他在《率性》一章中對於「以人品論書」的觀點，道出了自己的真知灼見：「古之成書者，其人往往非忠耿，即姦邪，否則或高人逸士，與夫性情乖張為多。何也？彼其人皆一意孤行，獨來獨往，故能超然物表，獨步千古也。」這段話實在是非同一般的見解，也就是在民國時代，把人的個性強調到了一個極端的高度。沒有誰的風格純粹來自天真。陳方既認為「人書同品論」是含糊不清的，「實事求是地說：人品，是道德評價，書品，是藝術評價，儘管中國人的書法審美意識，與民族倫理道德觀念有著深刻的聯繫。但是審美評價終究是對審美形態的評價。」〔註122〕當然，筆者認為擁有優秀的品格，終究是成就人生價值的基石。

李瑞清的思想、學養、人格品行決定了其獨特的書法個性和高雅的氣質境界。在兩江師範學堂時，他「提倡科學、國學、美術，不遺餘力」「視教育若性命，學校若家庭，學生若子弟，始終不渝」，當經歷辛亥革命的洗禮後，身處江湖之遠，則靜心於詩詞書畫以「觀流水，話興亡之陳跡」。

〔註121〕黑格爾：《美學》第1卷，北京：商務印書館1979年版，第35頁。
〔註122〕陳方既：《中國書法精神》，湖北美術出版社1992年版，第319頁。

　　「書如其人」是藝術家的人格與修養、風度與氣象、才華與性情在作品中的生發。但由於個人內在品質不同，其言辭行為表現形式各異。我們無法選擇「與生俱來」的性情，但後天的自我養育以及為人處事的實踐來涵養自己的心性更為重要。「風格就是人本身」，故此，宗白華總結：「中國書法是一種藝術，能表現人格，創造意境。」〔註123〕

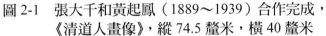

圖 2-1　張大千和黃起鳳（1889～1939）合作完成，
　　　　《清道人畫像》，縱 74.5 釐米，橫 40 釐米

圖片來源於李永翹：《張大千全傳》，廣東花城出
版社 1998 年版，第 60 頁。

─────────────

〔註123〕宗白華：《藝境》，北京大學出版社 1998 年版，第 203 頁。

第三節 「遺」與「逸」的士人氣格

1911 年 12 月 3 日，南京光復。李瑞清拒辭新軍都督程德全的挽留，將藩庫清單交割完畢後，改道士裝並署名清道人出走上海鬻書自給，從此脫離官場不問世事，尋求心不為形役的自適。於是，歷史上就少了一個有良知的官員，卻多了一個本無意於書法藝術的學者。其實早在 1909 年，時任兩江師範學堂監督的李瑞清在《與閔少窗〔註124〕書》中就已經透露出一絲為官的懊悔：「瑞清改官外出乃大失計，本為糊口，終身更不能望作學人。」〔註125〕今天則不再為之羈絆，既有「復得返自然」的解脫，又有復做學人的快意。

1914 年，趙爾巽〔註126〕（1844～1927）以古稀之齡出任清史館館長，負責編修《清史稿》，並延攬遺老，網羅學者參與編纂，以盡其耿耿之心。滬上鬻書的李瑞清已無意於此，遂《與趙次珊卻聘書》：「十月十九日，瑞清頓首頓首。次帥執事：瑞清，有清之皇臣也，偶漏天綱，苟全首領，偷處海隅，鬻書作業，尚何面目珥筆奉冊，從諸君子後乎？久已黃冠為道士，不復願聞人間事矣。幸鑒丹忱，特回寵命，聘書並呈，臨箋慚皇」〔註127〕李瑞清此刻的人生目標很簡單，就是想通過書畫以苟活、鑒藏以交遊，用儒家處事，用道家修心，以詩、書、畫陶冶性靈的隱逸生活。

一、「遺」的氣節與格調

辛亥期間中國各地政府的組成，大部分由前清官僚轉身就任，巡撫成為都督，內閣總理大臣做了大總統，總之，李瑞清難以理解他用生命捍衛的近三百年基業，在革命形勢到來之後的變化太快了，如繆荃孫所說「亡國未有若此之易者」，最重要的是他認為「革命之後，號為共和，君臣之義廢矣，而黨派興焉，其實比周以爭權利耳，安有黨也。」〔註128〕而且新舊的現實比較，使得

〔註124〕閔荷生（1847～1936）字少窗，江西奉新縣人。光緒二年（1876 年）進士，後官戶部主事、戶部郎中、大名府知府。63 歲出任清末資政院民選議員，後不受民國委任，棄官。

〔註125〕曾迎三：《清道人年譜（二）》，內江師範學院學報 2013 年第 28 卷第 11 期，第 33 頁。

〔註126〕趙爾巽，字公讓，號次珊，清末漢軍正藍旗人，奉天鐵嶺（今遼寧鐵嶺市）人，祖籍山東蓬萊。清代同治年間進士，授翰林院編修，長期擔任巡撫、總督等職。1914 年任清史館館長，主編《清史稿》。

〔註127〕李瑞清：《清道人遺集》，黃山書社 2011 年版，第 38 頁。

〔註128〕李瑞清：《書楊聞川黔遊草後》，《清道人遺集》，黃山書社 2011 年版，第 62 頁。

他和眾多前清「遺臣」普遍認為新政府之施政方略尚不及前朝,他們在親歷巨大的社會變革後無法認同共和現狀,不可避免得眷戀傳統社會奉行的風俗禮儀、道德倫理。然則何為「共和」,即便於今日,我們對共和的意義又有多深的瞭解呢?

「遺民」指政權鼎革後仍然期冀效忠前朝的老人,或稱「遺老」。這個概念最早出現在司馬遷《史記・樊酈滕灌列傳》〔註129〕,後來人們強調遺民必須是改朝換代以後,作為「前朝之所遺」而存在的具有一定氣節之人。關於「遺民」和「逸民」的區別,清初文學家歸莊(1613~1673)認為「凡懷道抱德不同於世者,皆謂之逸民;而遺民則惟在廢興之際,以為此前朝之所遺也。」〔註130〕

清遺民有文化價值上的自覺,是傳統知識分子精神依託的延續性體現。一方面,從倫理道德、品行操守層面而言,是傳統文化因素在人格底線上的精神守望;另一方面,在他們內心深處,清遺民不同於宋、明遺民,卻類似於元遺民的現象存在,這已非是民族大義所能範圍了,殆如錢穆所論,謂元季士人大多惟知「君臣大義」,而不論「華夷之別」。梁漱溟的父親梁濟(1858~1918)自沉於北京城北積水潭,不是單純殉清,如其遺書所言「非僅眷戀舊也」,是個人倫理層面的追求完滿,「義」卻成為本位,歸根溯源,此為文化歸屬所致。以此推理,清遺老也是從內心尋求文化歸屬,而非純政治意義上的效忠。如果有成熟的復辟帝制的時機,他們也會義無反顧地加入到行動中去。張勳復辟期間,曾授李瑞清學部左侍郎一職,在是否赴任一事猶豫而不能決斷之時,保皇派鄭孝胥勸「君已授官,宜速赴。」〔註131〕革命黨人李雲麾則理解其兄之忠貞,但對國情時局又有充分認識,力勸勿行。立場不同,目的不同,又有多少人真能置身度外,這也是遺老的艱難抉擇。

從制度層面的政治認知去理解,李瑞清認為民國取代清廷,帝制驟變共和,不過是王朝的名稱更替,作為遺老的他認為君臣大義才是傳統社會的普世價值,而非種族問題,他即使隱於市,而憂患之心堅守聖賢之道,依然體現著中國「士」的特點。他嘗自言「亡國賤俘」,用「秉性迂拙,不達時變」作為藉口,推託江蘇都督程德全「備員顧問」的邀請而不就。在這個當口,度道人從湖北來南京看望李瑞清,度道人哭著說:「吾以為來覓公骨也,不圖尚在耶。」

〔註129〕 司馬遷:《樊酈滕灌列傳》,《史記》,北京:中華書局1959年版,第2673頁。
「吾適豐沛,問其遺老,觀故蕭、曹、樊噲、滕公之家,及其素,異哉所聞!」
〔註130〕 歸莊:《歷代遺民錄序》,《歸莊集》,北京:中華書局1962年版,第170頁。
〔註131〕 《鄭孝胥日記》第三冊,北京:中華書局1993年版,第1671頁。

李瑞清很高興地說：「吾今已無累，正好從子游。」度道人欣然為其結髮，易黃冠為道士，並將他的名字改為永清。李瑞清開心地說：「此名甚當吾意，汝不讀書，何能及此？」度道人說：「無他，以公名清，欲永公壽耳。」就是說希望你長壽，所以給你改名「永清」〔註132〕。當然，我們也可以理解為內心深處浸透著的那種文化懷念的情感表達。之後，李瑞清就自稱「清道人」，率猶子李健及一眾家人屬集於滬，在政體震盪、文化轉型中，以翰墨猶帶蕨薇之香遁跡江湖保全晚節。

李瑞清十數年官宦，社會交往範圍甚廣，層級也較高，在上海，其周圍的遺老、遺臣中，既有前清的封疆大吏，也有出仕民國的當政官員，他們利用曾經的政治資本和社會資源，通過聚會、結社、賦詩、書畫、鑒藏、飲酒等交流方式，形成獨有的文化圈子。劉禺生在《世載堂雜憶》轉述胡小石的話說：「辛亥之後，清室遺臣，居處分兩大部分：一為青島，依德人為保護，恭王、肅王及重臣多人皆居此，以便遠走日本、朝鮮、東三省；一為上海，瞿鴻禨曾任軍機大臣，位最高，沈子培，李梅庵則中堅也。」〔註133〕如：繆荃孫（1844～1919）、樊增祥（1846～1931）、瞿鴻禨（1850～1918），陳三立（1853～1937）、左孝同（1857～1924，左宗棠季子）、梁鼎芬（1859～1919）、岑春煊（1861～1933）、康有為（1858～1927）、鄭孝胥（1860～1938）、徐乃昌（1869～1943）、梁啟超（1873～1929）及夏敬觀（1875～1953）等政治家和學者。

李瑞清欽慕並求教於「為家孝子，為國純臣」的沈曾植，他同樣也讚賞以遺老自居的馮煦〔註134〕（1842～1927）自「國變以來，耽道窮藪，與貧道數數往來，棲約守真，藐然自逸。」〔註135〕的人生境界。王乃徵〔註136〕（聘三）（1861～1933）在辛亥革命後，從貴州布政使的官位上流寓上海，清貧自守，

〔註132〕 李雲麾：《先從兄清道人行述初稿》，《清道人遺集》，黃山書社2011年版，第279頁。

〔註133〕 劉禺生：《世載堂雜憶》，北京：中華書局1960年版，第136頁。

〔註134〕 馮煦，字夢華，號蒿庵，江蘇金壇人。光緒十二年（1886）進士，授翰林院編修。辛亥革命後，寓居上海。

〔註135〕 李瑞清：《跋馮蒿庵先生手寫詩文冊》，《清道人遺集》，黃山書社22011年版，第145頁。

〔註136〕 王乃徵，字聘三，又字病山，號平珊，晚號潛道人，四川省中江縣人。光緒十六年（1890）進士及第，改庶吉士，授翰林院編修，累官貴州布政使。袁世凱曾邀其出任湖北民政長（省長），王乃徵辭而不就，丁巳復辟時被委任「外務部右侍郎」，後用潛道人的名號鬻書滬上為生。

亦有抱節守志的清高風骨。李瑞清、王乃徵和曾熙這張存世的三人合影之照片可謂珍貴（圖 2-2）。特定的歷史情境，特定的群體意識，對李瑞清的書法實踐、書學思想形成，以及書法影響力的擴大有著很大幫助。而擺脫傳統技法的規則束縛和極端的個性追求，重視逸的品格，追求逸的內在方式，強調一揮而就的生命意蘊，正是李瑞清以及遺民群體「自我意識」與人格氣質的極端表現。在「人書合一」、「書品如人品」等層面，李瑞清的特點體現與傅山又是多麼的相像，當然區別在於傅山帶有反清復明的義氣，而此時的李瑞清卻有參透人生，無為而為的出世態度。

圖2-2 曾熙（左）、王聘三（中）、李瑞清（右）

圖片選自《李瑞清手札精粹》，上海書畫出版社 2018 年出版。

　　1912 年，李瑞清初到上海，《時事新報》中一篇《雜記》記述了當時的窘迫：「李梅庵君自光復後，以黃冠隱居滬瀆，賣書畫以自給。陳君仁先〔註 137〕（1877～1949）戲贈以詩云：『道道非常道，天天小有天（酒館名）。書如少師怪，畫比石濤顛。白吃一元會（原注：樊山諸人有一元會，每星期一宴飲，群以梅庵貧，免其出費），黑摩兩鼻煙。有時訪朋友，門者說無緣（原注：潘芸孫曾訪梅庵，因往答訪，門者不肯通報，揮出門外云：此地僧道無緣！梅庵悵悵而返。）」〔註 138〕松江才子姚鵷雛（1892～1954）「網羅江左軼聞」，曾以此為內容撰寫在社會小說中，〔註 139〕可見李瑞清等前朝遺老在當時上海文化界的影響。從生存的角度和文化的情境看，社會鼎革之後喪失了思想資源、政治資源的前朝遺老們更企盼新秩序的穩定與新環境的安全，清王朝的官員都有一手書寫的工夫，他們「下崗」後或為生計所迫，或求人格獨立，以「鬻書畫自活」的職業行徑生存於十里洋場的「現代社會」，在精神狀態上既消弭了傳統遺民求生所引起的屈辱感，又看重他們獲得價值與尊嚴的文化傳統的興亡，贏取文人的另一種自尊。陳三立《哭曾農髯》中贊李瑞清：「吾鄉清道人，不屈破亡際。黃冠變姓名，鬻書活夷市。……晚歲鬘畫筆，震發涎百輩。……古貌出蜃樓，中情率而摯。」〔註 140〕李雲麾緬懷從兄李瑞清的一生行誼，「不得與親而孝思不匱，推愛親之心以愛弟，至不惜其身；隨時隨世，濟人利物，無一毫媚嫉之心；不忘清室，立志苦身，以為後世法，而蒿目時艱，渴望天下之平且過於時賢；終身不仕民國，其保全以貽民國者，殆莫之與京」〔註 141〕

二、「逸」的風骨與氣韻

　　「逸」的品評同時具有「品藝」兼「評人」的兩種模式，體現了中國文藝批評的整體性特點。「逸，失也。從辵兔，兔謾訑善逃也。」《說文解字》強調了「逃跑」的本義。針對人則是指避世隱居的行為或自由不羈，卓爾不

〔註 137〕陳曾壽，字仁先，別號耐寂、焦庵等，晚號蒼虯，湖北蘄水人，清光緒二十九年（1903）進士，官至正一品監察御使。

〔註 138〕王中秀：《抹去歷史的塵埃：曾熙與李瑞清在上海的藝術活動一瞥》，《歷史文物》月刊 2010 年 4 月。

〔註 139〕姚鵷雛：《姚鵷雛文集·小說卷下》，上海古籍出版社 2008 年版，第 674 頁。

〔註 140〕陳三立：《散原精舍詩別集》，《散原精舍詩文集》，上海古籍出版社，第 713 頁。

〔註 141〕李雲麾：《先從兄清道人行述初稿》，《清道人遺集》，黃山書社 2011 年版，第 288 頁。

群的生活形態等。書畫是表現心靈的手段，而逸之在心，超凡脫俗，非關文字。逸作為品的美學界定，最早見《梁書・武帝紀下》，用來品評棋藝，「帝六藝備閒，棋登逸品」。梁元帝蕭繹（508～554）在《山水松石格》一文中提出：「格高而思逸，信筆妙而墨精」，「格高」尚可理解，「思逸」只能意會了，這種籠統的美學認識，既是對謝赫《古畫品錄》中「高逸」「畫有逸方」「縱橫逸筆」「意思橫逸」等品評觀念的承接，又進一步開啟了「逸品」概念的衍發。初唐，李嗣真（？～696）仿傚庾肩吾的《書品》為書法分品的體例作《書後品》，其意義是在「上上品」之上，明確提出了「逸品」的概念，並評價李斯、張芝、鍾繇、王羲之、王獻之五人為書法的「超然逸品」，從而確立了「逸品」至高無上的地位，成為中國藝術領域影響後世的重要理論。在這個基礎上，對於「逸」的解釋層次不窮，書法家竇蒙注釋為：「蹤任無方曰逸」，〔註142〕中唐詩僧皎然在文學領域提出了「體格開放曰逸」〔註143〕的詩境。晚唐朱景玄認為李嗣真「空錄人名，而不論其善惡，無品格高下，俾後之觀者，何所考焉」，遂在《唐朝名畫錄》中「以張懷瓘《畫品斷》（應為書斷），神、妙、能三品，定其品格，上中下又分為三；其格外有不拘常法，又有逸品，以表其優劣也。」〔註144〕朱景玄不拘常法，將王墨、李靈省、張志和三人獨立於「三品九等」之外，稱「此三人，非畫之本法，故目之為逸品，蓋前古未之有也，故書之。」〔註145〕「非畫之本法」是朱景玄在形而上層面對於繪畫的思考，並開始由針對技法、技術的考量，上升為「技進乎道」的美學論述。余紹宋〔註146〕（1883～1949）在其《書畫書錄解題》中認為：「是編以神妙能逸分品，前三品俱分三等，逸品則不分，蓋既稱逸，則無由更分等差也……神品諸人較詳，妙品諸人次之，能品諸人更略，逸品三人又較詳，蓋亦具有剪裁者。」〔註147〕「書畫品目自謝赫以來因革損益，不外此四端，然

〔註142〕 竇蒙：《〈述書賦〉語例字格》，《歷代書法論文選》，上海書畫出版社2014年版，第266頁。

〔註143〕 皎然著，李壯鷹校注：《詩式校注》，人們文學出版社2003年版，第69頁。

〔註144〕 俞劍華編著：《中國畫論類編》，人民美術出版社2016年版，第22頁。

〔註145〕 何志明潘運高編著：《唐五代畫論》，湖南美術出版社1997年版，第96頁。

〔註146〕 余紹宋，號越園、樾園，別署寒柯，浙江龍游縣人，1910年畢業於日本東京法政大學。民國元年任司法部參事。近代著名史學家、鑒賞家、書畫家和法學家。著述有《書畫書錄題解》、《畫法要錄》、《畫法要錄二編》、《中國畫學源流概況》、《寒柯堂集》、《續修四庫全書藝術類提要》等。

〔註147〕 余紹宋：《書畫書錄解題》，北京圖書館出版社2003年版，第315頁。

此四品界說，以前諸書俱未言及。至此編卷首。始為論定，此後亦更無異議矣。」〔註148〕

俞劍華〔註149〕（1895～1979）認為：「畫之分品，至此成為定論，逸品居四品之首，亦成定論。」〔註150〕故此，神、妙、能、逸四格影響了後代諸多書畫理論家，但基本上沒有解釋逸的概念。有唐一代，逸始終是在神、妙之下。逸品作為美學概念，是在「中國美學思想以體道為旨歸，因而美學品評中，範疇與『道』的關係近則地位高，與『道』的關係遠則地位低」〔註151〕的不斷論證下乃至「崇高的地位奠定」。「逸」的審美價值取向的轉變，出現在北宋蜀人黃休復的《益州名畫錄》，書中記載了自唐乾元至宋乾德年間，成都地區的孫位等五十八畫家的小傳及寫真二十二處，將「逸格」序列首次提升到「神」「妙」「能」之上，並用精簡的文字說明其各自的特點。文中稱：「畫之逸格，最難其儔。拙規矩於方圓，鄙精研於彩繪，筆簡形具，得之自然，莫可楷模，出於意表，故目之曰逸格爾。」〔註152〕紹聖元年（1094），蘇轍在《汝州龍興寺修吳畫殿記》中復述了這一論說。〔註153〕宋徽宗趙佶主持宮廷畫院時「專尚法度」，其品評順序成了神、逸，妙、能，反映了他的審美趣味。南宋鄧椿在《畫繼》卷第九《論遠》中則認為逸格「未若休復首推之為當也」，由此可以看出宋代院體畫和文人畫不同的審美觀點。逸品成為以後藝術美學批評的基調，符合藝術創作的本質，與文人畫理念的興起有著極為密切的關係。

元代倪雲林的作品已公認為「逸」的代表，他在繪畫上表達蕭疏淡遠的景色有不染塵俗的氣格。針對寫生，他有自己的觀點：「圖寫景物，曲折能盡狀其妙處，蓋我則不能之。若草草點染，遺其驪黃牝牡之形色，則又非為圖之意。僕之所謂畫者，不過逸筆草草，不求形似，聊以自娛耳！」（《答張仲藻書》）

〔註148〕 余紹宋：《書畫書錄解題》，北京圖書館出版社2003年版，第319頁。
〔註149〕 俞劍華，原名俞琨，字劍華，以字行，濟南人。中國繪畫史論家、美術教育家、畫家，著有《中國繪畫史》《中國畫論類編》等。
〔註150〕 俞劍華：《中國古代畫論類編》，人民美術出版社1998年版，第407頁。
〔註151〕 陳望衡：《中國古典美學史》，武漢大學出版社2007年版。
〔註152〕 俞劍華：《中國古代畫論類編》，人民美術出版社1998年版，第405頁。
〔註153〕 蘇轍：《汝州龍興寺修吳畫殿記》，《欒城後集》卷二十一。「予昔遊成都，唐人遺跡遍於老佛之居。先蜀之老有能評之者曰：『畫格有四，曰能、妙、神、逸。』蓋能不及妙，妙不及神，神不及逸。稱神者二人，曰范瓊、趙公祐，而稱逸者一人，孫遇而已。范、趙之工，方圓不以規矩，雄傑偉麗，見者皆知愛之。而孫氏縱橫放肆，出於法度之外，循法者不逮其精，有從心不逾矩之妙。」

他在《題自畫墨竹》中又提到：「或塗抹久之，他人視以為麻為蘆，僕亦不能強辯為竹，真沒奈覽者何！但不知以中視為何物耳。」〔註154〕「逸筆草草」和「寫胸中逸氣」遂成為後世寫意繪畫的宣言書。需要指出的是後人多斷章引用「逸筆草草，不求形似」，來為「不似」做墊腳。況且，其作品放逸也並未完全脫離形似，只是「逸筆」從「形似」中解放出來，更強調書寫的意味。董其昌傾心倪瓚若淡若疏的境界，他認為「迂翁畫在勝國時可稱逸品。」〔註155〕並且，他重新釐定元四家的人選，以倪雲林替代了趙孟頫並成為畫界的定論。劉綱紀認為「元四家」中的黃公望、王蒙、吳鎮三人相較於倪瓚的藝術品格，「缺乏包含在倪雲林作品的『寂寞之意』中那種對人生意義，歸宿的深刻思索與體驗，在哲理性的深邃上較倪雲林有所不及。」針對於畫則指藝境中的最高境層：平淡樸素、得之自然，不拘形似，出人意表，高雅不俗且不可模仿。徐復觀從藝術手法上分析元四家的繪畫形式各有特點：「逸乃多見於從容雅淡之中。並且倪雲林可以說是以簡為逸，而黃子久、王蒙，卻能以密為逸。吳鎮卻能以重筆為逸，這可以說，都是由能、妙、神而上升的逸，是逸的正宗，也盡了逸的情態。」〔註156〕清代王原祁《雨窗漫筆》讚賞倪瓚：「雲林纖塵不染，平易中有矜貴，簡略中有精彩，又在章法筆法之外，為四家第一逸品」〔註157〕，《麓臺畫跋》進一步闡發：「宋元諸家，各山機杼，惟高士（指倪瓚）一洗陳跡，空諸所有，為逸品中第一。非創為是法也。於不用功力之中，為善用功力者所莫能及，故能獨臻其妙耳。董宗伯（其昌）題倪畫云，江南士大夫家，以有無為清俗。」這裡明確了逸品以有無為清俗的區別，由此可以看出明、清畫論以談逸唯尚的審美取向。

李瑞清的書畫表現一直以倪雲林和八大山人的孤寂冷逸為藝術的理想，他認為：「倪迂書冷逸荒率，不失晉人矩矱，有林下風，如詩中之有淵明，然非肉食人所解也。」〔註158〕他在1914年題《蒼厓山水手卷》中亦表明對這種意境的追慕：「畫有士大夫畫，有山林畫。華亭、麓臺士大夫畫也，八大山人、

〔註154〕沈子丞編：《歷代論畫名著彙編》，文物出版社1982年版，第205頁。

〔註155〕董其昌著，屠友祥校注：《畫禪室隨筆》卷二，江蘇教育出版社2005年版，164頁。

〔註156〕徐復觀：《中國藝術精神》，北京：商務印書館2010年版，第299頁。

〔註157〕王原祁：《雨窗漫筆》，盧輔聖主編《中國書畫全書》第8冊，上海書畫出版社1994年。

〔註158〕李瑞清：《玉梅花庵臨古各跋》，《清道人遺集》，黃山書社2011年版，第155頁。

石濤、漸江山林畫也。南田翁畫雖作士大夫畫，而喜言荒率，故仍有士大山林氣。余本荒涼寂寞之人，生平絕愛八大山人、石濤之流，亦性近也。蒼厓畫余亦於武陵見之，時與何詩翁同居甥館，詩翁極推服之，然其畫極蒼渾，大似麓臺中年精到之作。蒼厓則又以方外出林中能作士大夫畫者也。不知後之論者，以為何如？」（湖南圖書館藏）〔註159〕

碑學理論熱衷於書法品第，包世臣和康有為都為書法列了品級，包世臣《國朝書品》的品第方式承襲了張懷瓘的《書斷》，之外又增加了佳品，「九品共九十七人，重迭見者六人，實九十一人。」然而包世臣重新定義逸品為：「楚調自歌，不謬風雅。」〔註160〕（楚調者，漢房中樂也。高帝樂楚聲，故房中樂皆楚聲也。）〔註161〕包世臣把逸品降格為第四品級，賦予新的審美意義。有趣的是，包世臣在《國朝書品》中後記載了這樣一段話：「又在都下前門西豬市口堆子前路北，見火鐮店櫃上立招牌兩塊，有『只此一家，言無二價'八字，字徑七寸，墨書白粉版，版裂如蛇跗。其書優入妙品，詢之不得主名，附記於此。」〔註162〕這個資料與白謙慎撰文王小二書寫娟娟發屋的內容極其相似，並且他認為「學習碑學中比較古拙一路的人們，是比較容易在不規整的書寫中發現和欣賞『字中之天』的。我在此把這類字稱為『不規整、有意趣』的書寫。」〔註163〕由此可見，這種書寫不合常規帶來的所謂新鮮或天然偏離經典及規範，不是傳統書道強調的樸質與自然。

康有為認為書道有天然、工夫兩個方面，並且「二者兼美，斯為冠冕」，於是在《廣藝舟雙楫・碑品》欄中專門為碑學列「神、妙上下、高上下、精上下、逸上下、能上下」〔註164〕六品 11 個層級。包、康二人對於逸品的重新定位並未影響「逸」的格局和地位。

書法品評用語中，和逸結合的境界有飄逸、超逸、奇逸、野逸、高逸、逍

〔註159〕曾迎三：《清道人年譜（四）》，《內江師範學院學報》2014 年第 5 期，第 18～19 頁。

〔註160〕《歷代書法論文選》，上海書畫出版社 2014 年版，第 657 頁。

〔註161〕郭茂倩：《樂府詩集》，北京：中華書局 1979 年版，第 376 頁。

〔註162〕包世臣：《國朝書品》，《歷代書法論文選》，上海書畫出版社 2014 年版，第 660 頁。

〔註163〕白謙慎：《與古為徒和娟娟發屋——關於書法經典問題的思考》，廣西師範大學出版社 2016 年版第 27 頁。

〔註164〕康有為：《廣藝舟雙楫》，《歷代書法論文選》，上海書畫出版社 2014 年版，第 829～832 頁。

逸、古逸等詞彙，前綴的不同，導致逸的品味有些許出入。比如：飄逸最初用於評定人品，其後則用於品評藝術。宋代姜夔《續書譜》云：「真書以平正為善，此世俗之論，唐人之失也。……故唐人下筆，應規入矩，無復魏晉飄逸之氣。」倪思（1147～1220）《評書》云：「大抵楷法貴於端重，又要飄逸，故難二全。」由此可以洞見飄逸在書法技巧上容易走向薄的質量。

超逸，指天真自然、縱橫不拘的審美氣質。宋代米芾《書史》云：「子敬天真超逸，豈其父可比也。」徐復觀在《中國藝術精神》中有精闢的論說：「超逸是精神從塵俗中得到解放，所以由超逸而放逸，及逸格中應有之義。」〔註165〕

高逸，指書法不拘於點畫規矩的束縛，表現出超然脫俗，意隨筆出的姿致。張懷瓘評嵇康草書為妙品，小傳記載：「叔夜（嵇康）善書，妙於草制。觀其體勢，得之自然，意不在乎筆墨，若高逸之士，雖在布衣，有傲然之色。」〔註166〕李瑞清亦將八大山人的書法品格引申為人品的體現，他在《臨作八大山人書黃庭經跋》中讚賞朱耷「墨點無多淚點多」的遺民氣骨，稱：「其志芳潔，故其書高逸如其人也。」〔註167〕

以上各家對「逸」的論說，針對於人則為超塵出世的瀟灑，理想人格是「清高」。而「逸格」作為藝術品格的最高境界，或冷峻，或蕭疏，或淡泊，或寧靜，這種高妙的境界蘊涵著文人所特有的不拘小節、超然瀟灑的人生態度和作風。

行文至此，我們再從書畫之逸回到為人之逸的探討，「逸民」意指操行高潔的人，超脫世俗精神之羈絆，在審美上追求飄然出塵的意境。基於隱逸的性格，孔子在《論語·微子》中以伯夷、叔齊等人為例揭示了逸民隱居放言的舉止規範。《逍遙遊》體現了莊子哲學就是「逸」的哲學，他把逸的生活形態提高到無欲忘我的精神境界，是一種絕對自由的理想國。劉義慶面對宗法制度對人性的約束，在《世說新語》中多次用「高逸」「辯逸」「逸度」「俊逸」「跡逸」「棲逸」來推崇超越世俗的神態、玄遠的言論、放逸的行為。在這些人倫品藻的陳述下，「逸」的人生態度和生活情調得到了更多文士的追捧。

「草木有榮枯，臣心終不死」〔註168〕的「遺民」身份造就了李瑞清的學

〔註165〕徐復觀：《中國藝術精神》，北京：商務印書館2010年版，第299頁。

〔註166〕張懷瓘：《書斷》，《歷代書法論文選》，上海書畫出版社2014年版，第185頁。

〔註167〕李瑞清：《玉梅花庵臨古各跋》，《清道人遺集》，黃山書社2011年版，第155頁。

〔註168〕李瑞清：《題梁節庵先生崇陵種樹圖》，《清道人遺集》，黃山書社2011年版，第32頁。

者形象和書法成就,「逸」的追求也使李瑞清更加重視人格形象。「書學雖小道,然實如其人而」〔註 169〕,可以說他對書法的理解以及實踐都是建立在人格完善的思想基礎之上的。「激逸響於滬上兮,堪比德於遺老」,〔註 170〕李瑞清,作為隱逸民國的前朝代表,完成了臣民到遺民的轉變,他緬懷世事,借用「寧為袁粲死,不作褚淵生」的典故嗟歎偷活鬻書而倍覺根觸,他在堅守理想的同時,終身不仕民國,為後人觀察洋場中遺老階層的聚合情境,維繫綱常的倫理觀的瞭解提供了新型的書寫範本。

圖 2-3　李瑞清,為吳淑娟壽作松柏靈芝圖

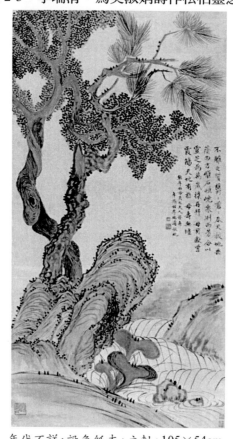

年代不詳,設色紙本,立軸,105×54cm,
私人藏(曾熙家屬提供)。

〔註 169〕李瑞清:《清道人遺集》,黃山書社 2011 年版,第 185 頁。
〔註 170〕按:1919 年,湖南著名琴家李靜題王船山所藏晚唐「獨幽」琴詩句——「激逸響於湘江兮,堪比德於遺老」《己未九月朔題獨幽琴照片於北京》,筆者稍作調整並引用之。

第三章 李瑞清書法藝術思想的三個 重要理論闡釋

　　李瑞清對書法藝術理論的最大貢獻是《玉梅花庵書斷》一文的論述，這是他藝術思想的主要組成部分，是他幼習訓詁，鑽研六書，並對三代、秦、漢乃至六朝文字「沿波討源」，精研至深的學術成果。他在文中就金文溯源建構「以器分派」的考據思想，從傳承學習上指出「求分於石、求篆於金」的求古路徑，在布白章法的格局上提出「胸有全紙、目無全字」的獨到見解。這三個理論的闡述，是在審美氣味論影響下的創舉，奠定了金石書派的理論基礎。

第一節 「以器分派」的書學方法論

　　從甲骨文開始，縱觀中國書法的演變，其內在筆法、體勢的貫通性都跟篆書是緊密關聯的。「以器分派」是李瑞清從審美形式和意象風格的角度考察、評議篆書的源流正變，脈絡清晰且較為系統的完成了先秦文字分類的思想構架。

　　形式與內容的關係，一直是哲學史討論的問題。形式主義者認為藝術品應該從材料、構成、線條或色彩等純粹的形式因素去創造，「而不是因為它對一個形象、故事或理念的再現而為人喜愛。」〔註1〕這個觀點與克萊夫・貝爾「有

〔註1〕（美）安・達勒瓦著：《藝術史方法與理論》，李震譯，江蘇美術出版社 2009 年版，第 18 頁。

意味的形式」〔註2〕相似，也就是說藝術的本質特徵是某種特有的審美形式，而書法藝術恰恰能很好地回應這個理論。「書法可說是重在表現形式美的藝術」〔註3〕「形式應該是生命的形式」〔註4〕，等等這些理論相對抽象，很容易讓人迷失要解釋問題的方向。筆者認為形式就是指藝術品之所以成為藝術品的內在屬性最為顯現的特徵。從甲骨文偏重於形的寫意，到小篆理性的文字統一，書法藝術體現的主要是以象形性的意態或意味為其特徵造型的形式美。

一、「以器分派」的內容解析

　　1914 年七月初，李瑞清為蔣國榜題跋其所得何紹基舊藏《宋拓史晨後碑》：「大約《禮器》，齊派也。《史晨》，魯派也。魯本承成周遺法，廟堂之上，縱容秉筆，此為正宗。此本乃道州何蝯翁舊藏……。此本考據其先後，已詳何蝯叟手跋，固不復述，余乃為述其書派源流如此。甲寅新秋清道人。《孔彪碑》與《史晨》為一派，此用柔筆者也。《劉熊》《子游》雖亦用柔筆，然稍飄逸，無此雍容矣。同日又記。」〔註5〕1915 年，曾熙又題跋曰：「阿楳作篆，取法鼎彝，參稽學說，審定筆逕別為齊、魯、楚各派，其說雖脅，然其闡古人之奧義，尋周室之書源，可為獨具古心。此阿楳所稱出自魯派者也，予嘗縱覽周秦以來大小篆、隸、分、草、真、行，其法百變，其要不越剛勝、柔勝二者而已。窮剛勝、柔勝之妙，不越內斂、外肆二者而已。周器中如頌敦銘、師酉敦蓋、齊太宰歸父盤等器，筆皆內斂，以柔勝者也。若虢季子白盤，則寬和有度，神斂而氣舒，體充而韻流，所謂善用其柔以騁天下之至剛乎？石有宣鈹，金則虢盤，中郎則奇譎盡興，大傅以險媚取神，江東父子以此入聖，唐室歐、虞庶幾述賢，此皆一脈流貫，予所以樂此終身而忘其疲者也。以剛勝者，周器十居其八，秦師殷、法權量諸刻瘦勁凌空，西漢簡書亦多沿其法，行於隨，張於褚，盡於米，至米則肆而失其矩矣。周器中惟散氏盤義用其肆，開合有法，機行而不騁；整散適宜，筆逸而有韻。隸則《景君》窮其變，真則《大饗》傳其逸。肆而正，北書《鄭碑》、唐書平原而已；肆而縱逸，北書《崔敬邕志》、唐書李

〔註2〕（英）克萊夫·貝爾：《藝術》，馬鍾元、周金環譯，中國文聯出版公司 1984 年版，第 3～4 頁。

〔註3〕金學智：《書法美學談》，上海書畫出版社 1984 版，第 50 頁。

〔註4〕陳方既、雷志雄：《書法美學思想史》，河南美術出版社 1994 年版，第 586 頁。

〔註5〕李瑞清：《跋宋拓史晨後碑》二則，《清道人遺集》，黃山書社 2011 年版，第 140 頁。

北海而已。此阿楪作書家法，予不敢越雷池一步也。《史晨》以斂氣範才，自標清度，所謂柔中能嚴守矩鑊者也。此宋拓本為道州家中寶器，予數十年癡想而不得一見，今通蘇庵賢弟，齋中展玩浹旬，實獲我心。並因阿楪魯派一語啟予狂言，未審法家以為何如耳。乙卯十二月六日嚴寒，衡陽曾熙。」〔註6〕此長跋肯定李氏關於流派尋根、溯源書史之思路，亦不吝闡明自己的觀點，既可鑒二人審美思想之脈絡，又領略了傳統文人不為虛套的氣格。

　　1916年李瑞清在《泰山金剛經》跋文中判斷：「此齊經生書也。其源出於《虢季子白盤》，轉使頓挫則《夏承》之遺，與《匡喆刻經頌》《般若文殊》《無量義經》《唐邕寫經》為一體，特其大小殊耳。余每作大書，則用此石之意，苦其過大，不便展撫，今如登岱頂縮經石略於几席間也。丙辰二月，清道人。」〔註7〕六月，以《齊侯罍》筆法節臨《石門銘》，因其「筆長而曲」，故將此碑銘歸類為齊派。曾熙對李瑞清所臨《毛公鼎》書跡作過生動的寫照：「獨仲子為篆，則以神遇而不以形遇，其伸也若蹲，其仰也若垂，其抱也若背而馳，其激發也，若執圭升堂，雍和而有節，其譎而變也，若海怒岳嚴而莫測其蘊。」從以上諸多跋文內容的關聯可以看出李瑞清「以器分派」的思想是經過長時間實踐和思考逐漸成熟和完善的，並且主要體現在1917年（民國六年丁巳）以日本人求學為契機而作的《玉梅花庵論篆》（《清道人遺集》收作《玉梅花庵書斷》）一文：「丁巳冬日本人下平龍丘，自其國來海上，從先生學書，先生每日書數語示之，逾月成論篆一卷，而龍丘去，遂輟作。」

　　《論篆》最早刊發於民國十四年（1925），東南大學國學研究會《國學叢刊》（第二卷第四期，第88～97頁），是李瑞清「在全面考察和實踐的基礎上提出來的」〔註8〕，探究金文體系最基本的資料。「以器分派」作為《論篆》的理論研究核心，可以說是李瑞清融心理學、藝術學和文化學於一體，運用自己的理解方式，通過對數十種有代表性的篆書，包括甲骨文、金文、石鼓文的文字分類考據，按形式的變化區別不同得藝術風格，從視覺審美的角度探求各派（類）篆書的共性，分析作為視覺符號的演變歷史，尋找其變化發展的規律，在源流、風格、筆法等方面的闡述合理，見解深邃，構建了李瑞清對書法藝術較為完備的形式美學觀念，體現出其研究的系統性，對書學溯源和書法形式美

〔註6〕仲威：《碑帖鑒定要解》，上海書畫出版社2015年版，第95～96頁。
〔註7〕肖鵬：《清道人年譜長編》，福建師範大學2017年度碩士學位論文，第376頁。
〔註8〕劉恒：《中國書法史·清代卷》，江蘇教育出版社2009年版，第276頁。

學研究影響深遠，為金石書派奠定了理論基礎。

《論篆》云：「余書本從篆分入，子不遠萬里由貴國來問筆法於余，余不能不盡於所學以告子，子歸而求之，必有所悟，異日成貴國名家，是余所望也！今先與子言篆。學書不學篆，猶文家不通經也，故學書必自通篆始。學書必神遊三代，目無二李（謂李斯、李陽冰），乃得佳耳。中國學篆者，自李陽冰後，世無傳人；本朝書家，乾隆以來，王虛舟、孫淵如，皆師李陽冰《城隍廟碑》，上及《嶧山碑》盡矣。至鄧完伯始參以漢碑額筆法為之，不用禿管取姿，能縱橫自如，一時驚歎，以為斯、冰復生！自楊沂孫稍取橫衍之勢，用筆雅秀，不取鼓弩之勢，其實皆縛於石耳。石無可學，石鼓，周廟堂文字，歷世綿迥，但存規模，筆態神韻，均不可求。《泰山》《琅琊》只數字，又不脫楚氣；《嶧山》，宋樞耳，排比如列算籌，則成何如書也。漢人篆書只《開母》三闕渾灝可愛，陽冰則《嶧山》之支流也。以後則無可言者。《碧落碑》不可學，學則墮入惡道矣。……大凡篆書，與地理有關係，即在成周，各國有各國之風氣，故書法不同。余欲著一書，以各國分派見，書未成，〔註9〕囑門人胡光煒為之，正在考定商酌時也，今只得以器分派。篆書陶唐以前，莫可得而稽，夏世傳《峋嶁碑》，又為偽作。至殷紅崖刻字，既不可識，亦未敢信。近出龜版牛骨，實為殷虛文字，至可寶貴。然其派為最朔矣。從前殷代文字，但於殷器中見一二象形字，不足成立，今殷虛之龜版牛骨，其文字雖不可全，可以灼然知其一代文字之派矣。然其他種，後世尚有續出者，以待後人之考訂，餘則暫定龜版為殷派，周則暫以器分派也。」接著，李瑞清分析十種篆書風格並將存世的鼎彝金文分門別類溯源歸屬，全文最後從方圓用筆的實踐角度示範日本學生下平龍丘，「周篆之以器分派者，大約盡於此矣。其餘未舉者，皆可以各器視其文分配之。此外無更特立者。如《師寰敦》之用筆，可入《齊侯罍》派，其用筆近也，但稍整齊耳。至若《和鍾》之開《峿臺銘》，下筆如蚊腳。《虢鍾》之奇誕，有若《碧落碑》，皆非正宗，偶戲為之則可，萬不可學者也。今日示子以作篆筆法，篆有圓筆方筆二種，有用頓挫者，有不用頓挫者；大約圓筆多用頓挫，方筆不用頓挫，余本用力《散氏盤》，先示子以《散氏盤》筆法。」

（按：筆者節選之上文與收錄在《清道人遺集》（黃山書社版）中的《玉梅花庵書斷》稍有出入，略有增刪，以示讀者。）

〔註9〕金學智認為「這一設想是很有美學價值的」，見金學智《中國書法美學》下，江蘇文藝出版社1994年版，第583頁。

　　李瑞清作《論篆》前曾在給陶濬宣的信中講到撰寫書論的構想：「瑞清昔讀安吳述書，服其精思，但書體雜蕪，微乖大雅，南海康有為作廣包書，收集稍宏，但繹包說，匪繹思至。瑞清竊不自度思，放（仿）漢書藝文志，撰成一書，備究眾家，區別枝派，論列異同，上溯厥祖，下極其流，後載諸碑，以示學者。」〔註10〕由此可知，《論篆》一文承包世臣、康有為二人思想之論說，繼以精思揣量所作。從藝術審美傾向看「以器分派」這十種篆書分類，基本上可以看出李瑞清是按照意象和形式兩大類進行的劃分。

　　審美意象主要是以古厚雄渾為視象的審美心理描述，審美形式則主要表現在字形的形體結構呈現的審美特徵。

表3　審美意象與形式的區別

審美意象	殷派	書風質樸、筆尖直下有力，方筆特色
	周派廟堂體	書風嚴謹，端肅變化、結密不拘、參差能莊
	《楚公鍾》派	書法奇古，方筆之祖
	《散氏盤》派	醇厚古茂，英鷙雄渾
	《克鼎》派	寬博雄渾為主，解此則古篆與今篆通矣
審美形式	《齊侯罍》派	筆長而曲，篆書之變化，此為極軌
	《鬲攸比鼎》派	尚縱勢，其上下相銜之妙
	《邵鍾》派	結字長，又近楚，其布白以疏密取姿
	《大鼎》派	整齊寬博中有左右相讓之妙，上下相銜之秘
	《魯公伐邾鼎》派	鼎文峭峭冷雋，無一筆不險絕，無一筆不平正

　　以上歸類，係筆者針對李瑞清關於十種金文描述進行的歸屬分類，一目了然地反映出李瑞清對金文「以器分派」的兩種基本態度，意象與形式都沒有脫離傳統書論的研討語境。並且，他在長期反覆的臨寫過程中，逐漸形成自己的語言追求，很有見地的創建了金石書派的審美體系。

　　《玉梅花庵論篆》一文的思想內涵主要為李瑞清弟子胡小石接受並發展。之前，從未有學者將其與當時的各書論之間的關係進行深度分析評述，致使當今學界不甚明瞭其在書論史發展過程中的應有價值和地位。

〔註10〕李瑞清：《報陶心雲書》，《清道人遺集》，黃山書社 2011 年版，第 34～35 頁。
　　　　《報陶心雲書》係李瑞清收到陶濬宣《稷山論書詩》後給陶氏的回信。《稷山論書詩》作於光緒壬辰閏六月朔（1892），係陶氏書學思想的代表論著。

　　中國書法的理論性思考相較於實踐而言，發展得比較晚，而且「中國的書論的精華主要體現在『文字學』和相應的『語音學』『訓詁學』，各領『形』『聲』『義』一方」〔註11〕。「從鐘鼎文開始，中國文字雖然仍是宗教、祭祀的工具，但藝術性的價值已大大加強，無論鑄造、使用都已考慮到觀賞的因素。」〔註12〕劉熙載《藝概·書概》曾這樣寫道：「蓋古文有字學，有書法，必取相兼。」李瑞清以器分派的藝術理解，正是建立在這種雙向交流的基礎上，完成了這一時期文字學的系統分類。侯鏡昶在其專著《書學論集》中認為李瑞清是結合古文字研究系統探討金文書法的第一人〔註13〕。李瑞清通過視知覺的心理認知，用簡潔的語言捕捉到事物的本質結構，在分析金文「靜中喻動」的形式傳達中，既有實踐的切身體會，又從審美鑒賞的角度，非常直白地傳達給欣賞者如何去理解金文藝術的形式構成和藝術氣息，為以後的書學研究者和考古工作者提供了美學上的借鑒。這種啟發引導式的思維路徑，為金石書派奠定了思考的材料和依據，而不是一成不變的標準範式。

二、「方」「圓」筆法與形式的體認

　　日本學者菅野智明將涉及《論篆》以及李氏書法理論相關聯的各種資料，如其門人黃鴻圖（1880～1940）《稚棠論書雜著》〔註14〕、胡小石的《古文變遷論》《齊楚古金表》等理論著述也納入其中進行比照和研究，得出書法流派論一脈承傳的體系確認。同時，他認為「《論篆》獨闢蹊徑的首創，卻是書中所採用的那種根據筆劃的方圓來分派的方法。」〔註15〕「《盂鼎》為方筆之祖，後來方筆皆祖此，今略舉其源流，示子以書法變更之原，知學書必從鼎彝入也。」「今曰示子以作篆筆法，篆有圓筆方筆二種，有用頓挫者，有不用頓挫者；大約圓筆多用頓挫，方筆不用頓挫，余本用力《散氏盤》，先示子以《散

〔註11〕葉秀山：《說寫字——葉秀山書法談叢》，中國人民大學出版社 2013 年版，第 18 頁。

〔註12〕葉秀山：《說寫字——葉秀山書法談叢》，中國人民大學出版社 2013 年版，第 36 頁。

〔註13〕侯鏡昶：《書學論集》，華東師範大學出版社 1982 年版，第 2 頁。

〔註14〕黃鴻圖，字咸和、道儞，號乃三、菜根居士，江西臨川人。光緒己酉科（1909）拔貢，任陸軍部軍計司，辛亥革命後，棄官客居鎮江、南昌等地。《稚棠論書雜著》刊於《東方雜誌》1930（民國十九年）第 27 卷第 2 號。

〔註15〕〔日〕菅野智明：《〈玉梅花庵論篆〉在近代碑學理論開展中的位置》，《近現代書法研究——全國第二屆近現代書法研討會論文集》，安徽美術出版社 1997 年版，第 382 頁。

氏盤》筆法。」(《玉梅花庵書斷》)李瑞清以方圓用筆的分派見解確認了後世的石刻繼承了金文書法,並出示了從金文至石刻的系譜和流傳。李健採用「先明源流,次識派別,次喻筆法」〔註16〕的流派論體例,在李瑞清《論篆》關於殷派、齊派、楚派的鋪陳下,繼之以宗周派、魯派、晉派、蘇派、虢派、秦國派的建設完成李瑞清「以國分派」的設想。他在感性直觀中沿用方圓筆法的形式論斷,區分各派金文碑碣的特性方面,雖顯簡單粗略,但對李健的學生方聞而言,卻有深刻的影響:「最重要的是,李師那些(通過有目的地集中觀摩技術精湛的金石碑銘和篆刻的筆劃走勢)深富啟發性的「臨仿」古代法書名作的教學至今還在我腦海中歷歷在目,永葆如新。他教我習練、揣摩「四體書」(篆、隸、草、正:指字因結構、章法、運筆差異產生的四種不同表達體勢),並強調儘管「結字」體勢會因時代不同演化各異,然方筆和圓筆兩種「用筆」方法卻可以運用在各種書體上。」〔註17〕這些要求可以看出李健對於李瑞清書學思想的認同和尊崇。

中國文字字形從圓到方的發展,是筆法推進了書體的演進。李瑞清在《書斷》中談到的方圓筆法主要是筆法脫離開字形的技術性分析。胡小石接著其師的說法:「談用筆,首先看方圓,這是字的外形。方筆多折,斷而後起,即:折釵股;圓筆多轉,換而不斷。即:屋漏痕。」古代書法理論之中也常見方圓的各種論述,如:姜夔在《續書譜》中寫道:「方圓者,真草之體用。真貴方,草貴圓。方者參之以圓,圓者參之以方,斯為妙矣。」〔註18〕他的見解既是筆法與字形結合的規律體現,也同時含有筆劃之間方圓並用的妙處。靈活運用方圓筆法本身就是貫徹「方圓結合」思想的辯證關係,李瑞清在這個思想指導下推演出「瑞清生平論書分三大派:鶴銘為篆宗,爨寶子為隸宗,鄭文公為篆隸合宗」〔註19〕的論斷。

錢泳分析篆隸筆法的不同造成體勢的區別:「蓋篆體圓,有轉無折;隸體方,有折無轉,絕然相反。」〔註20〕圓筆在圓轉婉通之中透出一股韌氣,如

〔註16〕李健著,劉惠國、李家淞、梁李雲整理:《李健書學文存》三,上海書畫出版社 2019 年版,第 401 頁。

〔註17〕方聞、謝伯柯著:《問題與方法:中國藝術史研究答問》,何金俐譯、黃厚明校,《南京藝術學院學報·美術與設計版》,2008 年第 3 期,第 31 頁。

〔註18〕姜夔:《續書譜》,《歷代書法論文選》,上海書畫出版社 2014 年版,第 391 頁。

〔註19〕李瑞清:《陶齋尚書藏瘞鶴銘跋》,《清道人遺集》,黃山書社 2011 年版,第 73 頁。

〔註20〕錢泳:《書學》,《歷代書法論文選》,上海書畫出版社 2014 年版,第 616 頁。

《散氏盤》；方筆線條在峻健陽剛之中透出雄健之美，如《始平公造像題記》。康有為在《綴法第二十一》中以相當的篇幅不吝筆墨的分析總結方圓筆法的技巧。他認為：「書法之妙，全在運筆。該舉其要，盡於方圓。操縱極熟，自有巧妙。方用頓筆，圓用提筆，提筆中含，頓筆外拓。中含者渾勁，外拓者雄強。中含者篆之法也，外拓者隸之法也。提筆婉而通，頓筆精而密。圓筆者蕭散超逸，方筆者凝整沉著。提則筋勁，頓則血融。圓則用抽，方則用絜。圓筆使轉用提，而以頓挫出之，方筆使轉用頓，而以提絜出之。圓筆用絞，方筆用翻。圓筆不絞則瘁，方筆不翻則滯。圓筆出之險則得勁，方筆出以頗則得駿。提筆如游絲嫋空，頓筆如獅狻蹲地，妙處在方圓並用，不方不圓，亦方亦圓，或體方而用圓，或用方而體圓，或筆方而章法圓。神而明之，存乎其人矣。」「書法之妙，全在運筆。該舉其要，盡於方圓」是康有為從「形學」中對筆法風格的探索。他還根據方圓筆法的書寫將古碑歸類為圓筆、方圓並用之筆、方筆三種形式，並舉例指出「蓋方筆便於作正書，圓筆便於作行草。然此言其大較。正書無圓筆，則無宕逸之致，行草無方筆，則無雄強之神。故又交相為用也。」〔註21〕從其上述所言，可以說是他對傳統書法理論中方圓解說的匯總，蔚為大觀。

　　「方」與「圓」滲透著古代「天圓地方」的辯證法色彩，從哲學角度代表著中國人「智圓行方」的處事精神，在書法理論上的論述主要有兩個方向：1.「方」與「圓」是指筆劃起訖與轉折的形容，如朱履貞《書學捷要》強調：「方者，折法也，點畫波撇起止處是也。」〔註22〕筆法的運用造就了文字書寫不同的藝術風格。2.字形結構的體「方」和筆法「圓」的矛盾探討，即項穆所言「用筆貴圓，字形貴方」的處理原則，也值得大家思考。「方」與「圓」的辯證體認是中國文化特有的思維方式，絕非西方學界非此即彼的截然二分法。它既有形體的唯物成分，主觀又能因勢利導出能動變化，貌似對立，其實更強調圓融統一，如太極圖所示，陰中有陽，陽中有陰的循環往復，變化無窮矣。宗白華以從象徵的角度看「方筆」、「圓筆」之分，他在給胡小石《中國書學史緒論（續）》寫的「編輯後語」中分別以王羲之取象於鵝項的圓融筆法和龍門造像的方筆為例，闡釋了「圓筆所表現的是雍容和厚，氣象渾穆，

〔註21〕康有為：《廣藝舟雙楫》，《歷代書法論文選》，上海書畫出版社 2014 年版，第843 頁。

〔註22〕朱履貞：《書學捷要》，《歷代書法論文選》，上海書畫出版社 2014 年版，第 603頁。

是一種肯定人生，愛撫世界的樂觀態度，諧和融洽的心靈。」而直線折角的方筆「是代表佛教全盛時代教義裏超越精神和宗教的權威力量。」他把「方」「圓」的筆法形式雜糅在當時的思想文化，情感品質中，則具有了人生的精神鏡象。「相期觀道妙，何當作酒監」（見圖 3-1），清道人作於的這副對聯，形方筆圓，可以視為其代表作，此時的書法風格也能反映出宗白華所言之人生境界。

李瑞清認為殷及西周早期金文皆用方筆，中葉以後漸變為圓筆，石鼓文亦用圓筆沿襲西周晚期遺風，文字規範後的秦始皇諸紀功刻石的小篆體則純用圓筆。他認為不學金文只學小篆，不能瞭解方圓筆法的淵源，其關於「方」與「圓」的界說相對康有為來講似乎是簡單了許多，但卻是其「以器分派」理論建樹中不可或缺的關鍵內容。

圖 3-1　李瑞清，楷書五言對聯

三、結體韻律與形質研究

　　文字作為語言的符號，其本身的形狀，本質上不是事物的再現。既然不是「圖釋」的藝術，那麼中國書法理論中有沒有形式的概念呢？特別是一提及形式的分析，人們就指認為是套用西方美學理論的批評態勢。對此，周勳君考證：「對書法的形態進行分析和研究至少在漢魏時就已經發生了。只是當時人們將其稱之為『形質』，而不是像今天這樣將其表述為『形態』或者『形式』」。〔註23〕

　　在東漢蔡中郎「為書之體，須入其形」〔註24〕的論述引領下，王僧虔進一步闡釋形神一體的關係：「書之妙道，神采為上，形質次之，兼之者方可紹於古人」〔註25〕。但唐代張懷瓘卻在《文字論》中提出了「深識書者，唯觀神采，不見形質」〔註26〕的理論，我們看到有以下描述性的類比敘述，如對書寫筆劃的想像力形容：「點」似高山之墜石、「橫」如千里陣雲、「豎」如萬歲枯藤……、孫過庭的詞藻堆砌有些繞嘴：「奔雷墜石之奇，鴻飛獸駭之姿，鸞舞蛇驚之態，絕岸頹峰之勢……」，等等這些物象比喻式的表述，很難準確評價形式的具體狀貌。米芾對此等形容詞曾明確提出批評：「歷觀前賢論書，徵引迂遠，比況奇巧，如『龍跳天門，虎臥鳳闕』，是何等語？」〔註27〕雖說如此，但作為一種成熟的品評方式，對審美心理的影響尤為深遠。這種形神關係分裂的觀點直接造成宋代尚意書風的態度。蘇軾說：「臨帖不在得其形而在得其神。」〔註28〕明代宋曹關於形神之辯的深入開始出現新的認識，其《書法約言》評論道：「傳神者必以形，形與心手相湊而忘神之所託也。」、「形質不健，神采何來？」〔註29〕有清一代對於書法作品的形質研究引起理論和實踐共同的關注。錢泳的言論可以看作是延續宋曹對於形神關係論說的重新審視，他在《履園叢話》中鑒於「臨

〔註23〕周勳君：《清代書法批評中對形質的描述及其相關問題的研究》，南方出版社2009年版，第2頁。

〔註24〕蔡邕：《筆論》，《歷代書法論文選》，上海書畫出版社2014年版，第6頁。

〔註25〕王僧虔：《筆意贊》，《歷代書法論文選》，上海書畫出版社2014年版，第62頁。

〔註26〕張懷瓘：《文字論》，《歷代書法論文選》，上海書畫出版社2014年版，第209頁。

〔註27〕米芾：《海嶽名言》，《歷代書法論文選》，上海書畫出版社2014年版，第360頁。

〔註28〕蘇軾：《東坡文集》卷六，第165頁。

〔註29〕宋曹：《書法約言》，《歷代書法論文選》，上海書畫出版社2014年版，第564、566頁。

古人書不必形似」的立論，指出「此聰明人欺世語」，「吾人學力既淺，見聞不多，而資性又復平常，求其形似尚不能，況不形似乎？」〔註30〕梁章鉅持有同樣的觀點：「今人臨古，往往藉口神似，不必形似。其鑒別古蹟往往以離形得意為高，此等議論最能疑誤後學。」〔註31〕這種「藉口」就像印象主義繪畫作為一種美術思潮，剛出現時亦被人們嘲諷為「不懂造型」。但恰恰就是這種似是而非，帶來了繪畫技法的革新，並且這個觀念的轉變，直至今天仍然左右著我們的審美。當然，書法的形式構成是一種心靈旨趣的直面表達，但又不完全是「藝術除了呈示其形式關係的抽象式樣之外，就再也沒有更重要的東西了。」〔註32〕的那種純粹的形式，〔註33〕它和物質之形式美，如與金、石的屬性存在有無上的關聯，陳振濂認為這兩種材料的美推動了書法線條美的第一次和第二次高潮，雖然我們常常「習慣於視之為其他藝術門類的形態呈露而已。」〔註34〕包世臣在《藝舟雙楫》裏表明了「書道妙在性情，能在形質。然性情得於心而難名，形質當於目而有據」的看法，康有為則有了「中國自有文字以來，皆以形為主」〔註35〕的論斷，是他看到了字形、形體和形式美對於書法的重要性。筆者認為，書法形式由結體和章法兩部分組成。結體是一種視覺符號，如同旋律和節奏的記錄，章法就是布局，筆劃是構成的主要技術因素，從創作的角度研究運筆，重視「筆法」所造成的形的效果，也有其理論的意義，但與形似古人的「奴書」無關。

　　書學史為李瑞清留下創舉的空間。他沒有一味停留在筆法技術層面的敘述，而是按照字形既定的結體韻律，通過揣摩其抽象意味來表達對古人造字的敬畏之情。他根據所能見到的材料，第一個詳考並將甲骨文、商周銘文書法進行風格流派劃分研究，認定殷商文字系統古遠且成規模。王闓運弟子向

〔註30〕錢泳：《書學》，《歷代書法論文選》，上海書畫出版社 2014 年版，第 626 頁。
〔註31〕梁章鉅：《退庵隨筆》，《明清書法論文選》，上海書店出版社 1994 年版，第 804 頁。
〔註32〕Ｈ・Ｇ・布洛克：《美學新解》，滕守堯譯，遼寧人民出版社 1987 年版，第 200 頁。
〔註33〕英國現代形式主義者羅傑・弗萊的理論要點是區分「純粹」藝術與「非純粹」藝術。分析派美學代表布洛克認為羅傑・弗萊與克萊夫・貝爾二人的理論走入了極端，並且陷入了用形式解釋形式的循環論困境。詳見 Ｈ・Ｇ・布洛克著，滕守堯譯：《美學新解》。
〔註34〕陳振濂：《書法美學》，陝西人民美術出版社 1993 年版，第 184、187 頁。
〔註35〕康有為著、崔爾平校注：《廣藝舟雙楫注》，上海書畫出版社 2006 版，第 28 頁。

燊〔註36〕（1864～1928）評價說：「自來研究鍾鼎者，皆以之證經，獨道人探筆法於鍾鼎中。發凡舉例，別派分門，精確不易。」〔註37〕劉恒在《中國書法史——清代卷》李瑞清的專欄中，明確指出：「篆書是李瑞清書法的根基所在」，並且「對金文書風全面細緻的分類研究，在清代書壇上堪稱第一人」〔註38〕。

第二節 「求分於石、求篆於金」的思想內涵

李瑞清根據「學書必從鼎彝入也」〔註39〕的學書經驗，並研究鄧石如篆書縛紲於石的問題，開創性提出：「余嘗曰求分於石，求篆於金，蓋石中不能盡篆之妙也」的觀點表述，也可以認為是代表了碑派書法的審美格局以及對篆、隸書體學習的目標要求。

我們在《玉梅花庵書斷》以及眾多的碑帖題跋中可以發現，李瑞清建立在「以篆為源」的理論闡釋，體現了學者對書學思考的成果。並且他在臨摹創作的實踐中通過篆隸用筆又能很好的呈現出金石之氣，可謂言行合一。他用治國學先從通曉經學開始類比，認為「學書不學篆，猶文家不通經也。故學書必自通篆使，學篆必神遊三代，目無二李（謂李斯、李陽冰），乃得佳耳。」〔註40〕後邊這句話明確指出篆書學習不能被秦之李斯、唐之李陽冰的模式所限制，而是要上溯到三代的鼎彝金文去尋求古意。1915 年他致上海震亞圖書局創始人朱崇芳（挹芬）書中云：「……近日學六朝石者飆起，然學六朝，須從篆隸入，乃非偽體，能更印有名鍾鼎漢碑數種，尤可以倡明書學，開風氣也。」〔註41〕1916 年（丙辰七月），李瑞清臨《毛公鼎》全文並告誡弟子：「近纂書因臨《毛公鼎》一通景印之，以塞諸門人之望，使知學書必從學篆始。」〔註42〕1917 年，李瑞清堂弟李雲麾自南洋歸國，求問學書之筆法，道人云：「書法雖小道，必

〔註36〕向燊，字樂谷，號抱蜀子，湖南衡東縣白蓮鎮人。受業王闓運門下。曾留學日本，歸國後為衡州府中學堂監督、南路實業學堂監督，1917 年寓居滬上賣書畫自給。與李瑞清、曾熙、吳昌碩等名士交遊。

〔註37〕馬宗霍：《書林藻鑒》，文物出版社 1984 年版，第 246 頁。

〔註38〕劉恒：《中國書法史——清代卷》，江蘇教育出版社 2009 年版，第 275 頁。

〔註39〕李瑞清：《玉梅花庵書斷》，《清道人遺集》，黃山書社 2011 年版，第 162 頁。

〔註40〕李瑞清：《玉梅花庵書斷》，《清道人遺集》，黃山書社 2011 年版，第 158 頁。

〔註41〕李瑞清：《與朱挹芬書》，《清道人遺集》，黃山書社 2011 年版，第 181～182 頁。

〔註42〕李瑞清：《自臨毛公鼎跋》，《清道人遺集》，黃山書社 2011 年版，第 147 頁。

從植其本始，學書之從篆入，絲為學之必自經始。余近寫鄭文公，好習散氏盤，因為臨之。它日學書有悟，當知古人無不從鼎彝中出也。」〔註43〕1918年三月十一日，李瑞清為震亞圖書局出版《放大毛公鼎》題簽中，不吝筆墨的分析鄧石如、楊沂孫、吳大澂三人篆書之筆意格局：「余既為門人臨《毛公鼎》，以示其筆法，今震亞主人又以景放《毛公鼎》為大字，意欲比於《石鼓》，直勝《石鼓》耳。《石鼓》何能及《毛公鼎》也。余嘗曰：求分於石，求篆於金，自來學篆書者皆縛於石耳。鄧完白作篆最有名，嘗採擷漢人碑額以為篆，一時學者皆驚歎，以為斯、冰復生。後進循之，彌以馳騁，苟以譁眾取寵，而篆學寖以日微。楊沂孫最晚出，學鄧而去其鼓努，號為雅訓，學者弗尚也。吳中丞頗曉古文奇字，多能正其讀，史籀之學復明。嘗作大篆古籀，其文雖異體，而排比整飭，與小篆無以異。操觚之子，莫不人人言金文，然實莫解筆法也。今震亞主人既景《毛公鼎》為大字，《齊侯罍》、《散盤》，先後悉出，人人於是皆可以珥筆與史籀進退於一堂，炳焉與三代同風矣。道人得此，日可與二三子同遊成周之世，不知有漢，何論魏晉。」〔註44〕他不厭其煩地提及並弘揚篆隸的書學價值以及美學意義，也就成為了金石書派所遵循的重要原則。同時，「余致力鍾鼎，上探古籀之源，已能得其神理，又幸餘生晚，得多見古人未見之鼎彝，以成吾所學。」〔註45〕這種對金文的重視程度與當時金石考證的風氣緊密相關，也是時代的恩賜。

一、書法與金石學的關聯

「金石」一詞，若專指古代文字鑄於鍾鼎器皿或鑴刻於石頭之上的頌功紀事之屬，最早出現在《墨子》卷四《兼愛》中。「以其所書於竹帛、鏤於金石、琢於盤盂，傳遺後世子孫者知之。」〔註46〕的記載反映了春秋時期文字書寫載體多樣化的形式。

金石考古學家馬衡（1881～1955）在其著述《中國金石學概要》中考證認定：「商周之時，所謂金石者，皆指樂器而言，非今之所謂金石也。其以金與石並舉，而略同於今之定義者，蓋自秦始。《史記秦始皇本紀》所載群臣奏議

〔註43〕李瑞清：《跋自臨散氏盤全文》，《清道人遺集》，黃山書社2011年版，第148頁。
〔註44〕李瑞清：《清道人遺集》，黃山書社2011年版，第138～139頁。
〔註45〕李雲麾：《先從兄清道人行述初稿》，《清道人遺集》，黃山書社2011年版，第284頁。
〔註46〕《墨子》：《二十二子》，上海古籍出版社1986年版，第237頁。

及始皇二世詔書，多曰金石刻，或曰金石刻辭。其意蓋欲以文辭託之不朽之物質，以永其壽命，故合金與石而稱之曰金石刻或金石刻辭。後世稱此類刻辭，謂之金石文字，或竟簡稱為金石。」〔註47〕南京大學歷史系教授張之恒編《中國考古通論》將金石學定為考古學前身，〔註48〕但二者有所不同。金石學以物質屬性為其學科之名，其研究對象主要是青銅器和石刻兩種物質，以證經補史為研究目的，偏重於銘文資料的著錄和考證。乾嘉學者錢大昕貫徹「金石之學，與經史相表裏。」〔註49〕這一經脈，郭宗昌（？～1652）在《金石史·序》中曾謂「自宋以來，談金石刻者有兩家：或考稽史傳，證事蹟之異同；或研討書法，辨源流之升降。」很明顯，錢大昕是「專務以金石為考證經史之資料」，而本文論述則主要集中在書法藝術層面以及材料自然質的研討。

唐代碑版學興，鍾鼎學衰，文人寫碑的詩歌很多，比如杜甫作於大曆初年（766）的《李潮八分小篆歌》〔註50〕就簡括地描述了小篆、八分兩種書體的發展歷史，並提出了「書貴瘦硬方通神」的書法審美標準。但唐人拘囿於二王風氣，還沒有從金石學中探索出書風、書派這種自覺性。金石學是宋朝復古思潮和經學研究的產物，在這個過程中，有些學者根據金石材料去追根溯源書法的發展。南宋史學家鄭樵（1104～1162）在其《金石略》中有「三代而上，惟勒鼎彝。秦人始大其制而用石鼓，始皇始欲詳其文而用豐碑。自秦迄今，惟用石刻。」〔註51〕的記載。況且，秦漢以來的簡帛文獻缺失殘佚，極難保存，故三代銘文與其後的石刻資料尤顯珍貴。五代以前，無專治金石學者，北宋時期伴隨著造紙和印刷術的發展，包括傳拓技術的精良都為古物的收集、整理和研究以及金石文字流傳創造了物質條件。對此，王國維指出宋人的金石學，通過歐陽修、趙明誠、黃伯思、洪适（kuò）四人「各據古代遺文以證經考史，咸有創獲。」〔註52〕。

容庚在《宋代吉金書籍述評》中認為：「宋代古銅器之研究，始於真宗時。

〔註47〕馬衡：《中國金石學概論》，時代文藝出版社 2009 年版，第 1 頁。馬衡，浙江鄞縣人，字叔平，號無咎、凡將齋。西泠印社第二任社長，故宮博物院院長。
〔註48〕張之恒主編：《中國考古通論》，南京大學出版社 2009 年版，第 24 頁。
〔註49〕錢大昕：《潛研堂文集》卷二十五《關中金石記序》，《嘉定錢大昕全集》，江蘇古籍出版社 1997 年版，第 396 頁。
〔註50〕彭定求等編：《全唐詩》（上），上海古籍出版社 1986 年版，第 535 頁。
〔註51〕鄭樵：《通志略》，上海古籍出版社 1990 年版，第 734 頁。
〔註52〕王國維：《觀堂集林》卷十八《齊魯封泥集存序》，北京：中華書局 1959 年版，第 920 頁。

咸平三年（1000），乾州獻古銅鼎，狀方而四足，上有古文二十一字，詔儒臣考正。」〔註53〕句中正與杜鎬二人奉旨「詳驗以聞，援據甚悉」認為是「史信父甗」。這次銘文的研究考訂，可看作是金石學的發端。宋仁宗時，「私家藏器，莫先於劉原仲父。」〔註54〕劉原父即劉敞（1019～1068），開私人收藏著錄之先例，將家中收藏的十一件先秦鼎彝古器物，請工匠繪圖並摹勒刻石，取名為《先秦古器圖碑》，這也是最早的古器物圖錄。1063 年，劉敞將研究青銅器的心得，撰成《先秦古器記》一卷，對研究金石有開創之功。好古嗜學的歐陽修（1007～1072）著《集古錄》，係從慶曆五年（1045）到嘉祐七年（1062），耗時 18 年收集上自周穆王，下至五代的上千件金石器物，不以時代為編次而隨得隨錄的金石考古學專著。理學家呂大臨（1042～1092）亦可謂考古學家、金石學家，其晚年撰寫《考古圖》十卷，收錄了青銅器、玉器、石器兩百餘件，按器形分類編排並繪圖，是現存最早的系統研究金石古器物的圖錄。其所作《考古圖釋文》對青銅器銘文加以考證，也是最早研究金文的參考書籍，代表了當時士大夫在古器物學上的成就。《五馬圖》的繪者李公麟亦是收藏家，他運用自己的繪畫技能如實地繪製其收藏的古器物，並通過考據器形、銘文及花紋，加上批註，編成《考古圖》（已佚）一書，受到時人翟汝文的推崇。宣和五年，宋徽宗命王黼（1079～1126）在黃伯思編繪《博古圖》一書的基礎上，增加新搜集的銅器並「集群臣家所畜舊器」（翟耆年《籀史》）編纂重修《宣和博古圖》，著錄了宋皇室收藏自商代至唐代的青銅器精華二十類共 839 件，從功用上明確區分為食器、炊器、酒器、水器、樂器、雜器等類別，考證雖疏，但形模未失。趙明誠（1081～1129）少小即有「盡天下古文奇字之志」，在志同道合的妻子李清照共同校勘下，將多年收輯的歷代金石刻 2000 餘種，按古今順序編排並辯證考據，編纂《金石錄》三十卷，是繼歐陽修《集古錄》之後，更有價值的，也是當時所能見金石文字的總錄。宋高宗時，薛尚功廣泛輯錄從商周到秦、漢的金石銘文 511 件，依樣摹寫，訂訛考異，編排撰寫《歷代鍾鼎彝器款識法帖》二十卷，成為南宋金石學的重要文獻。

　　隨著金石書契的考證之風興起，黃伯思（1079～1118）強調並提出篆隸筆意的書學觀念，其《跋陳碧虛所書相鶴經後》錄曰：「自秦易篆為佐隸，至漢

〔註53〕曾憲通編：《容庚選集・宋代吉金書籍述評》，中山大學出版社 2004 年版。
〔註54〕王國維：《隨庵吉金圖序》，《觀堂集林》，北京：中華書局，1959 年。

世去古未遠，當時正隸體尚有篆籀意象。厥後魏鍾元常、士季及晉王世將、逸少、子敬作小楷，法皆出於遷就流隸，運筆、結體既圓勁淡雅，字率扁而弗橢。今傳世者若鍾書《力命表》《尚書宣示》、世將《上晉元帝》二表、逸少《曹娥帖》、大令《洛神帖》，雖經摹拓而古隸典型具存。」〔註55〕並指出唐人學習歐陽詢、虞世南之後，篆隸古意漸失。洪适（1117～1184）花費三十年致力於漢魏碑碣之收藏，他用楷體謄寫所藏的隸書體碑文，並逐篇考釋，後附跋尾，其研究成果著錄《隸釋》二十七卷、《隸續》二十一卷，此二書開金石學最善之體例，「使學隸者藉書以讀碑」。

　　元人郝經（1223～1275）在《敘書》中闡述篆隸的古法之妙，他說：「凡學書須學篆隸，識其筆意，然後為楷，則字畫自高古不凡矣。」〔註56〕明人吳寬（1435～1504）說「作真字能寓篆籀法則高古今」〔註57〕，豐坊《書訣》說：「古大家之書，必通篆籀，然後結構淳古」〔註58〕，趙宧光主張「以篆為尊」，其《寒山帚掃·權輿》認為：「作字須略知篆勢，能使落筆不庸」〔註59〕，踐行「篆隸筆意」則以徐渭、傅山為著。傅山在董趙書風籠罩書壇之際，學趙宗顏，再後取法直取魏晉淵藪，他認為：「楷書不知篆隸之變，任寫到妙處，終是俗格。」〔註60〕此段中諸人皆從理論高度和書寫取法的實踐層面對「篆隸為源，不入俗格」進行了具體闡釋。

　　明末清初的金石學家郭宗昌著《金石史》，分析考證唐朝以前的 50 多種金文石刻，孕育著「前碑學」〔註61〕的思想萌芽，其中的較多論斷直接影響了王弘撰〔註62〕（1622～1702 年）的《砥齋題跋》、孫承澤（1593～1676）的《庚

〔註55〕黃伯思：《東觀餘論·跋陳碧虛所書相鶴經後》，趙彥國注評：《黃伯思·東觀餘論》，江蘇美術出版社 2009 年版，第 299 頁。

〔註56〕崔爾平選編：《歷代書法論文選續編》，上海書畫出版社 1993 年版，第 171 頁。

〔註57〕吳寬：《匏翁家藏集》，季伏昆《中國書論輯要》，江蘇美術出版社 2000 年版，第 477 頁。

〔註58〕豐坊：《書訣》，《歷代書法論文選》，上海書畫出版社 2014 年版，第 506 頁。

〔註59〕《明清書法論文選》，上海書店出版社 1994 年版，第 263 頁。

〔註60〕丁寶銓刊本，《霜紅龕集》卷三十七，《雜記二》。

〔註61〕「所謂前碑派，是指清代碑派的前身。他們以擅長隸書、篆書為主，其中大多數曾對傳統帖學下過工夫，創作中有糅合二者或以碑破帖的特徵。一般認為，清代真正意義上的碑派是以阮元確立碑學理論為開端，實際上他的理論是總結前碑派實踐的結果。我們以鄧石如、阮元劃界，在他們之前以碑破帖一派，稱為前碑派，此後的尊碑一派，稱為碑派。」見黃惇、金丹、朱愛娣：《中國書法史》，遼寧美術出版社 2001 年版，第 252 頁。

〔註62〕王弘撰，字文修，華陰人，著有金石書畫專著《砥齋題跋》。

子銷夏記》等。〔註63〕

　　清早期嚴酷的政治迫害使文人將心力轉向考據之學，而閣帖書跡少有的厚樸、渾穆的氣象引發人們對先秦金石銘文的注意。翦伯贊（1898～1968）在《先秦史‧序》中寫道：「金石學在宋代，雖塗術已啟，而流派未宏；其輝煌之發展，則亦在清乾嘉以後。在清代古物之出土者，已數十倍於宋代，而學者如王昶、錢大昕、畢沅、翁方綱、陸心源、孫星衍、阮元、李宗瀚、瞿中溶、吳榮光、吳式芬、陳介祺、吳大澂、端方等接踵輩出，其所著述，不下四百種之多。於是金石學遂蔚為大觀。」〔註64〕容媛（1899～1996）《金石書錄目》中記載清代金石學家334人，著述606種，〔註65〕可以看出清代金石研究之盛況。

　　以下列舉有清以來較有影響的名家及著述以備參考：

　　顧炎武（1613～1682）著有《金石文字記》一書，強調金石文「多與史書相證明，可以闡幽表微」，另外還有「補闕正誤」之作用。王鳴盛（1722～1798）歷時20多年，撰寫代表作《十七史商榷》100卷，治學強調「金石之有關史學」，晚年仿顧炎武《日知錄》著《蛾術篇》100卷等。王昶（1725～1806）邃於釋讀考證，在去世前一年完成《金石萃編》160卷的編撰，所收資料起於夏，止於金，是以著錄歷代石刻為主，兼收銅器、瓦當等銘文十餘則，按時序，集摹錄原文，考釋及案語的一部金石銘文匯編，這種通過金石材料與文獻資料的互校互證的考史特色具有了歷史文獻價值。畢沅（1730～1797），「檄訪各路金石拓」，編輯成《關中金石記》《中州金石記》《山左金石志》（最終勒定和刊印的是阮元）、《三楚金石志》《兩浙金石志》等書。王鳴盛的妹夫錢大昕（1728～1804），乾嘉學派的代表人物，成就主要在經學和史學，他將一生搜集之金石碑刻及考據之跋文編訂為《潛研堂金石文字目錄》八卷和《附錄》二卷。王鳴盛讚譽為：「古今金石學之冠」〔註66〕。其搜集並利用碑刻史料與歷史文獻互相比勘的考證方法開啟了近代王國維「二重證據法」之先河。安徽涇縣人趙紹祖（1752～1833），專力於經史百家並收錄地方歷代金石文字，著述《安徽金石略》《涇川金石記》《古墨齋金石跋》等。孫星衍（1753～1818）古文經學

〔註63〕鄭璐：《明郭宗昌及其〈金石史〉研究——兼論「關中金石圈」的形成及影響》，吉林大學2008年碩士學位論文。

〔註64〕翦伯贊：《先秦史》序，北京大學出版社1990年版，第2～3頁。

〔註65〕容媛：《金石書錄目》，上海：商務印書館，1936年。

〔註66〕錢大昕：《潛研堂金石文跋尾》《序》，江蘇古籍出版社1997年版，第1頁。

家，曾主講鍾山書院並和嚴可均一同撰有《平津館金石萃編》，又有《魏三體石經殘字考》《寰宇訪碑錄》等金石專著。阮元（1764～1849）在書法界聲名鵲起則是《南北書派論》《北碑南帖論》二文所引起的振聾發聵，其學術貢獻體現在訓詁、考據、文獻等方面，在金石方面主要編著《山左金石志》《兩浙金石志》《積古齋鐘鼎彝器款識》等。錢大昕的女婿瞿中溶（1769～1842）精於收藏、書畫，先後編著了《湖南金石志》《吳郡金石志》等金石學著述十餘種。翁方綱（1733～1818），精於考據、金石、書法之學，著有《粵東金石略》《兩漢金石記》等金石學著作。陸耀遹（1771～1836）喜金石，在友人幫助下完成《金石續編》的編寫，充實和完備了王昶的《金石萃編》。吳榮光（1773～1843）從學阮元，吉金樂石，精研碑帖拓本，收藏甚豐，著述有《筠清館金文》《筠清館鍾鼎款識》《帖鏡》《筠清館金石錄》《金石款識類》等〔註67〕。吳式芬（1796～1856），發現並研究封泥最早的金石考古學者，與陳介祺合撰《封泥考略》，另著有《捃古錄》和《捃古錄金文》兩部金石學專著，詮釋之精、著錄之豐「無逾於此者」（王懿榮語）。陸心源（1838～1894）清末藏書家，湖州「皕宋樓」主人，精於金石學，著有《金石學補錄》（1886）、《穰梨館過眼錄》（1892）等書。濰縣陳介祺（1813～1884），嗜好收藏，酷愛考證，著有《十鍾山房印舉》《簠齋吉金錄》《封泥考略》（與吳式芬合輯）等。〔註68〕端方（1861～1911）是清末著名的文物收藏家，陶齋是他的齋號，金石精品收置頗豐，碑刻是其收藏之大宗，且專注於原石的搜集，有《陶齋藏器目》（1903）、《陶齋吉金錄》（1908）、《陶齋藏石記》（1909）等編著傳世。端方任兩江總督時為李瑞清直屬上司，現江西省博物館還藏有當年李瑞清臨寫端方收藏的漢代磚銘，其題跋曰：「此磚藏陶齋尚書所，新出土長安，與流沙墜簡參觀，可悟人赴急書草隸之妙，曾季子謂秦權正脈，信夫。」李瑞清五弟筠庵李瑞荃，受端方之聘到北平「專購字畫而來」，此中情景在齊白石《癸卯日記》中有詳細記述。以上所列諸人可以算是清代金石學者的代表，並且都寫有一手好字，既可以洞見有清一代金石學的興盛，同時也可以看出書法是傳統文人必須具備的技能。民初，金石學研究範圍又包括新發現的甲骨和簡牘，近代考古學傳入中國後，中國古代青銅器（及各種古器物）、金文與石刻的研究，變成考古學的組成部分。

〔註67〕李玉安、黃正雨：《中國藏書家通典》，中國國際文化出版社，2005年版。
〔註68〕李玉安、黃正雨：《中國藏書家通典》，中國國際文化出版社，2005年版。

晚清學者繆荃孫（1844～1919），是三江師範學堂的第一任總稽查，中國近代圖書館的創建人，也是一位藏書家、金石家，他在分析清代金石學的研究狀況時認為：「國朝談金石者有二派。一曰覃溪派，精購舊拓，講求筆意，賞鑒家也。原出宋人《法帖考異》《蘭亭考》等書；二曰蘭泉派，搜集幽僻，援引宏富，考據家也。原出宋人《金石錄》《隸釋》等書。」覃溪指翁方綱，蘭泉指王昶，「二家皆見重於藝林」〔註69〕這些學術精英們為考經證史而提倡金石學的品位崇尚，影響到清代書家們對金石文字的重視以及敏銳的鑒別力，促成了大文化環境中，書法精神的審美轉向。

二、清代金石氣的篆分古意

有志於書者，務必以篆隸求本源。晚明隱士趙宦光在《寒山帚談》一書中云：「學書須徹上徹下，上謂知其本原來歷，下謂採其末流孫支，知本則意思通而易為力，求源則筆勢順而易為功。」傅山的《作字示兒孫》也從字體嬗變，尤其從篆隸之變的發展角度去論證源流關係。「金石氣」審美意識的再次萌動產生於明末清初，在郭宗昌、王弘撰、朱彝尊（1629～1709）等人的搜剔考證、訪碑、摹拓、收藏碑版石刻的學術風氣帶動下，漢碑的「古拙」意趣開始為時人所接受，使得有清一代書法審美趣味和意識發生變化。如鄭簠（1622～1693）收藏碑刻，尤喜漢碑。張在辛（1651～1738）《隸法瑣言》記載了鄭氏學習漢隸的過程。嘉慶時期學者江藩（1761～1830）《漢學師承記》記載清初考古金石家「（張）弨（1624～？）雅好金石文字，過荒村野寺，古碑殘碣，埋沒榛莽之中者，靡不椎拓。」西泠八家」之一的黃易（1744～1802）「凡嘉祥、金鄉、魚臺間漢碑，（黃）易悉搜而出之，而《武氏祠堂畫像》尤多，所見漢《石經》及範式《三公山》諸碑，皆雙鉤以行於世。」（震鈞《國朝書人輯略》）等等。

「乾嘉學派」的「重考證而不廢行思」，為篆、隸書體的研究提供了大量佐證經史方面的資料，針對藝術視野下的「金石學」的興盛，文學家、金石學家翁方綱（1733～1818）提出金石考據應「有訓詁之考訂，有辨難之考訂，有校讎之考訂，有鑒賞之考訂」〔註70〕四個方面，並認為金石書法的鑒賞考訂要

〔註69〕繆荃孫：《王仙舟同年金石文鈔序》，《藝風堂文續集》，《近代中國史料叢刊》第 945 冊，第 9 頁。

〔註70〕馬新宇：《清代碑學研究以拓本為唯一依據的學術性考察》，《文藝研究》，2018年 3 月期刊。

兼顧學術和藝術。翁氏碑帖兼容，能篆善隸，李瑞清曾在《漢酸棗令劉熊碑》（端方藏，民國石印本）跋文中認為「國朝金石家以翁覃溪學士最為精審」，對其書法亦提出形象的比喻：「小真極雍容淳古，其稍大者如鄉儒升朝，時見拘謹」，〔註71〕後人往往把他視為「館閣體」的代表人物。前文曾提到李宗瀚的碑帖收藏幾乎都經過翁氏的鑒定題跋，這些善本題跋借助碑帖的輾轉遞藏，既承載其書學思想，又提升了拓本的研究價值。當時的學者「不僅以碑版文字內容考經證史，同時也注意到其書法特點和淵源流變」〔註72〕。劉恒從書法發展史的角度指出清代前期的書家已經強調篆、隸為書法之本，並認可學書當從秦漢入手之類的觀點〔註73〕。在鄧石如、趙之謙的實踐風格影響下，篆隸書又以一種復古風潮被眾多書家所接受並被推薦開來。

　　阮元的《北碑南帖論》《南北書派論》兩篇書論以前瞻性的審美觀提出對「漢魏古風」的追求，從理論上開始衝擊帖學的審美定式，雖然他並不寫碑體的風格。「二論」中對「篆隸遺法」「隸古遺意」等詞的提倡，成為品第書法作品新的審美標準。阮元提倡書法學習一定要「溯源返古」，他以經學家的嚴謹考證書體之間的淵源關係，並且，他還把是否擅長隸書作為衡量書家藝術水準的評判標準，從文章中可以看出他在為提倡「篆隸遺意」尋找傳承的理由和依據。阮元在二論中還以歐陽詢、褚遂良為例，稱「畫石出鋒，猶如漢隸」、「褚書碑石，雜以隸筆」〔註74〕，說明唐早期的書法保留了較多的隸書古意，可見阮元對「篆隸遺意」的重視和推崇，並且這種理論主張直接影響到包世臣推重唐碑理論的思想。

　　包氏在阮元「篆隸遺意」的理論基礎之上，進一步提出了「篆分遺意」的審美主張。比如，包氏認為「真書以不失篆分遺意者為上」，並且在《答熙載九問》中，從技術層面作了進一步的闡釋：「篆書之圓勁滿足，以鋒直行於畫中也；分書之駿發滿足，以毫平鋪於紙上也。真書能斂墨入毫，使鋒不側者，篆意也；能以鋒攝墨，使毫不裹者，分意也。」〔註75〕至此，「篆分遺意」成

〔註71〕李瑞清：《跋王孝禹藏宋拓醴泉銘》，《清道人遺集》，黃山書社 2011 年版，第 75 頁。

〔註72〕劉恒：《中國書法史‧清代卷》，江蘇教育出版社 1999 年版，第 158 頁。

〔註73〕劉恒：《中國書法史‧清代卷》，江蘇教育出版社 1999 年版，第 80 頁。

〔註74〕阮元：《南北書派論》，《歷代書法論文選》，上海書畫出版社 2014 年版，第 632 頁。

〔註75〕包世臣：《藝舟雙楫》，《歷代書法論文選》，上海書畫出版社 2014 年版，第 660 頁。

為包世臣書法批評中重要的美學範疇。

　　震鈞（1857～1920）在《天咫偶聞》中記述了北京諸多歷史掌故：「方光緒初元，京師士夫以文史、書畫、金石、古器相尚，竟揚榷翁大興、阮儀徵之餘緒。」〔註76〕可以想見翁方綱和阮元的書學思想影響李瑞清是必然的。包世臣在《藝舟雙楫》與吳熙載關於「篆分遺意」的一段問答，從技術層面解釋篆書和真書的用筆區別與趣味之分，頗為精彩。何紹基一生追尋的「篆隸古意」書學思想在碑帖融合的書法中也得以實現，他在《跋道因碑拓本》中說：「余學書四十餘年，溯源篆分，楷法則由北朝求篆入真楷之緒，知唐人八法以出篆分者為正軌。」〔註77〕並認為碑帖二派均有篆分古意。馬宗霍在《霋岳樓筆談》中談及何紹基的學書歷程：「道州早歲楷書宗蘭臺《道因碑》，行書宗魯公《爭座位帖》《裴將軍詩》，駿發雄強，微少涵渟。中年極意北碑，尤得力於《黑女志》，遂臻沉著之境。」〔註78〕湘潭人易宗夔（1874～1925）的《新世說》記載並誇讚湖南同鄉楊昭雋（字潛庵）的書法：「日者偶過法源寺僧僚，遇一能書者，曰楊潛庵，詢其淵源，則幼承庭訓，學書從鍾鼎篆隸入門，而尤得力於鄭道昭。復與李梅庵、曾季子相往還，商榷碑拓，其論書每有獨到處。」楊潛庵父親楊芷生「為何道州高足弟子，同光時有書名湖湘間。」〔註79〕由此可以看出湖南地區的書學觀念與何紹基有著直接、密切的關係。在何紹基的詩句中，如「君看南北碑，均含篆籀理」〔註80〕「儀徵論書重北派，篆分一氣如傳燈」〔註81〕「南北書派各流別，聞之先師阮儀徵」〔註82〕等等，都表達了其師阮元在古代書體發展認識上對他的影響。李瑞清《跋自臨黑女志》：「何蝯叟頗能得其化實為虛處，故能納篆分入真行也。」〔註83〕，他在《臨鄭文公碑》中寫道：「分行布白攝墨蹲鋒直當於散氏盤求之。不通篆隸而高談北碑，妄也。」〔註84〕我認為阮元對何紹基的言傳，何紹基對於李瑞清書學思想的影響可謂是一脈承傳。曾熙在分析篆法淵源及遞延時認為：「我朝篆書，兩派盡之。國

〔註76〕震鈞：《天咫偶聞》卷三，北京古籍出版社1982年版，第71頁。
〔註77〕何書置編注：《何紹基書論選注》，湖南美術出版社1988年版，第65頁。
〔註78〕馬宗霍：《書林藻鑒》，文物出版社2015年版，第239頁。
〔註79〕易宗夔：《新世說》，上海古籍書店1982年版，影印第六卷，第18頁。
〔註80〕《何紹基詩文集》，龍震球、何書置校點，嶽麓書社1992年版，第145頁。
〔註81〕《何紹基詩文集》，龍震球、何書置校點，嶽麓書社1992年版，第260頁。
〔註82〕《何紹基詩文集》，龍震球、何書置校點，嶽麓書社1992年版，第479頁。
〔註83〕李瑞清：《清道人遺集》，黃山書社2011年版，第150頁。
〔註84〕李瑞清：《清道人遺集》，黃山書社2011年版，第151頁。

初名家師小李謙卦文，當世號稱鐵線文是也。完白師漢，取法額書，以分行篆。安吳未究篆書源頭，奉為不祧，宜也。其實作篆不師殷周，猶河不窺星宿。道州晚年單力為此，但取其妙，未竟其功。文潔以譔誥之才，窮鼎彝之奧，大篆中興蓋在斯人。然非道州開山，無以成佛。」〔註85〕

至清末，金石學的審美意識，以及對「篆隸古意」的重視已深入人心。姚孟起在《字學憶參》中說得也很透徹：「未從事於漢隸，欲識晉、唐楷法，數典忘祖，終不濟事。」1920 年五月，李瑞清為張大千十弟張君綬〔註86〕（1905～1922）書五言篆書聯「大事用金鼎，天壽上玉皇。君綬十弟學篆當學《齊侯罍》，然後能超凡入聖也。庚申五月，清道人。」（2007 年春季匡時拍賣會圖錄）他像包世臣、康有為一樣高度讚美碑書，但又受何紹基影響，清醒的採納碑帖兼容的審美思想，從碑書人手，參悟帖書用筆，在兩種絕然不同的書風書貌中汲取營養。

李瑞清認為「篆書惟鼎彝中門徑至廣，漢以來至今無人求之，留此以為吾輩新闢之國，余為冒險家，探的大洲，貢之學者。」〔註87〕他在大量的藝術實踐中，包括繪畫，盡情地體會篆隸筆法的古意，向燊有一段題跋回憶：「圖出甘肅敦煌縣莫高窟，蓋唐人所繪也。於民國二年得於隴西道署，六年撰贊於湘江道署，七年二月南北戰爭激烈，避兵攜至上海，清道人一見欣賞，以其用筆皆古篆籀法，欲假臨副本，遂置伊處。九年八月伊歸道山，適余送廷兒赴日至申，仍歸吾篋，因書前贊，並記其事，以志人琴之感。衡山樂父向燊。」〔註88〕譚延闓在 1915 年 1 月 15 日的日記中記載：「《題漢射陽石門畫像為兼民》序：李梅庵嘗仿武梁祠作畫，既成，詫曰：此漢畫也。其用筆若篆籀，非人所及，今不可復得矣。天下好事者多，意必有復能為之者，恨吾無暇日耳。觀兼民此軸，固漫題之。」（中央研究院近代史研究所藏）從以上二人的記錄可以看出李瑞清對於用筆的敏感，而其篆籀筆意在繪畫上的書寫則是對書畫同源的注解。李瑞清在對字體淵源的思考上有自己獨到的見解，例如，他在《陶齋尚書藏瘞鶴

〔註85〕王東民：《以古為新──金石學傳統下的李瑞清書畫研究、創作與教育》，浙江大學 2017 年度博士學位論文，第 99 頁。

〔註86〕張君綬，名玉墨，張大千的十弟。10 歲隨大千拜曾農髯為師，研習篆隸，並以篆隸筆法作畫，古樸直追秦漢。19 歲時，張君綬同狄文宇（原名瞿蘊玉，戈公振之妻）蹈海殉情。

〔註87〕李瑞清：《玉梅花庵書斷》，《清道人遺集》，黃山書社 2011 年版，第 158 頁。

〔註88〕向燊題：《敦煌石室唐人畫佛變相圖》，《名畫集成》第一集，峰青館輯，1925。

銘跋》中題道：「瑞清生平論書分三大派：《鶴銘》為篆宗，《爨寶子》為隸宗，《鄭文公》為篆隸合宗」〔註89〕。這種簡約的語言歸納，是樸學的實證方法指導他在實踐中由表及裏的探本求源，是「以器分派」理論的補充，為後學的理論接受和筆法實踐都提供了直截了當的概念。他推崇《散氏盤》銘文，認為金文中「當為篆書第一，生平學此最久，得力至深。」〔註90〕據他為吳昌碩藏《散氏盤》拓本題額可知，他曾藏有一濃一淡兩個拓本，還為此取齋號「雙散鬲齋」：「余既得散鬲脫（拓）本一濃一淡，因自銘其齋曰「雙散鬲齋」，倉翁為余題其額。倉翁今復得此精脫本，題此報之。清道人。」〔註91〕

李雲麾在《先從兄清道人行述初稿》中也記載了李瑞清在金文重要性上的諄諄教導：「夫書始於篆，分隸草真，皆由篆遞衍，能通篆法，於書道可謂已擒賊擒王，以其法行之一切，下及諸家，隨宜變化，應付無窮。余致力鍾鼎，上探古籀之源，已能得其神理，又幸餘生晚，得多見古人未見之鼎彝，以成吾所學，天若留此大洲待吾開闢者，視二李之縛絏於石，自覺有天馬行空之樂。不僅書道然，吾於畫亦純以篆法行之，遂能隨意所之，無不與古人神似，因知古人之有所成就者，無不從鼎彝中出。」〔註92〕李瑞清在給胡小石《金石蕃錦集》的跋文中提及：「學魏碑者，必旁及造像。學漢分隸者，必旁及鏡銘磚瓦。」〔註93〕此語義可視為上世紀八十年代流行書風之思想指南，並使之完全不同於前人的面貌，立足於當代。那麼，李瑞清「成為中國現代書法的揭幕人」〔註94〕的表述也毫不為過。

三、金石的物性之美

「鍾鼎」的審美旨趣是上層建築的廟堂氣息，是宗教的、神秘的，「金石」

〔註89〕李瑞清：《陶齋尚書藏瘞鶴銘跋》，《清道人遺集》，黃山書社2011年版，第73頁。

〔註90〕李瑞清：《玉梅花庵書斷》，《清道人遺集》，黃山書社2011年版，第162頁。

〔註91〕王東民：《以古為新——金石學傳統下的李瑞清書畫研究、創作與教育》，浙江大學2017年度博士學位論文，第27頁。

〔註92〕李雲麾：《先從兄清道人行述初稿》，《清道人遺集》，黃山書社2011年版，第284頁。

〔註93〕李瑞清：《跋胡光煒金石蕃錦集》，《清道人遺集》，黃山書社2011年版，第147頁。

〔註94〕謝建華：《論金石書派的理論與風格特色》，《文藝評論》2005年第6期，第72頁。

的意旨是遠古的、知識的、文人的。用美學的術語來說，鍾鼎趣味是「雄渾的」，而金石趣味則是「古厚的」。二者作為文字符號的附著物是古人利用材料的智慧創見，雖然實用性已被歷史自然的淘汰，但其藝術屬性愈久彌堅。當然，其現狀之美又是先人始料未及的。

葉秀山認為「從鍾鼎文開始，中國文字雖然仍是宗教、祭祀的工具，但藝術性的價值觀已大大加強，無論鑄造、使用都已考慮到觀賞的因素。……所以中國的書法，作為藝術觀，起於金文鍾鼎。」〔註95〕其實，前人見鼎彝款識、碑碣銘文不感其美，皆局囿於帖學書法的審美意識，況且，古人當初在鑄刻鼎彝碑碣時，均力求精緻完美，而不是什麼後來所說的厚重古拙，對於今人所稱之質樸，往往是心有餘而力不足的技術能力的缺憾。劉熙載《遊藝約言》提出「書要有金石氣」之說，這個迥然不同於帖書的審美概念作為時代書法重要的審美課題被提出來，是劉熙載有了碑帖兼容的具體見識，並在古代金石書契之跡的啟發下提出「秦碑力勁、漢碑氣厚」的審美氣息。簡言之，「金石氣」就是金石考據學影響下的中國文人書寫風格的時代追求。

崇尚「金石氣」，是書法史發展規律的表現，金石氣的產生與媒質材料的物性分不開。陳寅恪為陳垣《敦煌劫餘錄》作序中云：「一時代之學術，必有其新材料與新問題。取用此材料，以研求問題，則為此時代學術之新潮流。」〔註96〕我們從藝術材料與表現語言的角度看，「金石氣」就是附著於「金」和「石」兩種材質上的書跡在歷史的摩挲下形成的古氣。可以認為這兩種材質存在的「美是客觀化了的快感。」自然主義美學家喬治‧桑塔耶納（1863～1952）強調現狀的視覺體驗，包括材質的屬性感受以及存在的氣場，並由此推論「材料的美是一切高級美的基礎」。〔註97〕鼎彝款識、碑碣銘文就是依附於青銅和石器等材質上的高級美，隨著時光的洗禮，這種金屬的堅韌冷峻和石料自然天成的渾樸既具有其自身值得關注的精神體悟，對於人的感官視覺又有極大的衝擊力，恰如米開朗基羅從大理石的粗獷中解讀出雄渾的力量，而德國當代藝術家安塞爾姆‧基弗則利用鉛的柔韌與可塑性的表現，在暗灰色的情調中追索歷史的晦澀意味。

這種金石美的形成必須具備三個因素：首先是材質的物性，即金石材料固

〔註95〕葉秀山：《說寫字——葉秀山書法談叢》，中國人民大學出版社 2013 年版，第36 頁。

〔註96〕陳垣：《敦煌劫餘錄》，北京：中央研究院歷史語言研究所 1931 年版，第 3 頁。

〔註97〕〔美〕喬治‧桑塔耶納：《美感》，中國社會科學出版社 1982 年版，第 35、52、54 頁。

有的質感氣息。朱劍心（1905～1967）認為，「金」是「以鍾鼎彝器為大宗」，「石」是「以碑碣墓誌為大宗」〔註98〕。其次是人工鑄、刻工藝的跡象，啟功曾對書丹、刊刻的過程有過描述，由此可以推知，書法的拓印流傳，取決於刻工書寫的藝術素養和其鐫刻能力，並導致最終的碑刻結構和書體的風格。正如叢文俊先生所說：「刻石文字（包括磚質墓誌）是漢晉南北朝書法之大宗，其刻製工藝和技術普遍地參與作品美感和風格的形成，嚴重者『刻風』可以掩蓋『書風』，以假象誘導人們步入誤區，應給予特別的關注。」〔註99〕除了刻風的因素，拓工的水平和技術也不容忽視，因為碑版拓本，椎有輕重，墨有深淺，都會直接影響人們對於「金石氣」的感受。第三是風化剝蝕等非人為因素的歲月修飾，這種現狀美感，是人工鑄、刻與自然合力作用的結果，是雄渾與古厚的渲染材料，是經過藝術家主體審美意識賦予的獨特美學趣味。古人學習隸書，模仿碑刻剝蝕的痕跡曾被明末清初的馮班取笑：「漢人分書多剝蝕，唐人多完好。今之昧於分書者，多學碑上字，作剝蝕狀，可笑也。」〔註100〕當然這也是審美的個性喜好使然，而晚近的書家熱衷並模仿斑駁的金石氣，從某種程度上反映了世人對於一種新鮮事物所持有的不解以致逐漸接受的心理過程。

　　「金石氣」的美沒有「崇高」所具有的悲劇色彩和宗教意味，這是一種陽剛之美，是一種拙厚之美，是人格精神的追求。它體現了書法家領略氣象的蒼茫，在斑駁朦朧、模糊漫漶的迷離中，追求歷史滄桑之後的永恆感。值得注意的是，並不是所有的斑駁都能造就美感，之所以成為美的因素，在於它的自然性與文字恰到好處地融合。儘管書法離不開技巧，但書法家不能單純依靠技巧，要超越技巧，追求「不工之工」，追求樸素自然的「無目的的合目的性」。「求分於石、求篆於金」觀點影響到祝嘉（1899～1995）對待學習王羲之的問題上，他認為：「欲學好《蘭亭》，最好是兼學周秦的篆書、漢代的隸書，這是羲之書的來源。不談太遠，不學篆隸，則六朝的楷書，必多下工夫，以為基礎。」〔註101〕李瑞清「求分於石、求篆於金」的理論提出，一語道破書法學習的路

〔註98〕朱劍心：《金石學》，文物出版社1981年版，第3頁。

〔註99〕叢文俊：《書法史鑒》，上海書畫出版社2003年版，第138頁。

〔註100〕馮班：《鈍吟書要》，《歷代書法論文選》，上海書畫出版社2014年版，第551頁。

〔註101〕祝嘉：《怎樣學〈蘭亭序〉》，《書學論集》，江蘇教育出版社1982年版，第136頁。祝嘉，字燕秋，海南文昌人，二十世紀著名的書法家、書法理論家和書法教育家。

徑，明白無誤地揭示了「金石氣」的價值體現，這種學問的釋出是李瑞清在「幼習訓詁，鑽研六書」的古文字功底指導下，一生摹古的經驗之談，恰恰就是前文所述「學書尤貴多讀書」的書卷氣體現。

第三節　「胸有全紙、目無全字」的整體觀照

書法難，難在布局。字有繁簡、方圓，落筆前如不事先安排結構，書寫時不講求行間章法，就不能達到一氣呵成的通篇之妙。所以，對於書法研究而言，局部與整體的關係相輔相成，全局觀的衡量與把握關係到書法作品的格調和品質，也關係到是否有藝術性的問題。項穆《書法雅言》曰：「夫字猶用兵，同在制勝。兵無常陣，字無定形，臨陣決機，將書審勢，權謀妙算，務在萬全。」〔註102〕繪畫界有「畫若布弈」的說法，認為畫畫就像下圍棋，既要有大局觀，也要審時度勢。提筆寫字也可以視為構圖布局的經營，前提是腦海裏要有全盤考慮下的圖式，「意在筆先」，但必須筆筆生發，隨機應變，重要的是一氣呵成。

一、章法的全局觀

筆法、結體與章法既是書寫的表現手段，也是構成書法藝術的重要因素。李瑞清在書法結體以及布白的章法研究上提示我們：「寫碑與摩崖，二者不同，其布白章法即異，一有橫格，一無橫格。……然不論有格無格，皆融成一片。此學者不可不留心也。故古碑剪裱，則覺大小參差，而整張視之，不見大小。大約下筆時須胸有全紙，目無全字。」〔註103〕日本菅野智明評價：「這種對結字、章法的論述，使人耳目一新，一看便知此及李氏獨創也。」〔註104〕篆、隸、草、行、楷，不同字體的用筆各異，點畫墨蹟的適宜組合，行間布置的節律形態，導致布白的形狀關係相對多變，其中還包括留白、落款、用印等要素，涵蓋書法作品整體通篇的空間布局，即章法。董其昌《畫禪室隨筆》曾云：「古

〔註102〕項穆：《書法雅言》,《歷代書法論文選》，上海書畫出版社 2014 年版，第 523 頁。

〔註103〕李瑞清：《玉梅花庵書斷》,《清道人遺集》，黃山書社 2011 年版，第 163～164 頁。

〔註104〕菅野智明：《玉梅花庵論篆——在近代碑學理論開展中的位置》,《近現代書法研究——全國第二屆近現代書法研討會論文集》，安徽美術出版社 1997 年版，第 380 頁。

人論書，以章法為一大事，蓋所謂行間茂密是也。」〔註105〕劉熙載說：「書之章法有大小，小如一字數字，大如一行及數行，一幅及數帖，皆須有相避相形，相呼相應之妙。」並且「章法要變而貫。」〔註106〕晉唐時期的書論中就已有對布白的闡述。西晉成公綏《隸書體》云：「分白賦黑，棋布星列。」〔註107〕王羲之說：「分間布白，遠近宜均，上下得所，自然平穩。」〔註108〕胡小石在《論章法布白》中這樣解釋：「結眾畫為一字曰結體。結眾字為一體，而布白之說生。結體為點畫與點畫間之關係，布白則為字與字間之關係。」〔註109〕

　　「胸有全紙，目無全字」是李瑞清對藝術整體布局觀照的獨到見解。他在描述金文書法的章法特徵時認為，姬周金文的成熟與藝術性並不像何紹基所言「不如兩京」的態勢，反而「兩京篆勢已各自為態，姬周以來，彝鼎無論數十百文，其氣體皆聯屬如一字，故有同文而異體，異位而更形，其長短、大小、損益，皆視其位置以為變化。」〔註110〕李瑞清通過對鍾鼎銘文中「卯」「龢」等金文筆劃的具體分析以及上下左右的參差避讓，使人們從只關心字的結構，拓展到空間組合去瞭解形與勢在布白中的靈活處置，當然他並未脫離以「氣」為核心的闡述。猶子李健進一步闡釋這個概念：「自三代鼎彝，至漢碑晉帖，皆講究整幅之布局。蓋字與字之間有串穿，行與行之間有照應，積行而成一幅，全體皆團結成一局勢，長短相形，大小相成，融成一片，視一幅如一字焉。」李健在全局觀照的指導下將王羲之《題筆陣圖後》所言布局之法引申為「歷歷如算子，蓋結體均勻，大小一律，此不知布局者也。」〔註111〕，他認為這種均勻的狀態是不懂的書法布局。胡小石亦從章法的角度去思考參差的自然天趣：「論布白，但自分行之整齊與否為其入手處。不整齊者參差得天趣之美，以一行或全章為單位；整齊者盡人工之能，以每一字為單位。最古之分行多主

〔註105〕董其昌：《畫禪室隨筆》，《歷代書法論文選》，上海書畫出版社 2014 年版，第543 頁。

〔註106〕劉熙載：《書概》，《歷代書法論文選》，上海書畫出版社 2014 年版，第 712頁。

〔註107〕成公綏：《隸書體》，《歷代書法論文選》，上海書畫出版社 2014 年版，第 10頁。

〔註108〕王羲之：《筆勢論十二章》，《歷代書法論文選》，上海書畫出版社 2014 年版，第 33 頁。

〔註109〕胡小石：《論章法布白》，《青少年書法》2002 年第 24 期。

〔註110〕李瑞清：《跋泰山秦篆殘字》，《清道人遺集》，黃山書社 2011 年版，第 139 頁。

〔註111〕李健著，劉惠國、李家淞、梁李雲整理：《李健書學文存》三，上海書畫出版社 2019 年版，第 406 頁。

不整齊，其後乃漸趨整齊，此可謂由自然而入人為者也」。〔註112〕

李瑞清根據《瘞鶴銘》的文字內容與章法排列分析指出，無論摩崖、碑石還是墓誌，不同的書刻環境與質地，會呈現出不同的章法特徵，需要金石學家在考證時注意。他還認為碑額與正文的差異，可以體現出古代書家在作書時，調整筆意、全局安排的藝術考量。他的這些觀點直接影響到胡小石的書學思考，「觀古鼎彝銘文，參差錯落，上下左右，皆有俯仰揖讓之妙，學人當以一字為一畫，全章為一字。自漢以來，解此者鮮矣。後人目拘，執沉滯之《城隍廟碑》《三墳記》為篆書，此世所以無篆書也。秦斯去古未遠，故其所作尚有典型。若此量『法』『謙』二字，左右密聯，揖讓之規，妙合自然。本欲剪裁成峽，以便取攜，恐部居既易，形勢遂失，故特影印全文，示布白之秘。戊午四月三日，胡光煒記。」〔註113〕1918年冬，李瑞清在給胡小石所編《金石蕃錦集第一》的跋文中建議書法學習要有不同風格的藝術參透：「學鼎鍾盤敦者，以大器立其體，以小器博其趣。」〔註114〕（筆者按：《盂鼎》《毛公鼎》《散氏盤》稱為大器，小器指貨幣文字、飲器、兵器文字等。）在「致廣大盡精微」的哲理精神統領下，他從視覺審美的角度闡釋書法布白的全局觀，顯示其藝術修養的全面以及思想格局的容量。

與李瑞清說法比較接近的是南朝齊的王僧虔和唐代張懷瓘。王說「書之妙道，神采為上，形質次之，兼之者方可紹於古人」〔註115〕，形質指的是形式美，書法所表現出來的性情美感就是神采。前半句與李是相通的，但後半句他又強調了要「兼之者方紹於古人」，一個「兼之者」又與李有點不同；張懷瓘把王僧虔的說法做了一個發展，他去掉了後半句，只說「深識書者，惟觀神采，不見字形」〔註116〕，這就與李的觀點非常相近了，就是不看局部，只重整體的意思。張懷瓘的這句話後來對批評史影響很大，黃庭堅認為「蓄書者，能以韻觀之，當得彷彿」（《論書·題繹本法帖》）平心研討，李瑞清的書法藝術觀

〔註112〕謝建華：《中國書法家全集＼胡小石》，河北教育出版社2005年版，第167頁。

〔註113〕王中秀、曾迎三編著：《曾熙年譜長編》，上海書畫出版社2016年版，第305頁。

〔註114〕李瑞清：《跋胡光煒金石蕃錦集》，《清道人遺集》，黃山書社2011年版，第147頁。

〔註115〕王僧虔：《筆意贊》，《歷代書法論文選》，上海書畫出版社2014年版，第62頁。

〔註116〕張懷瓘：《文字論》，《歷代書法論文選》，上海書畫出版社2014年版，第209頁。

在思想源頭上是可以追溯到這裡的。

　　當下的書法教學及實踐對於書法的形式研究已著眼於傳統技巧的細枝末節，不可否認這些基本功的必要性，但由於過分強調甚至放大提按轉折的筆觸變化，局部變化很精彩，但卻直接影響到整體的書寫氣息。由於「目不能兩視而明」（《荀子‧勸學》），在揮毫落墨的過程中，寫第二個字也許會瞅瞅第一個字的位置，安排第二行的時候基本上就不看前面的布局。這種沒有章法關聯的認識，對創作會缺乏整體的一個概念，可以說，書法藝術的意義肯定不是表現某個「字」的意思，而是通篇的氣場，表達的是只可意會不可言傳的意蘊。相較於李瑞清「胸有全紙，目無全字」的觀點，傳統書論中沒有「目無全字」的說法，但也有兩種比較典型的布局論述，注重局部，講究「目無全牛」的事例，藉此和各位方家探討。第一種有整體布局意識，但是強調從局部的「字」出發，推及「行」，再推及「篇」，不會否定「字」。王羲之在《書論》裏說「作一字，橫豎相向，作一行，明媚相成。」〔註117〕隋朝釋智果說「行行皆相映帶，聯屬而不背違也。」〔註118〕高手落墨，意在筆先，二人有整體意識，但側重的是從局部到整體的關係。到了清代，整幅通篇的概念就有了，像劉熙載說「字之章法有大小，小如一字及數字，大如一行及數行，一幅及數幅，皆須有相避相形、相呼相應之妙」，這裡就推及到全篇布局，有「全紙」的意識了，但劉仍沒有否定「字」這個單元，還是古人從「字」到「幅」的邏輯。第二種更強調「字」的概念。孫過庭認為：「一點成一字之規，一字乃終篇之準。」意思指的是書法起勢就構成了整個字的間架規範，第一筆的好壞乃至第一個字的樣態就決定了整幅作品的優劣。最早強調局部，認為細微之處最重要的觀點，有南朝虞和「剖判體趣，窮微入神」的說法，通曉所用細節，講究每個點畫的寫法，做到「心不厭精，手不忘熟。若運用盡於精熟，規矩諳於胸襟，自然容與徘徊，意先筆後，瀟灑流落，翰逸神飛，亦猶弘羊之心，預乎無際。」技藝達到非常純熟，才能如「庖丁之目，不見全牛」（孫過庭《書譜》）的境界。張懷瓘也有類似這個概念的表達：「然能之至難，鑒之不易，精察之者，必若庖丁解牛，目無全形，析支分理」〔註119〕清代侯仁朔在《侯氏書品》中針對

〔註117〕王羲之：《書論》，《歷代書法論文選》，上海書畫出版社2014年版，第28頁。

〔註118〕釋智果：《心成頌》，《歷代書法論文選》，上海書畫出版社2014年版，第95頁。

〔註119〕張懷瓘：《評書藥石論》，《歷代書法論文選》，上海書畫出版社2014年版，第229頁。

智永千字文的欣賞角度時也提到：「觀此帖者須筆筆解散，目無全牛乃可，不然無以窺晉法也。」〔註120〕。書史上關於「字」和「全紙」在章法上的態度大概以這兩種可以作為代表。

完形心理學指出人對事物的知覺是整體先於部分。這個觀念對理解藝術的重要性表現在：「在感性知覺領域中也有了總體性把握的可能性」〔註121〕，而這種總體性的知覺直接反映了藝術作品的意蘊神采。

二、布白的完形心理

達‧芬奇認為「美感完全建立在各部分之間神聖的比例關係上」〔註122〕，這一論斷適用於書法的藝術表現。

整體性的觀看或品味是人們欣賞藝術時最直接的美感體驗，但要理解作品的真義，就必須透過作品表面的結構，深入到深層的內在意識中，從「象徵」的意義上來理解藝術，使得視覺審美與心理接受產生共鳴，就有了一種心理學上的根據。這個根據就是格式塔心理學中的各種組織原則，心理學家發現人在觀看圖形時，視覺軌跡總是先關注整體，再注意細節，眼傳達給腦的並不是單一的各個組成部分，而是將各個部分組成一個整體的形象，也既前文業已提到的完形心理學。我們通過靈活地使用這些原則要素，可以發現漢字比例上的意趣並由此可能引導書寫的藝術表現。

漢字建立在方塊字形的基礎上，具有音、形、義統一的特點，從蔡邕的「為書之體，須入其形」開始，到康有為「蓋書，形學也，有形則有勢」的表述，書法理論對於「形」的處理一直是外圍作戰，可能也是囿於傳統思想對於神采為上的主旨追求有關。在此前提下，古人強調「心」的重要性，並很早就運用在書法研究，只不過是停留在個人經驗的淺顯表述，不能把比例關係用理論系統化的闡釋。如揚雄：「書，心畫也」，是用筆劃表達人的「心靈活動的軌跡」，即「以點畫為形質，使轉為情性」，這種描述始終給觀者一種空泛意象的虛影。

「字有九宮，分行布白是也。」周星蓮很直白地解釋了九宮的作用，並舉例說「右軍《黃庭經》《樂毅論》，歐陽率更《醴泉銘》《千字文》，皆九宮之最

〔註120〕 侯仁朔：《侯氏書品》，王伯敏、任道斌、胡小偉主編《書學集成（清）》，河北美術出版社 2002 年版，第 191 頁。
〔註121〕 葉秀山：《說寫字——葉秀山書法談叢》，中國人民大學出版社 2013 年版，第 13 頁。
〔註122〕 李醒塵：《西方美學史教程》，北京大學 2005 年版，第 137 頁。

準者」。〔註123〕包世臣認為「九宮之說，始見於宋。蓋以尺寸算字，專為移縮古帖而說，不知求條理於本字，故自宋以來，書家未有能合九宮者也。」也有另外一種說法是唐代歐陽詢根據漢字的特點，創制了「九宮格」的界格形式，便於初學者的精準臨寫。這種手段有些類似於今天版式設計中的柵格系統，即運用固定的格子設計版面的布局方法。書寫終歸完形於字體，雖有差異，其結構形式還是有一定規律可循，包世臣從書法研究的參悟中歸納總結出「大小兩九宮」之說。「大九宮」〔註124〕指的是章法，「小九宮」指字的結體，他說：「字有九宮。九宮者，每字為方格，外界極肥，格內用細畫界一「井」字，以均布其點畫也。」〔註125〕這是由對稱帶來的規矩的美感，也是格式塔理論中的相似接近原則。元代書法家陳繹曾進一步解釋：「九宮：八麵點畫皆拱中心。結構隨字點畫多少，疏密各有停分，作九九八十一分界畫均布之，先於鍾、王、虞、顏法帖上以朱界畫印，印訖視帖中字畫分數，一一臨擬。」〔註126〕清代王澍《翰墨指南》云：「結構之法須用唐人九宮式，則間架密緻，有斗筍接縫之妙矣。九宮者，每一格中有九小格如井字樣，臨帖時牢記某點在某格之中，某畫在某格之內。記熟則出筆自肖法帖，且能伸能縮，惟我所欲矣。」其實今人臨書也正如以上二位前輩所言，把九宮格當成臨摹「座標定位」的工具，而包世臣「更以朱界九宮移其字」的學習方法成了這種死記硬背摹書的典型代表。

李瑞清強調章法的分行布白，並以《邵鍾》派十四器為例，指出「其布白以疏密取姿」〔註127〕。他說「鼎彝最貴分行布白，左右牝牡相得之致。」〔註128〕揚雄《太玄·攡》曰：「陰為牝，陽為牡。陰陽牝牡，萬物化生，各得其正。」牝牡指陰陽，用現代的語言說，叫秩序和反秩序。包世臣曾記載

〔註123〕周星蓮：《臨池管見》，《歷代書法論文選》，上海書畫出版社 2014 年版，第727 頁。

〔註124〕大九宮：「每三行相併至九字，又為大九宮，其中一字即為中宮，必須統攝上下四旁之八字，而八字皆有拱揖朝向之勢。」有學者指出包世臣大九宮之說有牽強附會之嫌，詳見金丹：《包世臣書學批評》。

〔註125〕包世臣：《述書下》，《歷代書法論文選》，上海書畫出版社 2014 年版，第 648 頁。

〔註126〕陳繹曾：《翰林要訣》，《歷代書法論文選》，上海書畫出版社 2014 年版，第488 頁。

〔註127〕李瑞清：《玉梅花庵書斷》，《清道人遺集》，黃山書社 2011 年版，第 165 頁。

〔註128〕李瑞清：《自臨毛公鼎屏風跋》，《清道人遺集》，黃山書社 2011 年版，第 148 頁。

過清人黃小仲「書之道，妙在左右有牝牡相得之致」的言論，康有為也認為：
「黃小仲論書，以章法為主，在牝牡相得，不計點畫工拙。」（《綴法第二十
一》）〔註129〕包世臣似乎是看出了九宮格的真理，既均布其點畫，但這種正
均的秩序並不是藝術表達的終極目標。所以，李瑞清認為「寫碑與摩崖，二
者不同，其布白章法即異，一有橫格，一無橫格。包慎翁深悟此理，而但以
無橫格為古人之高妙，又以九宮法求之，謬矣。如頌敦、散氏盤，何嘗不尚
橫？而冑攸比鼎、齊侯罍之屬，則不用橫格，不得謂齊侯罍即高於散氏盤也。
然不論有格無格，皆融成一片，此學者不可不留心也。」〔註130〕可見李瑞清
並不是很讚賞包世臣的九宮之說，但他認為書法藝術的高妙最終體現在整體
布局下的渾然之境，如果不從事金文研究很難懂得這種布白章法是建立新的
秩序來做到自我實現，是真正的「參差而能莊」。

西方的美學傳統認為人類對秩序的探尋，是具有區別於其他物種的「遺傳
優勢」，通過比例關係和幾何的方式表達出來的「秩序」，是幾千年來人們基於
對自然萬物總結的美學規律。在這個過程中，「視覺完完全全是一種積極的活
動」，作為思維來源接收的最基本的功能媒介，視覺直接提供了所能視見的物
象信息，「不是對元素的機械複製，而是對有意義的整體結構式樣的把握。」
〔註131〕視知覺理論指出由於生理的使然，人眼的視覺中心偏左上。我們在看
一個字時，視線的移動軌跡首先會著眼於左上角，然後是「從左到右、從上到
下」，最後停駐於右下角，這就是視覺設計中著名的「古騰堡法則」〔註132〕。
明代趙宧光在《寒山帚談》中說：「上下半體，名家法書中十九上半居左，下
半偏右，以為奇逸。」這個現象本質就是審美形式上的視知覺引導。晚清書家
黃自元（1837～1918）從字體的美感角度分析楷書的構成因素，歸納《間架結
構九十二法》，包括「左旁小者齊其上，右邊小者齊其下」、「左豎不嫌短，右
豎不嫌長」等結構、筆劃的技巧總結，都是視覺順序所形成的習慣影響到我們

〔註129〕康有為著、崔爾平校注：《廣藝舟雙楫注》，上海書畫出版社 2006 版，第 161
頁。

〔註130〕李瑞清：《玉梅花庵書斷》，《清道人遺集》，黃山書社 2011 年版，第 163～163
頁。

〔註131〕阿恩海姆：《藝術與視知覺》，滕守堯、朱疆源譯，四川人民出版社 1988 年
版，第 49 頁、引言第 6 頁。

〔註132〕古騰堡法則，也稱為對角線平衡法則，是由西方活字排版印刷發明家，德國
人約翰·古騰堡（1398～1468）提出的。這一法則主要涉及人們的閱讀習慣
和視覺焦點。

的審美感覺。劉熙載強調「欲明書勢，須識九宮」，而啟功則用黃金比例的秩序分析漢字結構，他有詩云：「用筆何如結字難，縱橫聚散最相關。一從證得黃金律，頓覺全牛骨隙寬。」（《論書絕句一百首》第 99 首）「黃金律」是啟功在書法實踐中的創舉，他用理性分析歸納得到的楷書結字規律，符合美感規律的心理接受，他為完形的心理學解釋提供了一個經驗的總結。黃金分割所形成的空間比例傳遞出的美感原因，不在本文討論範圍，不再贅言。

李瑞清堅守經學方法，通過對書學淵源、藝術形式、材料語言以及視覺心理學等方面的綜合分析，對鍾鼎金文字體潛心考釋並分類整理，「以器分派」的研究從實證的角度捋順後世碑文的淵源繼承，是對碑學理論體系的補充完善。李瑞清提出「求分於石、求篆於金」的學習要求，更可謂意義深遠，他認為金文的不同形態恰恰說明了古文字在發展過程中，還未完全成熟卻又充滿各個地域審美的真情實感。他還從取法秦漢的碑刻拓展到這個時期所有文字書寫可能的載體，如秦磚漢瓦、鏡銘私印、簡帛經書，既解放了審美觀念，又拓展了字體造型以及書寫用筆的程序，也可以推認為是二十世紀八十年代以來的流行書風的先聲。「胸有全紙、目無全字」這種全局觀照的獨特述說，則為金石書派理論建樹確立了宏觀的研究視角，確立其書學思想在書學史上的獨到貢獻和地位。

第四章 李瑞清書法藝術思想對藝術風格的影響

　　書法風格可以體現一個時代的美學追求。縱觀書法的文脈延續，無論臨仿還是創作，無論碑碣還是閣帖，在解決字體結構的前提下，筆法作為書法的核心價值永遠都是恒定的，而旋律、節奏、空間、造型等等審美因素的再挖掘，則為書法的風格表現提供了施展的藝術舞臺。

　　「隨人作計終後人，自成一家始逼真。」〔註1〕（黃庭堅《以右軍書數種贈丘十四》）晚明的徐渭、王鐸、傅山等一批代表性書法家，在書寫中強調「己意」的宣洩，創造性破壞了晉唐以來的審美傾向，這種截然不同的文化現象，並沒有因明朝的傾覆而終止。從書法發展史看，有清二百六十餘載，前期書法延續了晚明書法的發展趨勢，及對傳統審美標準體系的反思，特別是受康、乾二帝左右的董、趙書風交替影響書壇，書風日靡，文人書家在這一歷史環境下，講求民族氣節的精神意識，反映在書風實踐中的尊古開新的傾向，是藝術審美的再認識過程。清朝中葉以後的國勢衰頹，民眾抵制外侮，求存圖強的心理也直接影響到社會審美觀念的驟變，在阮元、包世臣崇碑理論的方向指引下，書法實踐逆勢而上呈現出書道中興的雄強景象，主要體現在風格樣態上與帖學迥乎不同的變化。

　　李瑞清書法藝術風格首先是「似欹反正」的直觀呈現，尤其是在滬上鬻書之後的書寫面貌，也是在「氣」與「勢」的審美思想下的主觀表現。

〔註1〕轉引自金學智《中國書法美學》下冊，江蘇文藝出版社 1994 年版，第 975 頁。

第一節 「欹正得體」的形式之美

「江寧之龍蟠，蘇州之鄧尉，杭州之西溪，皆產梅。或曰：『梅以曲為美，直則無姿；以欹為美，正則無景；以疏為美，密則無態。』固也。此文人畫士，心知其意，未可明詔大號以繩天下之梅也；又不可以使天下之民斫直，刪密，鋤正，以夭梅病梅為業以求錢也。梅之欹之疏之曲，又非蠢蠢求錢之民能以其智力為也。」（《病梅館記》）龔自珍以梅喻人抨擊時政，影射禁錮思想的行徑，表達了一種呼喚人性自由的思考，寓意十分深刻，但他譴責這是「文人畫士之禍之烈至此哉！」用今天時尚的話評議就是導致文化人躺槍了。我們不去評論該文的社會背景和作者的政治訴求，就以「欹」「正」的辯證觀點去分析藝術作品的結構，從藝術創作和審美接受兩個方面探究、判斷藝術生產與欣賞的思維過程，包括二者的審美想像與感知，以及藝術家的心理個性和情感結構等，這種文化心理形成一種超個性的存在並普遍地與我們每個人形成對應和關聯。宋代詩人姚勉（1216～1262）在《題墨梅風煙雪月水石蘭竹八軸》中吟詠畫中景物的構成「正欹仰俯態逼真」，反映的就是藝術所追求的呼應關係。

一、形學有勢

欹正是指書體正中寓欹，平中見奇的辯證關係。所謂欹就是傾斜所形成的動勢，而勢則是一種有指向的力量，勢既抽象又具體，它是通過形的外在變化來表現動態的意蘊美感。

李瑞清曾說「米老由『得勢』一語悟書法，學米者亦當如此。」〔註2〕可見勢的重要，並且書法形容勢的詞語也很多，如：高峰墜石、快馬入陣、崩浪雷奔、驚蛇入草等等。沒有勢的字，則「狀若算子」，了無生趣。字要有勢，金學智認為「秦漢時代書法的群體風格美，其主導傾向是尚勢。」〔註3〕今天我們可以見到秦漢時期的簡牘書體，其跌宕生姿、欹斜自然、極意分飛的書寫之勢具有天真率意的情趣。蔡邕論述用筆規則時云：「夫書肇自然，自然既出，陰陽生焉；陰陽既生，形勢出矣。」〔註4〕康有為引申分析說「蓋書，形學也，

〔註2〕李瑞清：《玉梅花庵臨古各跋》，《清道人遺集》，黃山書社2011年版，第153頁。

〔註3〕金學智：《中國書法美學》下，江蘇文藝出版社1994年版，第514頁。

〔註4〕蔡邕：《九勢》，《歷代書法論文選》，上海書畫出版社2014年版，第6頁。

有形則有勢。」〔註5〕形是指字的形狀或整體章法的布局，林語堂（1895～1976）認為「中國書法的原則之一，即方塊字絕不應該是真正的方塊，而應是一面高一面低，兩個對稱部分的大小和位置也不應該絕對相同。這條原則叫作「勢」，代表著一種衝力的美」〔註6〕並且「勢來不可止，勢去不可遏」〔註7〕，或都因形的變化而產生「一種不運動的式樣所具有的運動性質。」〔註8〕形與勢互為因果，不同的形影響不同「勢」的發揮；輕重緩急、斷續離合的情緒變化反過來又影響形的空間狀態。形是靜態的呈顯，勢則是運動的體現，歸根結底，書法藝術是通過各種形的安排和勢的處理來表現情感內容的。「勢」在書法用語中作為後綴的語場，使用頻率比較高，從書寫筆法入手有順勢、逆勢；從形式上有體勢、立勢、側勢、平勢、縱勢、橫勢；從意象用語則如氣勢、意勢、骨勢、得勢等等。

　　康有為總結前人書論，云：「古人論書，以勢為先」（《綴法第二十一》）。作為公認的先鋒官，「勢」從時間、空間、走向、力度等方面延展了書法形態的多樣性變化。線在運動中產生的動向和勢能構成生命的靈魂，是精神性的感性活動，似乎不是理智的邏輯思維的表現，但好的書法藝術一定是某種理性的美學觀照。「敧」與「正」體現了藝術所蘊涵的運動韻律，這種獨特的審美暗示，對接受者起著重要的指向作用，也就是說當人們看不規則圖形時會不自覺地，也是最大限度地想要追求符合自己心理接受的內在平衡的傾向。恰如胡小石所說：「蓋結體以得重心為最要。」〔註9〕從接受美學的視角看，這種平衡狀態的力並不是觀者幻想出來的。平衡原則是藝術構成或成立的重要基礎，心理學認為這種動態的平衡具有自我調節的作用，可以實現心理結構的不斷變化和發展。〔註10〕雖然，我們不能直觀，但卻能感受到力的存在，然而，平衡產生的心裏接受是不可「豫立間架」的，張懷瓘說「為將之明，不必披圖講法，精在料敵制勝；為書之妙，不必憑文按本，專在應變，無方皆能，遇事從宜，

〔註5〕康有為著、崔爾平校注：《廣藝舟雙楫注》，上海書畫出版社 2006 版，第 163 頁。

〔註6〕林語堂：《吾國與吾民》，江蘇人民出版社 2014 年版，第 261 頁。

〔註7〕蔡邕：《九勢》，《歷代書法論文選》，上海書畫出版社 2014 年版，第 6 頁。

〔註8〕魯道夫‧阿恩海姆：《藝術與視知覺》，滕守堯、朱疆源譯，四川人民出版社 1998 年版，第 571 頁。

〔註9〕謝建華：《中國書法家全集＼胡小石》，河北教育出版社 2005 年版，第 166 頁。

〔註10〕H. Rudolph Schaffer 著，胡清芬等譯：《發展心理學的關鍵概念》，華東師範大學出版社 2008 年版。

決之於度內者也。」〔註11〕

　　從視知覺的角度看書法中的橫平豎直是很難產生靈動的態勢。阿恩海姆說：「我們看到，任何藝術品，只要缺乏運動感，它看上去就是死的，即使別的地方畫得再好，也不會引起觀賞者的興趣。」〔註12〕林語堂從書體的構成形態指出「單純的平衡勻稱之美，絕不是美的最高形式。」他認為《張猛龍碑》的間架結構是既有動力美，又還能保持著平衡的最好的範本。〔註13〕李瑞清品評董其昌作品則從神氣的角度認為：「董書之佳者，往往乃其絕不經意之作，蓋書全以神行，米老所謂『得勢』也。」〔註14〕得勢可以通過書寫的速度、筆劃的呼應以及書體的「似欹反正」等手段來完成。並且，「似欹反正」作為在結體章法裏的重要書寫形式，是漢魏六朝時期的摩崖、墓誌等石刻文字中最突出的特徵，李瑞清分析這個現象得出「其要在得書之重心點也」〔註15〕「此力學所謂重心點也」〔註16〕。楊鈞有《論重心》一文，其門人問曰：「北魏人書，多欹斜不正，初視頗類童書，臨摹乃知法度，其故何耶？」楊鈞回答曰：「凡字皆有重心點，與力學正同。力學中云：『凡重心點在基底內者，物必穩適；在基底外者，物必傾倒。』字之重心點，不必皆在中心，總須在一字之範圍內，否則不能妥貼。古人未必皆知此理，然閱歷經驗之效，亦可不期然而然。」〔註17〕

二、「似欹反正」的結體之妙

　　李瑞清以勢為導向，強調並剖析構成藝術品價值的形式問題，是書法傳統審美理論研究的深入。他在書論和跋文中多次談到「似欹反正」的書法形式美規律，他在《臨庾廩昨表帖》跋文中認為：「學鍾而能變化，大有似欹反正之妙，實勝謝安。」〔註18〕他感悟《爨龍顏碑》的靜態書體能寫的飛動有勢，慨

〔註11〕張懷瓘：《評書藥石論》，《歷代書法論文選》，上海書畫出版社，2014 年版，第 232 頁。

〔註12〕魯道夫・阿恩海姆：《藝術與視知覺》，滕守堯、朱疆源譯，四川人民出版社 1998 年版，第 595 頁。

〔註13〕林語堂：《吾國與吾民》，江蘇人民出版社 2014 年版，第 261 頁。

〔註14〕李瑞清：《董文敏輞川書畫圖卷四跋》，《清道人遺集》，黃山書社 2011 年版，第 35 頁。

〔註15〕李瑞清：《匡喆刻經頌九跋》，《清道人遺集》，黃山書社 2011 年版，第 142 頁。

〔註16〕李瑞清：《玉梅花庵書斷》，《清道人遺集》，黃山書社 2011 年版，第 164 頁。

〔註17〕楊鈞：《草堂之靈》，浙江人民美術出版社 2016 年版，第 173 頁。

〔註18〕李瑞清：《玉梅花庵臨古各跋》，《清道人遺集》，黃山書社 2011 年版，第 153 頁。

歎「納險絕入平正，大難大難！」並在細節的探討中推認此碑為「南中第一碑
也。」〔註19〕跋山東鄒縣鐵山的《匡喆刻經頌》時云：「字似欹而實正，此唐
太宗贊右軍書也，其實亦從商周鍾鼎中來。此秘惟《鶴銘》《龍顏》《鄭道昭》
《張黑女》及此石（指匡喆刻經頌）傳之，其要在得書之重心點也。」〔註20〕
此跋文記錄了李瑞清通過書法藝術的歷史流程研究，認為似欹反正之妙，實始
於商周金文的布局影響。確實，「任何物體的視覺形象，只要它顯示出類似楔
形軌跡、傾斜的方式……等知覺特徵，就會給人造成一種正在運動的印象。」
〔註21〕李瑞清在他的書論、題跋、題記中，針對布白中以欹側取勝的金文傑
作，以及蘊含的章法構成技巧，有很多精闢的闡述和獨到的見解。如：「鼎彝
（金文）最貴分行布白、左右牝牡相得之致」。《克鼎派》「又一字有一字之章
法，右軍似欹反正之妙，於鍾鼎得之，此力學所謂重心點也。一字有一字之重
心，……其文似欹而不傾，又在敦邊，左勢紆而右壁立，此可知一字之妙用
而全器之布白也。」〔註22〕他在溯源書史的推論中認為《魯公伐邾鼎》派，「此
鼎文峭峭冷雋，無一筆不險絕，無一筆不平正，所以大難。後來《爨龍顏》用
筆取勢實出此，此非深知書道者不知也。」〔註23〕在論周篆和漢篆的關係時，
認為：「兩京（指西漢與東漢）篆勢已各自為態」，一個「態」字，從形式上區
分了漢代篆書與周之篆書的區別，這種審美意識是心理感知的天賦使然。

　　「似欹反正」「欹中有正」，都是險中求穩的生動勢態，是局部的欹斜與整
體的平衡的有機統一，是書家追求的審美境界。項穆：「初學分布，戒不均與
欹」，就是字要寫的大小均勻，保持平正不要歪斜，當然這是對於初學者的基
本訓練規則，而在書法的藝術創作中則忌諱這種初級要求。「蓋『欹』者，書
勢的基本形態，也是書勢的基本界定。」〔註24〕「欹」指傾側，是對不平衡、
不端正的讚美，包含了「反」「側」「偏」「跛」等看似違背法度的詞藻。「正」
指平正、平衡。古代書論中「欹」與「正」的辯證審美，在很大程度上涉及書
法形式的「規矩」與「狂狷之態」。「反」與「正」相對，「側」是傾斜，「偏」

〔註19〕李瑞清：《清道人遺集》，黃山書社2011年版，第150、151頁。
〔註20〕李瑞清：《匡喆刻經頌九跋》，《清道人遺集》，黃山書社2011年版，第142頁。
〔註21〕魯道夫·阿恩海姆：《藝術與視知覺》，滕守堯、朱疆源譯，四川人民出版社1998年版，第570～571頁。
〔註22〕李瑞清：《玉梅花庵書斷》，《清道人遺集》，黃山書社2011年版，第164頁。
〔註23〕李瑞清：《玉梅花庵書斷》，《清道人遺集》，黃山書社2011年版，第166頁。
〔註24〕韓玉濤：《寫意——中國美學之靈魂》，海天出版社1998年版，第367頁。

即是不中,「跛」就是瘸子,蘇東坡說:「吾聞古書法,守駿莫如跛」。〔註25〕針對「中和」的「法度」,這首論書詩真可謂是振聾發聵。但其信手遣興,不計工拙的精神追求,也正如其自我剖示:「吾書雖不甚佳,然自出新意,不踐古人,是一快也。」可以說,書法藝術所呈現的平衡,不是絕對的平正、平齊。王羲之早就說過:「若平直相似,狀如算子,上下方整,前後齊平,便不是書,但得其點畫耳」。〔註26〕孫過庭對求學者說:「至如初學分布,但求平正。既知平正,務追險絕。既能險絕,復歸平正。」〔註27〕世上許多事情都是這個道理,就如生活中的「擔夫爭道」,在主次揖讓之間,勢在必爭,但又妙在違而不犯。這個意象比擬對於書法作品,就是點畫在章法、結構中開合造勢、挪讓搭配的一種節奏關係。

　　行草書最能體現「勢」的動態,它從篆隸的靜態變化為飛騰跳擲的動勢,崔瑗《草書勢》云:「觀其法象,俯仰有儀;方不中矩,圓不副規。抑左揚右,望之若欹。獸跂鳥跱,志在飛移;狡獸暴駭,將奔未馳。」〔註28〕從人文的視角探討,方不中矩,圓不副規是傳統書論對儒家中庸法度的爭鬥,抑左揚右,望之若欹,體現了草書狂狷的異端精神。從字體的審美形態分析,欹側活潑的藝術形式則給人以特殊的審美享受,滿足了簡牘、手札、長卷、條幅等形式的需求。包世臣認為王羲之的結字生動幻化,皆因《蘭亭》神理在『似奇反正,若斷還連』八字,是以一望宜人。」〔註29〕翁方綱提出:《黃詩逆筆說》:「右軍之書,『勢似欹而反正』,豈其果欹乎?非欹無以得其正也」〔註30〕這種議論,讓人在咀嚼玩味中,回想著優游的動感,體會天才「猖狂妄行乃蹈乎大方」的從心所欲,正如袁昂所揭示:「縱復不端正者,爽爽有一種風氣」。〔註31〕《書

〔註25〕蘇軾:《次韻子由論書》,《蘇軾詩集》冊1,北京:中華書局1982年版,第209頁。

〔註26〕王羲之:《題衛夫人筆陣圖後》,《歷代書法論文選》,上海書畫出版社2014年版,第26～27頁。

〔註27〕孫過庭:《書譜》,《歷代書法論文選》,上海書畫出版社2014年版,第129頁。

〔註28〕衛恒:《四體書勢》,《歷代書法論文選》,上海書畫出版社2014年版,第16頁。

〔註29〕包世臣:《答熙載九問》,《藝舟雙楫》,上海:有正書局1926年版,第151～152頁。

〔註30〕翁方綱:《復初齋文集》卷十,《黃庭堅與江西詩派卷》,(臺北)文海出版社1974年版,第298頁。

〔註31〕袁昂:《古今書評》,《歷代書法論文選》,上海書畫出版社2014年版,第73頁。

概》云：「正書居靜以治動，草書居動以治靜。」〔註32〕反映了正、草兩書體
在形質和性情意味上的不同，楷書是權威、正統的象徵，表現端莊、靜穆的審
美意境。但魏晉至初唐的部分楷書在正中突出欹勢，是書寫者的天資與靈氣的
顯現，而非是欹側、狂怪的表象。鄭孝胥曾說：「蔡君謨謂《瘞鶴銘》乃六朝
人楷、隸相參之作。觀六朝人書無不楷、隸相參者，此蓋唐以前法，似奇而實
正也。」〔註33〕

　　林語堂推崇的《張猛龍》碑，書寫可謂「從心所欲不逾矩」，其右肩高聳
造勢，是避正求欹的典範。康有為稱譽該碑「為正體變態之崇」。初唐楷書大
多受到南北碑影響，如歐陽詢的「險勁」之勢就不同於後來愈發平正的唐楷，
雖然有些刻意，但斜中取正、險中求穩，甚至看似平穩，但在字體的結構上會
有些小變化，這也是最耐人尋味的地方。王文治說：「歐陽以險絕為平，以奇
極為正」（《快雨堂題跋》）道出了與歐陽詢人格、氣質相符合的「崛起削成」
書風之意味。

　　胡小石在《書藝略論》中列舉諸多金石銘文討論欹正的結構細節：「周書
如《盂鼎》《毛公鼎》之類，勢多傾右。《散氏盤》獨傾右，自樹一幟。北朝諸
刻，如《龍門造像》《張猛龍》《賈使君》《刁遵》《崔敬邕》等皆傾左，《馬鳴
寺》猶甚。唐歐書傾左亦特甚。然觀者仍覺其正，無不安之感。蓋結體以得重
心為最重要。論書者所舉橫平豎直者，平不必如水之平，雖斜亦平，直不必如
繩之直，雖曲亦直。」〔註34〕我們經常見到楷書作品（以及行草）往往上部左
低右高，但右下角筆劃的擎摯作用又使其重心得以平穩。恰恰相反，李瑞清在
自己的題款中均為左高右低，產生與他人書寫不同的視覺重力感，通過與正文
左右兩部分的欹側呼應，顧盼有情，勢態生動，取得似欹反正的效果，卻是矛
盾的和諧統一。

　　從宋代開始，書家們隨著情感、個性的強調，在書法美學追求和藝術形式
上都發生了明顯變化，突破了傳統理性規範的「中和」原則。在「尚意」的潮
流中，蘇東坡、黃庭堅、米芾三人與志氣平和的「二王」以及「修短合度，備
極楷則」的唐人相比，形式上已欹側怒張，不合前人的法度。黃庭堅曾「嘲笑」

〔註32〕劉熙載：《書概》，《歷代書法論文選》，上海書畫出版社 2014 年版，第 691 頁。
〔註33〕鄭孝胥：《海藏書法抉微》第一篇第二章，《明清書法論文選》，上海書店出版
　　　　社 1994 年版。
〔註34〕謝建華：《中國書法家全集＼胡小石》，河北教育出版社 2005 年版，第 166 頁。

蘇東坡的書法「甚似石壓蛤蟆」，蘇則調侃黃的書法是「死蛇掛樹」。董其昌分析黃庭堅「倔強傾側」的動勢筆劃，得出「山谷老人得筆於《瘞鶴銘》，其欹側之勢正，欲破俗書姿媚」的結論；米芾在結體上對字勢重心位置的大膽挪移，視覺上也產生了不同的力量感受，趙構認為「米法欹側，頗協不堪位置之意。」〔註35〕但董其昌認為米芾的字以奇為正，奇宕瀟灑，「此趙吳興所未嘗夢見者，惟米癡能會其趣耳」〔註36〕李瑞清在《節臨長至帖》時，亦稱讚云：「米老此書沉著痛快，其秘妙在得勢一語耳。丙辰十月，臨宋四家書以自遣，聊以散吾胸中鬱勃之氣也。」〔註37〕以上論述可以品味宋人書勢以欹側為基調，盡情表現風格的個性崇尚和形式的意趣，他們對筆意的理解發揮是書法史上的一個高峰。

圖 4-1 李瑞清跋《董其昌行書臨蘭亭序》

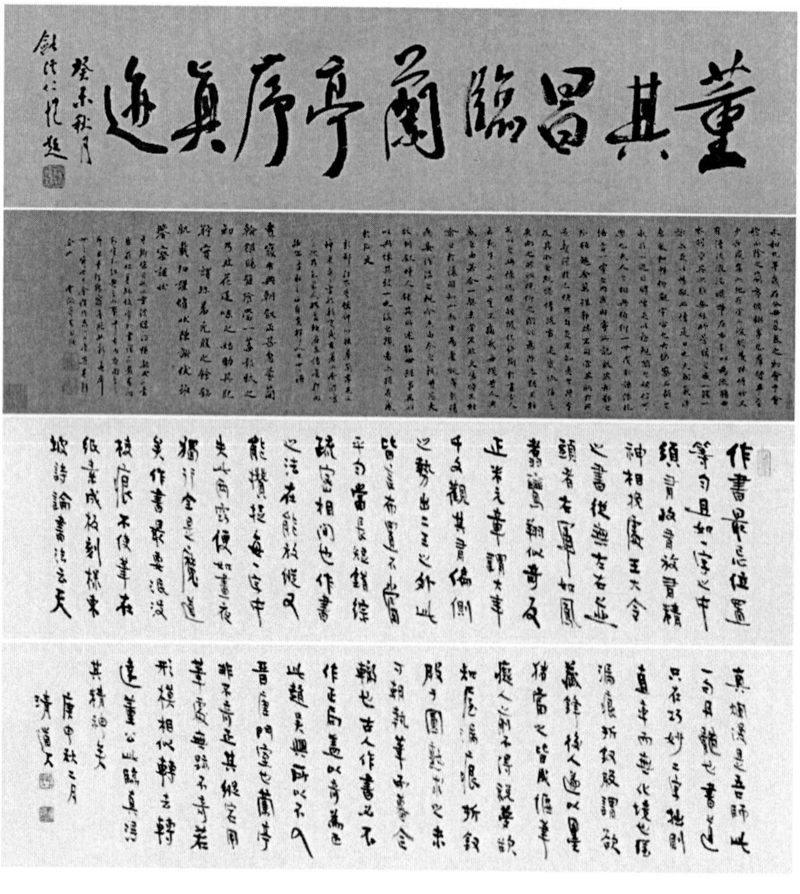

〔註35〕趙構：《翰墨志》，《歷代書法論文選》，上海書畫出版社 2014 年版，第 367 頁。
〔註36〕董其昌：《畫禪室隨筆》，浙江人民美術出版社 2016 年版，第 3 頁。
〔註37〕肖鵬：《清道人年譜長編》，福建師範大學 2017 年度碩士學位論文，第 399 頁。

　　金學智研究認為「董其昌是真正提出『似奇反正』的第一人」，並且「還反覆地、多方面、多視角地闡發『似奇反正』這一美學命題的意蘊」〔註38〕而王鐸則在實踐基礎上通過對筆法和結體的處理，更進一步強化了米芾對二王的誇張，有意造成欹側跌宕、大開大合的險勁。這種「勢來不可止，勢去不可遏」的用筆速度和軸線左右的擺幅，調動了觀者的視覺慣性。正如王鐸在《文丹》中所描述：「文須嶔崎歷落，錯綜參伍，有幾句不齊不整，草蛇灰線，藕斷絲連之妙」〔註39〕。傅山臨書曾「寫《黃庭》數千過」，模擬彷彿，以求近似。他對「奇正之變」是經過一番苦功後的理解：「寫字之妙，亦不過一正。然正不是板，不是死，只是古法。」（《家訓》）劉熙載在《書概》中認為相避相形是指字與字、行與行間既要相互避讓，又要揖讓顧盼，相互呼應，強調書法章法的整體布局與安排，從而獲得變化多姿，相得益彰的體型風貌。〔註40〕

　　1920 年 8 月，李瑞清跋《董其昌行書臨蘭亭序》，此序不能肯定為逝世前絕筆，但可見其藝術思想的執著與審美觀的成熟。跋曰：「作書最忌位置等勻，且如一字之中須有收有放，有精神相挽處。王大令之書從無左右並頭者，右軍如鳳翥鸞翔，似奇反正。米元章謂大年《千文》，觀其有偏側之勢，出二王之外，此皆言布置不當平勻，當長短錯綜、疏密相間也。作書之法在能放縱，又能攢捉，每一字中失此兩竅，便如晝夜獨行，全是魔道矣。作書最要泯沒棱痕，不使筆在紙素成板刻樣，東坡詩論書法云『天真爛漫是吾師』，此一句丹髓也。書道只在巧妙二字，拙則直率而無化境也。屋漏痕、折釵股，謂欲藏鋒，後人遂以墨豬當之，皆成偃筆，癡人前不得說夢。欲知屋漏痕、折釵股，於圓熟求之，未可朝執筆而暮合轍也。古人作書必不作正局，蓋以奇為正，此趙吳興所以不入晉唐門室也。蘭亭非不奇正，其縱宕用筆處，無跡不奇，若形模相似，轉去轉遠。董公此臨，真得其精神矣。庚申秋二月，清道人。」〔註41〕李瑞清在章法布局，行氣流貫的議論抒懷，是書法形式美的理論繼承，也是書家探索、追求的審美境界，正如《藝舟雙楫·述書》所載「凡字無論疏密斜正，必有精

〔註38〕金學智：《中國書法美學》下，江蘇文藝出版社 1994 年版，第 1011 頁。
〔註39〕〔清〕王鐸：《擬山園選集》（順治十年王鑨刻本）卷之八十二《文丹》，選自《四庫禁燬書叢刊》集部 88，北京出版社，2000 年，第 363 頁。
〔註40〕劉熙載：《書概》，《歷代書法論文選》，上海書畫出版社 2014 年版，第 712 頁。
〔註41〕上海博古齋 2016 春季拍賣會，圖錄號 0030。

神挽結之處」〔註42〕。同時，李瑞清的藝術實踐，特別是他在辛亥以後的款識書寫上，類似於金農「漆書」的間架結構，字形是左上高到右下低的結體，打亂了左低右高的視覺習慣，這種主觀創造的風格貢獻，別有古味，影響弟子眾多，如魏肇文、黃鴻圖、李健、呂鳳子、張大千等。

書法不是「圖釋」的藝術。古人對於書法作為藝術作品的心理意識上，和繪畫的視覺形式相比較，明顯要弱很多。比如抄經，目的是實用，可以完全不考慮作品構圖。周積寅指出平正與險絕的辯證統一是中國畫創作的重要原則：「中國畫創作，反對四平八穩，要求平中寓奇，或『納險絕於平正』，把平與奇，險絕與平正結合起來，平正而不平板，險絕而不失常態。」〔註43〕這也可以看出中國傳統藝術在審美形式上的同源、同理。

三、「似欹反正」的語言價值

宋代的人文思想為書法的發展開啟了注重學養的境界，並且超越了功利的考慮，前文業已提到蘇、黃、米三人強調我用我法的個性化發展，他們以不計工拙，極具個性化的書寫風格，為中國書法史上留下了「無法之法」的濃墨重彩。蘇軾在詩歌、散文和書法上的貢獻，呈現出一個罕見的天才和通才式人物；黃庭堅長槍大戟的書風，雄強逸蕩，境界一新，亦可視為碑帖結合最早的書家；米芾則更是提出「要之皆一戲，不當問拙工。意足我自足，放筆一戲空」〔註44〕的一種「遊戲」風尚。這種「學書為樂」的思想在他們三位的書法中彙集了一個共同的特點，即多取斜勢，似欹反正，在變化中求和諧的獨特表現。蘇軾在論書詩《次韻子由論書》中提出了「守駿莫如跛」的書法美學主張，是建立在古代有影響的書法作品都往往帶有一些欹側的態勢分析之上的，是傳統書學思想的審美解放，後人亦引申為求缺〔註45〕的人生境界。「跛」就是跛足、跛形，也就欹斜傾側，這種形式風格可以看作是拙醜的結體形態。「守駿」的「駿」，從用筆上可以理解為駿健的骨力，從勢的

〔註42〕 包世臣：《藝舟雙楫》，《歷代書法論文選》，上海書畫出版社 2014 年版，第 648 頁。
〔註43〕 《周積寅美術文集》，江西美術出版社 1998 年版，第 107 頁。
〔註44〕 轉引自金學智：《中國書法美學》下，江蘇文藝出版社 1994 年版，第 961 頁。
〔註45〕 《曾國藩日記》咸豐十年九月廿六日記載：「是日因寫手卷，思東坡「守駿莫如跛」五字，凡技皆當知之。若一味駿快奔放，必有顛躓之時；一向貪圖美名，必大有污辱之時。余之以『求闕』名齋，即求自有缺陷不滿之處，亦『守駿莫如跛』之意也。」

角度又可理解為速度「駿發」的動態之美，針對形態則可以理解為與欹斜相對的正直。蘇軾所書皆取微斜之態勢，兼以肥瘦相和、肉豐骨勁的筆法配合，給觀者一種疏縱跌宕的意境享受。其實，「守駿莫如跛」的理論，也是蘇軾對自己藝術風格的自信進而確立的理論概括。

　　視覺心理學提示我們，傾斜的物體能給人以運動感。「永字八法」起手的第一筆不稱「點」而稱為「側」，給欣賞者以「力」和「勢」的語言啟示，說明書寫伊始，用筆若能借助於側勢，就能很好地以動態引領每個字或是全篇的布局效果。或者說偏離了正常位置的傾斜，從心理上完善動態性的補償也可以達到一種視覺平衡。蘇軾所概括的跛與駿的美學關係，也曾為許多書學批評家所認同。康有為在《廣藝舟雙楫‧本漢》就說：「《子游殘石》有拙厚之形，而氣態濃深，筆頗而駿。」〔註46〕

　　欹側之美，魏晉之鍾繇、王羲之已有表現。小楷之祖鍾繇作品也都蘊含著這種欹側的態勢，當然它還不是非常明顯，但應看作是小楷欹側美的濫觴。尤應指出，鍾繇小楷《賀捷表》，還以其搖曳的筆勢和帶有飛動的隸勢，在一定程度上強化了左低右昂的欹側之勢。袁昂《古今書評》說鍾繇書「若飛鴻戲海，舞鶴遊天」〔註47〕，其六十八歲所書《賀捷表》就顯著地體現了這種具有側勢的動態之美。王羲之小楷《黃庭經》具有輕靈飄逸的秀美之姿，作為一種典則的審美特徵，其神態主要取決於字體橫畫的左低右昂，字形的大小構成等對比的形式因素，使作品的藝術感染力表現得越來越豐富。李瑞清《致陳伯陶書》（見圖4-2）《至同鄉學界諸先生書》的書法意蘊都明顯帶有鍾、王的這種行書筆意。

　　唐代李邕對二王書風改造後筆力一新。李瑞清也認識到李邕書風奇險的斜勢表現出來的雄健瀟灑之氣，他在《臨李北海三數日晴帖》中跋曰：「北海此帖，何減大令？戲以雲麾李思訓筆橅之，當勝淳化刻。」〔註48〕李邕的《李思訓碑》，典型地具有「欹側」之勢，既體現出方圓兼備和雄渾健勁的用筆，在起落爭折略呈斜勢的字體形態中還表現出穩健、峻峭、緊結之美。劉熙載《藝

〔註46〕康有為：《廣藝舟雙楫》，《歷代書法論文選》，上海書畫出版社2014年版，第797頁。

〔註47〕袁昂：《古今書評》，《歷代書法論文選》，上海書畫出版社2014年版，第75頁。

〔註48〕李瑞清：《玉梅花庵臨古各跋》，《清道人遺集》，黃山書社2011年版，第154頁。

概·書概》稱：「李北海書氣體高異，所難尤在一點一畫皆如拋磚落地，使人不敢以虛憍之意擬之。李北海書以拗峭勝，而落落不涉作為。昧其解者，有意低昂，走入佻巧一路，此北海所謂「似我者俗，學我者死」也。李北海、徐季海書多得異勢，然所恃全在筆力。」〔註49〕

圖 4-2　李瑞清致陳伯陶書

圖片選自《李瑞清手札精粹》，上海書畫出版社 2018 年出版。

從傳統的書法審美意識來看，書法鑒賞應以文雅、風韻、平和的意境為上，而以一味霸悍、外露、火燥為不取，李瑞清一生鍾愛北碑，他對書法藝術的思考和見解，絲毫不受含蓄、內蘊的傳統書法的桎梏，並在語言形式上進行敢為人先的嘗試創新。我們從其存世作品分析，他的早期書法主要從張猛龍得筆取勢，得北碑諸碑之雄強樸拙；中期筆出篆隸，參以《瘞鶴銘》之宏逸氣息、《泰山金剛經》間架的寬博結構，以荒率為沉厚；後期在《鄭文公》體態的雍容、寬和、平實中極正書之能事，形成了特色鮮明的李家面目。明代書家項穆在《書法雅言》中稱：「所謂正者，偃仰頓挫，揭按照應，筋骨威儀，確有節制是也。」〔註50〕李瑞清的書法結字造型，似欹反正，以正為主，具有端莊威正的廟堂

〔註49〕劉熙載：《藝概·書概》，《歷代書法論文選》，上海書畫出版社 2014 年版，第703 頁。

〔註50〕項穆：《書法雅言》，《歷代書法論文選》，上海書畫出版社 2014 年版，第 524頁。

氣，這也是其汲取各家各派之所長，合欹正反側之諸法，牢記「心正則筆正」的至理名言，不以欹側弄險取妍，保持著正而不板，奇而不怪，正襟危坐，不怒而威的堂皇威儀之氣。李瑞清的書法，除卻樸拙、豐厚之外，還突出地表現為橫向展開的跛形側勢，其蒼勁古拙的金石氣，將以二王為代表的傳統帖學筆法和以《龍門二十品》為代表的北朝碑學筆法，全面融入他的「魏體行書」中，從而使他的書寫意蘊呈現出「無一筆不自空中蕩漾」的筆法變化，其所形成的一波三折的筆勢個性，都是他對碑派書法的特殊貢獻，也是繼黃庭堅之後，在筆法上的大膽突破。

圖 4-3　李瑞清，楷書五言聯

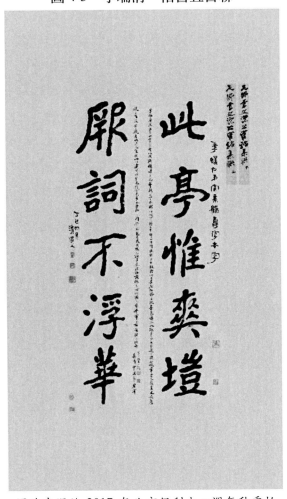

圖片來源於 2017 年北京保利十二週年秋季拍賣會，圖錄號 1697。

圖 4-4　李瑞清致蔣國榜書

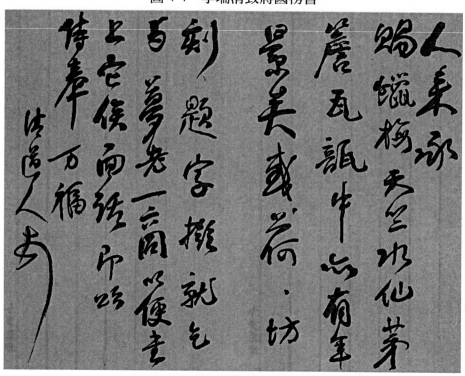

圖 4-5　李瑞清致梁鼎芬書

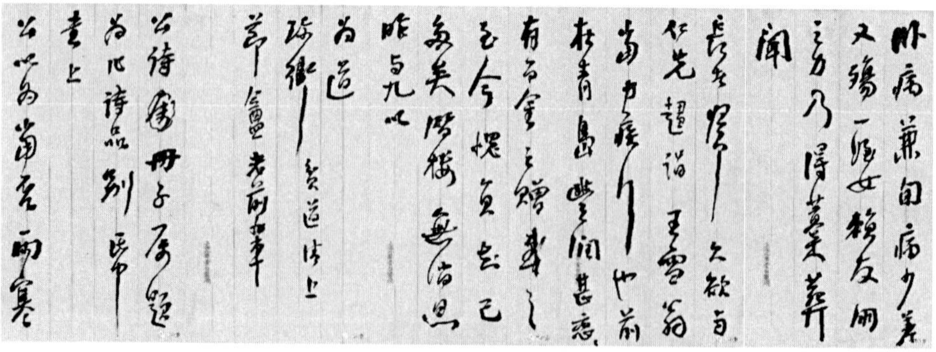

圖片選自《李瑞清手札精粹》，上海書畫出版社 2018 年出版。

　　敧正、方圓、曲直、剛柔等形態是既對立又統一的關係。李瑞清的行書《致蔣國榜書》是其最趨於正而不傾側的代表之作，仔細品味、端詳還會發現每行仍然有若干字有著不同程度地向右敧側，這種大小相間，長短參差的神氣，情真意摯，強化了敧側的風格之美。再看其大字楷書，沉著之氣更為明顯。不但結體呈雄強之勢，而且橫畫突出地抑左揚右，峻拔一角，這種結體的強調生發出一種動感，與李瑞清在款識左高右低的題寫方式上形成相向對立。

筆者通過對李瑞清書體風格的演進分析，認為他在篆隸及唐楷的基礎上汲取北朝碑刻造像之精髓，即開始了以魏入行向碑帖結合的書體轉換，他在不間斷的理論思考和藝術實踐中以魏法用筆，兼參篆籀、漢隸等氣息，筆筆中鋒並尋求筆劃的一波三折，在圓潤遒勁、且有金石的古意中，與「南宗」曾熙的疏朗圓通之書風，形成較強烈的對照。

第二節　韻味雋永的風格追求

書法的風格變遷史讓我們能夠很好地體察到各時代的藝術精神。清末民初，美學思潮的審美轉向同大的歷史背景一樣，面臨舊學衰頹、西學東漸的社會現實，部分文人在自強自立，民族復興的意識下展開對傳統的反思。這個時期的書法藝術對「雄渾」「古厚」的審美訴求，既是對古典和諧美的總結，也是對和婉、甜俗、柔媚藝術風尚的主觀拋棄。

每個人都有自己的個性，或張揚、或愚訥，個性體現在書法表達上就是書法風格，反映了對於書法美的認識和理解，而風格的形成是一個複雜的、有難度的過程，但只要形成就會代表一個書法家的高度。「雄渾」與「古厚」是李瑞清書法的氣息呈現，也是其藝術思想的兩個重要審美傾向，本節通過這兩種風格的解說與分析，基本反映出李瑞清書法藝術的精神面貌，有利於大家對其藝術思想訴求本質的理解。

一、李瑞清書法風格的形成要素

劉熙載在《書概》〔註51〕裏寫道：「書者，如也：如其學，如其才，如其志，總之曰如其人而已。」所謂的「如其人」，不是指容顏、身高和體形，也不是說寫顏體的人一定要心寬體胖，而是說藝術品評的標準是學、才、志、情的綜合反映，也可以說是風格形成的必然。

風格的形成是書家一生的追求，是藝術成熟的標誌。雖然每人都感覺到有自身書法風格的存在，但脫離了個性的原創，或是「為賦新詞強說愁」的勉強，都是扭曲生命力的做作。而且，在相對趨同的文化背景下，書寫者自以為「匠心獨運」的個性手段難免「不約而同」地碰撞到一起。啟功講過：「或問學書宜學何體，對以有法而無體。所謂無體，非謂不存在某家風格，乃謂無某體之

〔註51〕劉熙載：《書概》，《歷代書法論文選》，上海書畫出版社 2014 年版，第 715 頁。

嚴格界限也。以顏書論，多寶不同麻姑，顏廟不同郭廟。至於爭坐、祭侄，行書草稿，又與碑版有別。然則顏體竟何在乎，欲宗顏體，又以何為準乎。顏體如斯，他家同例也。」〔註52〕因此說，藝術家作品風格的統一是相對的，而統一中的變化卻是絕對的。因此，正確看待李瑞清的書法創作，通過解析其書體變化的風格特徵，會讓我們對其書法的實踐價值、書學理論、精神追求都有具體的憑藉。

近些年來，對書法風格進行研究的人並不是很多，比較有代表性的論著有金學智的《中國書法美學》〔註53〕、陳廷祐的《書法之美的本原與創新》〔註54〕、陳方既《書法綜論·風格論》〔註55〕中的部分章節以及徐利明的《中國書法風格史》〔註56〕等專著。其他散見於各種文章、期刊之中的書法風格研究即使有獨到之見，但也未能形成系統。這種狀況對於書法藝術的理論研究可謂後續乏力，也不利於書法實踐的健康發展。由此本節針對李瑞清書法藝術的研究，應該是多角度的、全方位的，在史料考證的研究基礎上，展開對風格的分析論述，是有其重要價值的。筆者通過對李瑞清書法作品的系統研究以及前文對其生平的脈絡梳理，得出如下幾個關於李氏書法風格形成要素的分析總結，也由此可以窺見李瑞清的審美風格與理想境界。

1.環境。清人梁巘在《評書帖》中揭示了書法「晉尚韻，唐尚法，宋尚意，元、明尚態」的美學特徵，是社會環境對書法群體審美風格的形成論述。例如在魏晉風度的影響下，包括書法在內的藝術精神呈現「流美妍媚、瀟灑豁達」的面貌，反映了士大夫志輕軒冕、遊心太玄的哲學意境，這正是人們自我價值的客觀體現。而唐代在大一統後需要向法度的回歸，因此，在這個時代中，書法藝術需要確立起合乎藝術規律，表現出一個鼎盛王朝的富強氣派的精神，具體表現在書法層面上就是筋骨強健、端莊整飭的「尚法」嚴謹的態勢。李瑞清所處的晚清時期，書法風格整體的「主導傾向是尚質」〔註57〕而少妍妍，前文也從金石學的興起，篆隸書風的復興，對其碑學的選擇進行了剖析，所有這些

〔註52〕啟功：《論書札記》，北京師範大學出版社 1992 年版。
〔註53〕金學智：《中國書法美學·書藝風格美與鑒賞品鑒》，江蘇文藝出版社 1994 年版，第 453～840 頁。
〔註54〕陳廷祐：《書法之美的本原與創新》，人民美術出版社 1999 年版。
〔註55〕陳方既：《陳方既論書法·書法綜論》，華文出版社 2003 年版。
〔註56〕徐利明：《中國書法風格史》，河南美術出版社 2009 年版。
〔註57〕金學智：《中國書法美學》，江蘇文藝出版社 1994 年版，第 559 頁。

因素也自然綜合作用於李瑞清書法的藝術創作過程中。

　　2.能力。藝術心理學範疇的能力是指「人們成功地完成某種活動所必須的個性心理特徵」。認知能力是書法創作過程中，藝術主體根據對內容的掌握在技法上做出的選擇，包括用筆力度的大小、書寫節奏的快慢、媒介質感的柔韌、墨色的乾濕濃淡等感性材料方面。王獻之的書法成就可能受先天影響較多，他自幼聰明好學，在少年時期就書藝超群，並且能非常敏銳地把握住時代潮流的脈搏，以「古之章草，未能宏逸」，而應「窮偽略之理，極草縱之致」〔註58〕的理由，勸王羲之改古體，由此可見其早慧、見識不凡之處。相反，米芾的成功絲毫沒有取巧的成分，他習書稱「集古字」且臨池不輟，其成功來自於他對書寫技巧的熟練掌握，在此基礎上進一步豐富書法的內涵並形成自家風格。李瑞清的盛名也絕非是天才或偶然為之，縱觀其一生書法，「實綜南北，融碑帖，摩唐宋，躡六朝，上溯秦漢，以導源三代，脫縛於石，一求於鼎盤卣鬲。」〔註59〕鬻書滬上更是「少不如意，輒棄去更作。」〔註60〕毅力絕非常人所能堅持。

　　3.性格。「性格是人在生活活動和社會活動中所表現的最基本的、最穩定的心理特徵的總和」〔註61〕，是一個人成為與眾不同的個體的核心特點。性格的形成基於一定的社會生活環境，在一定的經濟、政治文化條件下，人們的性格在某種程度上具有一定的共同性。晚清民國，社會的動盪導致整個民眾的心理狀態在壓抑中尋求釋放，使得這一時期的書法風格整體上呈現雄渾和力量。

　　除上述條件之外，因每個人所具有的條件不盡相同，便又有了性格中的個別獨特性。如顏真卿和柳公權兩位書家同處一樣的時代，但是呈現出截然不同的書法面貌：顏體豐腴肥碩，疏朗雄渾，方形外拓，骨力遒勁而氣概凜然；而柳體中鋒「立骨」，點畫棱角分明，峻峭險勁，中宮緊聚，風神整峻。二人的書法與他們各自人格相互融合，呈顯出「顏筋柳骨」〔註62〕的不同風格並形成美學的概念。李瑞清與曾熙亦有「南曾北李」之說，在古拙中也都有各自的風格和氣骨。

〔註58〕張懷瓘：《書斷》，《歷代書法論文選》，上海書畫出版社2014年版，第164頁。
〔註59〕蔣國榜：《後序》，《清道人遺集》，黃山書社2011年版，第270頁。
〔註60〕李雲麾：《先從兄清道人行述初稿》，《清道人遺集》，黃山書社2011年版，第284頁。
〔註61〕朱智賢：《心理學大辭典》，北京師範大學出版社1989年版，第760頁。
〔註62〕「顏筋柳骨」出自北宋范仲淹《祭石學士文》，悼文稱頌石延年書法「曼卿之筆，顏筋柳骨。散落人間，實為神物。」

4.氣質。孫過庭在《書譜》中將人的不同氣質類型對應書法風格分為「質直」「剛很」「脫易」「躁勇」「矜斂」「溫柔」「狐疑」「遲重」「輕瑣」九種，詳細且精準地描述了各類氣質對書法風格產生的影響，明項穆的《書法雅言》也對影響作品風格的氣質類型做了詳細的評判，如「漢《方朔贊》，意涉瑰奇；燕《樂毅論》，情多抑鬱；《修禊集敘》興逸神怡；《私門誓文》情拘氣塞。」〔註63〕如果對應心理學的氣質理論，我們分析李瑞清筆墨凝重，剛柔相濟的書法風格，可以將其歸類為黏液質〔註64〕的藝術氣質。這種類型的偏愛與選擇，是與生俱來的。

書法風格具有諸如一致性和多樣性，穩定性和變異性，個體性和社會性等獨特而鮮明的特徵。並且，其風格的形成還是一個長期而複雜的過程，與其他藝術風格相比較，書學多以品來鑒評，而品藻美學之風氣始於魏晉不類常流之士。早期書評，善藉意象而比附，現代書評，多援美學而探微。思想意識接近、藝術傾向和創作風格類似的書法群體容易促進和推動一定流派的形成，同樣，流派的審美潮流又能影響或改變書法風格的導向。筆者在研究李瑞清書法藝術創作時發現，晚清書學的復古思潮，導致碑學書風的濫觴，這一蔚為壯觀的書學現象也得以促進和繁榮了清代書法的發展，就書法風格的表現內容、方式和審美效果論，形成了有跡可循的書學淵源，而李瑞清無疑成為這一書法風格現象的集大成者。

二、「雄渾」風格的精神訴求

「雄渾」是藝術創作中審美風格的重要類型，也是美學研究中，對於文化特質及關係比較分析的重要議題。「雄渾」是傳統中國文論中涉及審美風格的一個較為常用的概念，屬於陽剛美的範疇。先秦文學、漢賦唐詩、宋詞元曲，審美主旋律基本傾向於追求剛健質樸的高古、豪放、悲慨、勁健、疏野、曠達等風格，這些都是雄渾觀念統領下的氣息呈現。

〔註63〕項穆：《書法雅言》，《歷代書法論文選》，上海書畫出版社 2014 年版，第 529 頁。

〔註64〕根據公元前 5 世紀古希臘醫生希波克拉底關於氣質的四個類型的分類，即多血質、膽汁質、黏液質、抑鬱質。黏液質人的表現特點：黏液質相當於神經活動強而均衡的安靜型。這種氣質的人善於克制忍讓，生活有規律，不為無關事情分心，埋頭苦幹，有耐久力，態度持重，不卑不亢，不愛空談，嚴肅認真，但不夠靈活。

　　司空圖（837～908）運用意象品評的方法作《二十四詩品》，以「雄渾」
作為首要的風格來陳述，這是時代審美精神在理論上的強調反映，也可以總結
為三個重要特徵：空間的廣袤、體量的厚重和精神上的磅礴氣勢。作為意境詮
釋的典範，歷代學者都從中尋找自己的理論依據。從語義看，雄渾的「雄」，
是沉雄，指深沉莊重而不恣肆粗獷的恢宏氣度。要弄清「雄渾」的意味，關鍵
在於後綴「渾」。所謂「渾」，是指原初渾樸、自然的狀態。文學家郭紹虞（1893
～1984）兼匯三家注釋讀《詩品》：「何謂『渾』？全也，渾成自然也。所謂真
體內充，又堆砌不得，填實不得，板滯不得，所以必須復還空虛，才得入於渾
然之境。這是『渾』，然而又正所以助其『雄』。雄，剛也，大也，至大至剛之
謂。這不是一朝可以襲取的，必積強健之氣才成為雄。此即《孟子》所謂『以
直養而無害‧則塞於天地之間』的意思。這是『雄』，然而又正所以成其『渾』。」
〔註65〕而「渾」不外乎渾厚、渾淪、渾成幾種含義，側重點有所差異。司空圖
所謂「積健為雄」，重在說渾厚的氣勢，渾淪喻指境界的迷蒙狀態。

　　這種雄渾的美，是一種博大含蓄的美，並且「雄渾源於養氣：有崇高的懷
抱和深刻的學養的人，就能見得到、說得出，由『真體內充』，發為『大用外
腓』……通過積健、返虛以達雄渾的要求……」〔註66〕體現了主體精神上的堅
韌雄強和震撼人心的豪邁氣概。但是，「雄渾」的感性形式不同於西方審美範
疇中的「崇高」或「壯美」，「崇高」強調審美主、客體之間激烈的對立衝突，
表現為由痛感到快感的心理過程。就審美經驗而言，「崇高」與悲劇性相近，
都帶有莊嚴或敬畏，甚至於由恐懼和痛苦轉化來的一種恐怖或悲壯，使主體受
到震撼，類似於東方審美意蘊中的壯美，具有悲劇性色彩，展現一股陽剛之氣，
與孟子強調的「充實之謂美，充實而有光輝之謂大」的「浩然之氣」所討論的
特徵相近。作為不同文化心理和審美觀念的構成，雄渾與崇高體現了兩種文化
環境下迥異的思維方式和審美心理。這種不同根源性的觀感既有類似之處，比
如，就它們內涵而言，均具有強大的力量、宏偉的規模以及時間上的永恆等品
質，又多有殊異：「雄渾」指涉一氣相貫、總體渾成的「天地之美」，在本質上
是審美的，而非思辨的，折射出物我兩忘、主客統一、互補相濟的直覺意象，
這種追求意境深邃的思維特色是中國獨有的體驗方式。盛唐以降，歷代文士針

〔註65〕郭紹虞集解：《詩品集解‧續詩品注》，人民文學出版社 1963 年版，第 3～4
　　　　頁。
〔註66〕吳調公：《古代文論今探》，陝西人民出版社 1982 年版，第 115 頁。

對雄渾氣象的注解主要都是描述詩歌創作的崇高境界，並由此引申到「格貴雄渾」的氣格重視。人們對「雄渾」的理解常常也用一些相近的詞語進行替代：如「雄健」「雄壯」「雄奇」等，但卻遠非雄渾內涵之深沉悲壯，「這一種雄渾美，有點像西洋美學中所謂『雄大的崇高』，亦即充實的內容和諧地流入形式，而不同於『無邊際的崇高』的內容衝破形式。」〔註67〕

「雄渾」的風格，源於力與氣。「大力無敵為雄，元氣未分為渾」。〔註68〕「雄渾」和「雄健」雖有一字之差，但其背後都有不同的思想基礎，前者是以老莊「自然之道」思想為基礎的，融空間的無限大、力量的絕對大與視覺上的朦朧渾然於一體，是一種「渾穆氣象」呈現出來的「元氣淋漓」的美，類似老子哲學中「道」的存在。雄健則是以「積健為雄」的哲學思想為基礎，健亦為陽剛之氣，是雄的基礎，剛健之積累才為「雄」，是儒家「自強不息」的人生理想境界，在美學思想上和「雄渾」的表現本意有一些差異。

雄奇之意可以映照書法中的「霸氣」，有豪放的外向勢態卻無雄渾的渾含與深沉。「雄壯」更是以外向的感受解釋勇武和壯盛之貌。

嚴羽（約1195～約1245）的理論貢獻，成就於《滄浪詩話》，其《詩辨》論詩為九品，「雄渾」為其一，應與司空圖的審美範疇大意略同，他曾以「顏魯公書，既筆力雄壯，又氣象渾厚」，讚譽盛唐之詩。楊賓（1650～1720）讚美唐太宗的《晉祠之銘並序》，曰：「今觀此碑，絕以筆力為主，不知分間布白為何事，而雄厚渾成自無一筆失度。」〔註69〕雖有拍馬之嫌，但也能看出這一時間段的主要審美傾向。黃鉞（1750～1841）仿司空圖《二十四詩品》體例撰寫《二十四畫品》，每品項下有四言釋義一篇，其論沉雄曰：「目極萬里，心遊大荒。魄力破敵，天為之昂。括之無遺，恢之彌張。名將臨敵，駿馬勒韁。詩曰魏武，書曰真卿。雖不能至，夫亦可方」。他有針對性地指出顏真卿的書法有渾穆雄強的氣勢，這與當時文壇的審美趣尚是一致的。「秋水時至，百川灌河。泛彼中流，掀然大波。足踏蛟鯨，手鞭電黽。砥柱碣石，群山嵯峨。白日欲沒，壯士揮戈。前有千古，孰知其佗。」顧翰（1783～1860）《補詩品》的「四言詩」列舉的自然之壯觀，有助於理解書法藝術中雄渾意味的形式，就如

〔註67〕吳調公：《古代文論今探》，陝西人民出版社1982年版，第114～115頁。
〔註68〕孫昌熙、劉淦校點：《司空圖（詩品）解說二種》，齊魯書社1980年版，第87頁。
〔註69〕楊賓：《中國藝術文獻叢刊：大瓢偶筆》，浙江人民美術出版社2012年版。

摩崖石刻開闊的篇幅結構，樸拙厚重的字形與筆劃，體現了雄渾的體量感和空間感。金學智在《中國書法美學》中也借鑒「二十四詩品」，建構了「二十四書品」，並闢章節專論雄渾，全篇從體量的厚重、力量的強勁、氣息的磅礴三個層面品評顏書，引導鑒賞雄渾的審美特徵。

　　李瑞清書法藝術思想的形成，離不開清代晚期的歷史境域，包括社會整體審美意趣的變遷。傳統文人本身就具有書法的功底，他們對文字學、金石學的研究和親身實踐，自覺接受金石學理論，崇尚古厚樸拙的創作原則，追求「雄渾」的審美意識，在藝術創作中暗合「碑派」書法追求雄渾的藝術氣息，並且體現在當時的書法品評言論和書法理論著作中，如劉熙載概括秦漢的書法特點，總結為「秦碑力勁、漢碑氣厚」的審美感受。至此，文人書家關注金石碑版現狀美的局面走進書法創作。同時，清末民初眾多學者的學風和氣度作為藝術的背書，直接或間接地影響到李瑞清藝術品格的形成和審美思想的高度，如楊守敬、翁同龢、沈曾植、陳三立、繆荃孫、吳昌碩、康有為、曾熙、王一亭、譚延闓等。應該注意到，與清廷萎靡柔弱的政治氣候恰恰相反，以上學者、藝術家所展現的審美感受都不外乎古茂、樸拙、雄強和渾厚等氣格，誠如何紹基所言：「古人論書勢者，曰「雄強」，曰「質厚」，曰「使轉縱橫」，皆丈夫事也，今士大夫皆習簪花格，惟恐不媚不澤，塗脂傅粉，真氣荼然……顧以丈夫為女子，又豈獨書也哉！」〔註70〕其對「丈夫」氣的推崇，已非囿於審美取向，而是表達了「要之浩然氣，方寸貴直養。」〔註71〕的用世之心。

　　晚清出版印刷業緊隨時代潮流而興盛，特別是上海，報刊圖書的出版和新印刷術（珂羅版）的應用使得古代金石碑版文字的傳播更為廣泛。「今震亞主人既景毛公鼎為大字，齊罍、散盤，先後悉出，人人於是皆可以珥筆與史籀進退於一堂，炳焉與三代同風矣。道人得此，日可與二三子同遊成周之世，不知有漢，何論魏晉。」〔註72〕李瑞清在交遊中有緣得見大量秦漢碑版的出土和金石之學的勃興，其倡導並呈現碑派書法所具有的「質樸雄渾」之氣，與上述眾人的審美理想若合符契，他沒有對「雄渾」進行直接的理論界定，但《玉梅花

〔註70〕　《張婉紃女史肄書圖張仲遠屬題》，《東洲草堂文鈔》卷十二，《續修四庫全書》
　　　　　1529 冊，第 242 頁。
〔註71〕　《李仲衡王秋垞先後惠詩推許拙書皆用中丞韻賦此答之》，《東洲草堂詩鈔》
　　　　　卷二十，《續修四庫全書》1529 冊，第 21 頁。
〔註72〕　李瑞清：《放大毛公鼎跋》，《清道人遺集》，黃山書社 2011 年版，第 138～139
　　　　　頁。

庵書斷》中以雄渾為審美理想的論述有很多體現，比如：英鷙雄渾、寬博雄渾、頓挫雄渾。前綴的諸多變化對「雄渾」的藝術風格傾盡了讚譽之詞，這種書法魄力的倡導，既是何紹基藝術品格的接受，也是包世臣、康有為書法思想的邏輯延伸。李瑞清在 52 歲時，跋錢南園臨顏真卿《論座位帖》，文曰：「余嘗云晉之《蘭亭》，唐之《座位帖》，皆煊赫宇軸之名蹟，然皆不可學，學則躓矣。雯裳先生來海上，出示其先世家藏《南園侍御手臨座位帖》，山谷所云《送明遠序》，非草非隸，屈曲瑰奇者也，而其頓挫雄渾，尤示後學以廣達，不似從來學《坐位》者於雲霧中尋蹊逕也。」〔註73〕筆者認為「格貴雄渾」的內質構成李瑞清金石氣的審美內涵，並在他的具體的審美實踐中展開，最終積孕為渾然一體、莫可禦之的雄渾之氣，而其品質追求中蘊涵有古厚的意蘊，必然使其進入拙、樸的境界。

三、「古厚」書風的文化自覺

「古厚」是藝術追求的一種意，是對於醇拙質樸的風格追求。「古」和「厚」是書論中常用的概念，與「雄渾」的構詞方式相似，前後綴的搭配不同，語境內涵就會有些許差異。黑格爾說：「藝術的顯現通過它本身而指引到它本身以外。」〔註74〕「古」就是這樣一個概念，它既是邈遠的時間概念，又是歷經磨劫後的品格形象。前者如清代黃圖珌（1699～約 1752 後）所云「古風醇厚，今俗澆漓（即淺薄）。是以君子常存古道，不入時宜也。一凡身心之修養、耳目之供給，莫不稽古而寄情焉」〔註75〕的尚古精神，傳遞給我們一種超脫不凡的太古之風。後者如楊載（1271～1323）在《詩法家數》指點詩的立意「要高古渾厚，有氣概，要沉著」〔註76〕，傳遞給我們一種超脫不凡的太古之風。

本文對「古」的概念闡釋，並非時間上的久遠之「古」，而是體現在臨摹過程中追求前人的「古法」和創作風格呈現出的「古意」，顯示傳統文化獨特的趣味以及對永恆感的追求。但時間的「古」與風格的「古」二者又時時扭結糾纏在一起，這種互為表裏的結合，也可以看作是時間引入存在的表述方式。

〔註73〕李瑞清：《跋南園臨論座位帖》，《清道人遺集》，黃山書社 2011 年版，第 144 頁。

〔註74〕〔德〕黑格爾：《美學》，人民文學出版社 1979 年版序，第 13 頁。

〔註75〕黃圖珌著，袁嘯波校注：《看山閣閒筆》，上海古籍出版社，2013 年版，第 161 頁。

〔註76〕何文煥：《歷代詩話》，北京：中華書局 1981 年，第 727 頁。

　　碑學的勃然而興，是師古求變思想引導下的現象，就如魯迅提倡的「拿來主義」，在很短的時間內就形成一股審美潮流，更替了有一千多年歷史的帖學風氣，「但絕不是取而代之的關係」。正如白謙慎所說，19 至 20 世紀間，以殷商甲骨文字、秦漢魏晉簡牘文書以及敦煌寫本等為代表的一系列考古成果的發現，修正或改變了魏晉以來的主流書法，或者說是金石學的興盛，拓寬了書法的審美域境，「書法家們取法的對象從傳統的名家譜系的作品擴大到幾乎所有的古代文字遺跡。」〔註 77〕

　　強調「古」的文化傳統自古有之，漢代趙壹在「書之為用」的背景根源中充滿了「崇古反今」的思想。他認為：「夫草書之興也，其於近古乎」，〔註 78〕既然不是古代的「正統」，就必須加以批判。魏晉書論的「古質今妍」之辨，充分肯定「古法」經過天才的探索，在不斷增損中超越並創造出新的法度，這就將「師古」視為學書的「金光大道」，所以「右軍開鑿通津，神模天巧，故能增損古法，裁成今體。」〔註 79〕即此，疏放妍妙的帖法在南朝時逐漸代替了篆隸古法，成為書法發展新的方向。儘管唐太宗鍾愛王羲之並獨尊王書，但好古的韓退之在《石鼓詩》中讚譽高古樸茂的氣息，還是捎帶著貶損了右軍：「羲之俗書〔註 80〕趁姿媚，數紙尚可博白鵝。」武則天時期，尚古之風興起，唐代刻碑在功利的考慮下選擇篆隸古法，是以阮元認為不附時風的李邕以行書寫《雲麾》諸碑，終非古法。而「顏魯公書雄秀獨出，一變古法，如杜子美詩，格力天縱，奄有漢魏晉宋以來風流。」〔註 81〕從蘇軾對顏書的推崇，亦可以洞悉以其為代表的兩宋文人以古開新的態度。

　　明清書論中始終以崇仰的態度闡述「古法」。湯臨初在《書指》中以射喻書，稱「蓋古法者，正鵠也。」〔註 82〕趙宧光（1559～1625）認為古可以保持氣格，「格不古則時俗」〔註 83〕。書論一方面尚古、師古，另一方面也貫穿了

〔註 77〕白謙慎：《傅山的世界》，北京：生活・讀書・新知三聯書店 2015 年版，第 5 頁。

〔註 78〕趙壹：《非草書》，《歷代書法論文選》，上海書畫出版社 2014 年版，第 2 頁。

〔註 79〕張懷瓘：《書斷》，《歷代書法論文選》，上海書畫出版社 2014 年版，第 205 頁。

〔註 80〕清人沈德潛在《唐詩別裁》中認為：「隸書風俗通行，別於古篆，故云俗書，無貶右軍意。」

〔註 81〕《歷代書法論文選續編》，崔爾平選編點校，上海書畫出版社 1993 年版，第 55 頁。

〔註 82〕《明清書論集》，崔爾平選編點校，上海辭書出版社 2011 年版，第 508 頁。

〔註 83〕《明清書論集》，崔爾平選編點校，上海辭書出版社 2011 年版，第 301 頁。

變古創新的辯證思想，賦予古以新的審美情調。否則「惟古是遵，何得改轍？」〔註84〕阮元書學思想中的復古與有清代二百餘年，「以復古為解放」的學術思潮緊密相關，在阮元那裏，他所崇尚的「古法」直接溯源篆隸碑版，是要打破二王或晉人書風的審美定式，另闢新徑。他在《南北書派論》中說：「書法遷變，流派混淆，非溯其源，曷返於古？」〔註85〕「古」作為特定的書法審美意蘊，並非保守持舊，也不是厚古薄今，而是借古開新，表明阮元倡導質樸、率真、宏偉、厚重等審美品味直接作用於現實書風，具有批判力和引領性的價值理念，構成對帖學流弊的批判。

社會變革會帶來時代審美風氣的轉換，先賢取法自然，創制人文典範，今人效法先賢，延續文脈傳承。「乾隆之世，已厭舊學」，此際，帖學已顯僵化態勢，金農在實踐中首開古拙求變的碑學之風氣，其後鄧石如書法六朝，「集篆、隸之大成」，康有為在《廣藝舟雙楫》中的字裏行間，充滿了對完白山人古茂渾樸的審美讚譽。〔註86〕李瑞清和許多清晚期學者一樣，秉持追本溯源的理念，這種崇尚「古」的思想反映體現在其激賞「三代」的「篆籀氣」「金石氣」和漢、魏時期的書法作品。1919 年四月，章士釗〔註87〕（1881～1973）來訪李瑞清，正值劉承烈〔註88〕（1883～1952）在座與其論書，章出示其所藏金冬心 1741 年漆書《友論》冊，李觀後題跋：「冬心先生當乾隆時，舉世尚董書，獨能冥心追古，為舉世所不好之學，大凡天下事與俗浮沉，隨風氣為轉移，百無一可成者，不獨書也。然與識時務者為豪桀異矣。己未四月下恂，行嚴老兄出示冬心冊子有所感，為題此，行嚴以為何如？清道人。時劭襄在座與之論書，後以研中餘墨題。」〔註89〕金農此冊在用筆上追求木版雕刻的拙味，墨色濃厚，筆劃方正，棱角分明，盡顯渾樸鈍拙的金石趣味，題跋的內容也能看出李瑞清的審美傾向。

〔註84〕《明清書論集》，崔爾平選編點校，上海：上海辭書出版社 2011 年版，第 326 頁。

〔註85〕《歷代書法論文選》，上海書畫出版社 2014 年版，第 629 頁。

〔註86〕崔爾平：《廣藝舟雙揖注》，上海書畫出版社 2006 年版，第 175 頁。

〔註87〕章士釗，字行嚴，湖南省善化縣人。此時正值南北和平會議，章當選為南方代表。

〔註88〕劉承烈，字劭襄，湖南益陽（今桃江）縣人，早年留學日本，1949 年後任國務院參事室參事。

〔註89〕西泠印社 2009 年秋季藝術品拍賣會圖錄。

圖 4-6　李瑞清跋金農漆書《友論》

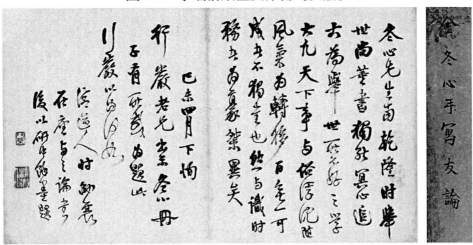

鈐印：阿某（朱）清道人（白），跋文：35.5×63.3cm，圖片來源自西泠印社 2009 年秋季藝術品拍賣會，圖錄號 779。

　　《草堂之靈》記載了 1914 年閏五月初二日，李瑞清與楊鈞的論書內容，李瑞清說：「貧道論書，以為當於古人求古人，不可於今人學古者求古人。此弊至元以來，皆願學同時人書，此種倚賴奴隸性，萬不可有。」同時，他以文章為例，指出「漢文是駢文骨子，故樸厚；八家文無駢文骨子，但疏粗薄弱而已。」〔註 90〕這是縱觀古今中外，文化自覺態度的本質流露。他徜徉於歷代積澱的「古法」中，並經常參用《散氏盤》的筆法臨寫《鄭文公碑》，「醇古淵穆」〔註 91〕的跋文可謂人文互為滲化。1915 年十月，康有為在為即將出版的《清道人節臨六朝碑四種第一集》題跋中對此讚譽有加：「此同年生李梅庵臨六朝人書，迫古人矣，高古矣。然學古者，能入又貴能出，已古又貴近今，不即不離而神得之，不今不古，自適其中。以梅庵之深造自得，他日又豈有古人耶。」〔註 92〕所以「『與天為徒』，『與古為徒』，皆學書者所有事也。天，當觀於其章；古，當觀於其變。」（劉熙載《藝概》）〔註 93〕劉熙載、康有為、李瑞清等人的論述不為復古，重在「觀古人之所觀」，取法古人求變求新，包含了古人學古

〔註 90〕楊鈞：《上石》，《草堂之靈》卷十六，浙江人民美術出版社 2016 年版，第 329 頁。

〔註 91〕李瑞清：《清道人遺集》，黃山書社 2011 年版，第 85 頁。

〔註 92〕李定一，陳紹衣編著：《李瑞清書法選一》，武漢理工大學出版社 2010 年版，第 148 頁。

〔註 93〕劉熙載：《藝概》卷五《書概》，袁津琥校注，北京：中華書局 2009 年版，第 615 頁。

與變古關係的辯證智慧。

前文說過，「古」的後綴不同，其表述的內涵語境就會有不同，譬如古厚、古雅、古茂、古逸、古勁、古拙，但終究離不開「古」的意域限定。

王國維賦予「古雅」在現代美學論述中的「形式」概念，他說，「一切之美皆形式之美也。」「故古雅者，可謂形式之美之形式之美也。」〔註94〕葉朗認同王國維「古雅」就是藝術形式美的論斷，並給予極高評價，「這可以說是中國美學史上第一篇關於藝術形式美的專論……他所說的『古雅』，就是我們今天說的藝術形式美。所以『古雅』只存在於藝術中而不存在於自然中。」〔註95〕葉先生的觀點得到了很多人的認同並引申，如孫華娟論述為「所謂古雅是指藝術的古典主義形式美。」〔註96〕章啟群反對這個觀點，他認為，「王國維所說的『古雅』是一種藝術美，而不是一種藝術的形式美。我們知道，存在於藝術中的美並不一定就是藝術形式上的美，藝術的美與藝術的形式美是有著嚴格的邏輯界限的。」〔註97〕「可見『古雅』首先是一種美，這種美與優美和崇高雖有區別，甚至有高低，但都屬於同一類屬之間的因子。從字面意義上說，『古』是含有古典、經典的意味，『雅』即含有典雅、雅致的意味。『古雅』就是一種人工創造的有文化底蘊而又別有韻致的藝術美。」〔註98〕相比之下，筆者更認同章啟群的觀點，「古雅」與「古厚」兩個概念中，「古」之意義相同，但後綴詞顯示二者在審美態度上的區別。

「古厚」是自然美的厚重存在形式，「古雅」是古代經典整體反映出的高雅格調和氣息，「古雅」得美，更多在於氣韻而不在形式。劉熙載評漢隸「古雅幽深」，鍾繇真書也恰如張懷瓘所云：「幽深無際，古雅有餘。」〔註99〕歷史的發展往往就是「三十年河東三十年河西」，二王創造的經典在明代又逐漸成為新的「古雅」標準，為後人所推崇。而且項穆高評王羲之超越前賢，創造了「古雅之度」的新經典，卻批評懷素、米芾的個性張揚與意態創新，這種品評已止於歷史的記錄，無須辨別分析了。

〔註94〕聶振斌選編：《中國現代美學名家文叢·王國維卷》，浙江大學出版社 2009 年版，第 100 頁。

〔註95〕葉朗：《中國美學史大綱》，上海人民出版社 2014 年版，第 636～637 頁。

〔註96〕孫華娟：《古典主義的階段性演進——王國維的古雅說、天才論及文體觀》，《文藝理論研究》2009 年第 4 期。

〔註97〕章啟群：《百年中國美學史略》，北京大學出版社 2005 年版，第 36 頁。

〔註98〕章啟群：《百年中國美學史略》，北京大學出版社 2005 年版，第 37 頁。

〔註99〕張懷瓘：《書斷》，《歷代書法論文選》，上海書畫出版社 2014 年版，第 178 頁。

　　「厚」是儒家倫理審美觀在「盡善盡美」前提下孳育出的理論範疇，是對「敦厚」〔註100〕和「忠厚」〔註101〕道德觀的提倡。延伸分析，當然是緊緊圍繞著儒家為主體，道、釋協調下的整體美學思想為「厚」在文學藝術範疇提供的不同營養。如莊子的道家美學以自然為美，認為「素樸而天下莫能與之爭美」《天道》，從美學的角度講，「樸」和「厚」的本質略同，二者在一定程度上交織組合，其含義體現作品的審美內涵。「厚」是清代中晚期書法批評的重要美學理論。是「尚質」書風的主要內容。「所謂質，既包括古質、勁質，又包括質樸、拙質等。」〔註102〕我認為「厚」也是重要的品質。

　　本文拋開「厚」的概念溯源和歷史演變的分析，主要從書法角度尋繹美學對「厚」的沾漑。「厚」作為一個反映作品風格的美學範疇，主要體現於外在的書法體態和內蘊的神韻格調兩個方面。宗白華說「中國字若寫得好，用筆要得法，就成功一個有生命有空間立體感的藝術品。」〔註103〕其實就是讚美好的書法作品在平面中會顯現出「厚」的藝術效果。「厚」之形態風格與筆劃粗細、結體肥瘦有一定關係，也是對書寫用筆的高度要求，在一定程度上也反映了書法藝術陰陽參融的思辨色彩。唐玄宗時期，隨著社會審美風尚所趨，「唐之八分，字開元時已多趨肥碩。」〔註104〕而「顏筋柳骨」風格面貌的出現，則是在視覺體量和力量上對「肥」美的貶黜。康有為卑唐的心態在《廣藝舟雙揖‧體變》中也有體現，他以「肥厚」、「肉削」為形容詞，貶損唐代書風，囊括顏真卿、柳公權。「五代楊凝式、李建中亦重肥厚，宋初仍之，至韓魏公、東坡猶然，則亦承平之氣象邪！」〔註105〕可見，厚的前綴如果是肥，斷然為貶義詞了。

　　清代碑學中興開始，「古厚」作為審美風格的一種標準，上升到理論的高度，並且，形容書法厚的褒義詞也開始豐富起來。如：「索靖《出師頌》草書，沉著峭勁，古厚謹嚴」（梁巘《承晉齋積聞錄‧古今法帖論》）、「書法以質厚為

〔註100〕 「敦厚」一詞最早見於《禮記‧經解》：「孔子曰：『入其國，其教可知也。其為人也，溫柔、敦厚，《詩》教也』見《禮記》，胡平生、張萌譯注，北京：中華書局 2017 年版，第 951 頁。
〔註101〕 王充《論衡‧問孔》曰「忠者，厚也。」見王充：《論衡》，上海人民出版社 1974 年版，第 40 頁。
〔註102〕 金學智：《中國書法美學》下冊，江蘇文藝出版社 1994 年版，第 559 頁。
〔註103〕 宗白華：《藝境》，北京大學出版社 1989 年版，第 104 頁。
〔註104〕 翁方綱：《石洲詩話》，人民文學出版社 2001 年版，第 44 頁。
〔註105〕 康有為：《廣藝舟雙揖》，《歷代書法論文選》，上海書畫出版社 2014 年版，第 777 頁。

本」（翁方綱《復初齋文集》）、「以荒率為沉厚」（王文治《快雨堂題跋》）、「秦碑力勁，漢碑氣厚」（劉熙載《書概》）〔註106〕。康有為從「厚」的審美角度去品評書法，認為「唐以前之書厚，唐以後之書薄」〔註107〕，他推崇漢風魏韻，認為「魏碑無不佳者，雖窮鄉兒女造像，而骨血峻宕，拙厚中皆有異態，構字亦緊密非常。」〔註108〕在「氣」這個概念的關聯統領下，《廣藝舟雙楫》中還有大量涉及「厚」的文字描述，可見「厚」的眾多韻味。「古厚」二字一體化陳述，在康有為和李瑞清的書學思想中有大量的描述出現。如康有為評「《谷朗》古厚」〔註109〕、「《臧質》古厚而寬博」〔註110〕、「顏魯公出於《穆子容》《高植》，其古厚盤礴。」〔註111〕等。

《清道人遺集》中，李瑞清在諸多題跋中直接使用「古」「古厚」及相關詞彙如：「古厚樸拙」「古厚雄奇」「古拙高淡」「端穆凝厚」「渾古質厚」「遒厚精古」「遒古」「古茂」的地方多達20餘處，可見這一審美意蘊在李瑞清藝術思想中的主導地位，其傳世書跡風格形態與其審美思想步調協調，「古厚」的氣質在篆、隸、楷的作品中佔有相當比重。北魏的《鄭文公碑》是最具典型的例子。從結構上來看，鄭文公碑書法具有由篆隸向楷書過渡的特點，筆法從篆隸中演變而來，體勢多變，結體疏朗，氣息渾厚。包世臣稱：「《鄭文公碑》字獨真正，而篆勢、分韻、草情畢具。」〔註112〕康有為譽其為圓筆之極軌，對該碑評價最高的是葉昌熾，他推崇說：「鄭道昭雲峰山上、下碑及論經詩諸刻，上承分篆，化北方之喬野，如筆路藍縷，進於文明。其筆力之健，可以剸犀兕、搏龍蛇，而遊刃於虛，全以神運，唐初歐、虞、褚、薛諸家，皆在籠罩之內。不獨北朝書第一，自有真書以來，一人而已。」〔註113〕祝嘉則更是提出「應奉道昭為北方書聖，以與王羲之這一位南方書聖並尊」〔註114〕。李瑞清針對

〔註106〕劉熙載：《書概》，《歷代書法論文選》，上海書畫出版社 2014 年版，第 706 頁。

〔註107〕崔爾平：《廣藝舟雙楫注》，上海書畫出版社 2006 年版，第 149 頁。

〔註108〕崔爾平：《廣藝舟雙楫注》，上海書畫出版社 2006 年版，第 135～136 頁。

〔註109〕崔爾平：《廣藝舟雙楫注》，上海書畫出版社 2006 年版，第 101 頁。

〔註110〕崔爾平：《廣藝舟雙楫注》，上海書畫出版社 2006 年版，第 113 頁。

〔註111〕崔爾平：《廣藝舟雙楫注》，上海書畫出版社 2006 年版，第 129 頁。

〔註112〕《歷代書法論文選》，上海書畫出版社 2014 年版，第 651 頁。

〔註113〕葉昌熾，柯昌泗：《語石；語石異同評》，北京：中華書局 1994 年版，第 426 頁。

〔註114〕祝嘉：《書學論集》，江蘇教育出版社 1982 年版，第 245～246 頁。

《鄭文公碑》有眾多題跋，可見其情有獨鍾，如：「鄭文公摛篆裁隸，遒麗卓絕。上探散氛，自制偉格；傍采五鳳，掇其醇古。故能獨步北朝，莫之與京。」（《鄭文公碑跋》）〔註115〕

　　1919 年 12 月，李瑞清書跋《全椒積玉橋殘字拓本》：「全椒積玉橋故老相傳漢初已有橋，近圮，吳佩之朱理真拓之，以示江退公先生，先生大驚，以為有漢魏遺矩，乃命其門人盛峻居及其子兆沅於亂石剔蘚搜拓之，得七十餘字，繇廣文汪先生以拓本來，其用筆古厚渾樸，文字之損益皆六朝法也，如歸為讓坐知鳳等字是也。然字略帶行押，如律良等字是也。當梁人書鶴銘書勢亦帶行押體，況文本千文，當時周興嗣初奉敕為千文，或民間盛行以之記石數耳。己未十二月清道人。」〔註116〕全椒位於安徽東部，古稱椒陵，是清代小說家吳敬梓的故鄉。積玉石橋早已不在，民國六年（1917），在重修清理橋墩碎石時，發現其中的殘字石刻，字跡結構奇古，全椒縣文士江克讓（？～1928）安排弟子盛峻居及其子江兆源在亂石中搜拓，並委託全椒縣學人汪文鼎轉呈李瑞清鑒定，遂有「蕭梁人手筆，與鶴銘同時」的結論。之後，「江氏將所拓八十六字裝璜成冊，曾由中華書局影印成《全椒縣積玉橋殘字》一書」（《全椒縣文物志》1985 年）。

　　李瑞清在古代金石書契的啟發下，推崇篆隸的「古拙」氣象，強調「古意」中的古厚氣息，不是技法層面上的厚薄與否，而是賦予了道家返樸歸真的守拙志向；其雄渾的書象，則體現其儒家狷者獨行的人格操守，是「古法」具有的時代審美意識的體現。就如溥心畬曾說：「畫山不難於巍峨，而難於博大；不難於清華，而難於古厚。」意思不言而喻，古厚蘊意自然，匠心出於平凡，創新無可非議。每個時代都有時代的特色，師古摹古不難，難的是抱樸出新。

　　因此，「人們從拙樸開始，力求妍媚精妙，然後逐漸走到厭惡一味妍媚，並開始自覺尋求拙樸、儼有古風，並以古樸為最高審美境界，說明人們的書法審美意識從產生、發展到此時，已轉了一個大圈，是不是又回到原來的起點上呢？當初亟盡心力求之的，如今恰亟欲去之；當初亟盡心力去之的，如今恰亟欲求之。當然不是回到原來的起點，而是螺旋型的上升，到達了一個更高的層次的真率與拙樸。當初以拙樸之貌出現時，人們尚不知學問修養為何事。如今

〔註115〕李瑞清：《清道人遺集》，黃山書社 2011 年版，第 205 頁。
〔註116〕轉引自曾迎三：《清道人年譜（五）》，《內江師範學院學報》2014 年第 29 卷第 11 期，第 34 頁。

返璞歸真，卻是以充實的學問和高雅的修養為基礎，這也說明時代正將更高更難以達到的書法創作要求向有志於書者提出來了。」〔註117〕「不薄今人愛古人」是這個時期傳統學者的普遍態度，「尊古開新」，尚「質」求「樸」的審美意識，也成為二十世紀書法發展的整體訴求。

圖 4-7　李瑞清書南湖壽母圖卷，1915 年

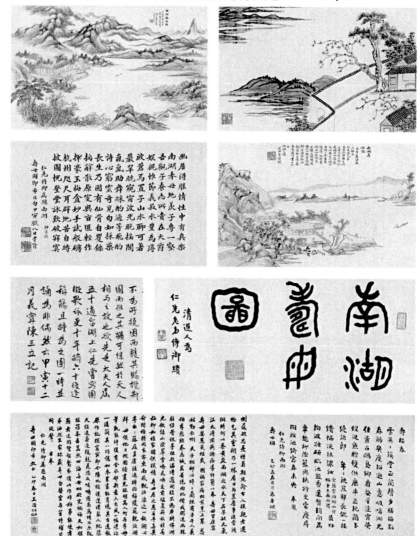

1915 年初，陳曾壽為母親周保珊慶賀六十壽誕，邀李瑞清、何維樸、金蓉鏡各繪《南湖壽母圖》，陳三立、朱孝臧、鄭孝胥、蔣國榜、王乃徵、陳詩等遺老均賦詩作文記之。圖片來源於北京誠軒 2015 年秋季拍賣會，圖錄號 318。

〔註117〕陳方既：《中國書法美學思想史》，河南美術出版社 2009 年版，第 386 頁。

第五章　李瑞清書法藝術思想的時代影響與成就

國變打亂了李瑞清習慣的生活方式，仕途的抱負、地位的榮耀、士人的學問在生存的第一要務面前，都變得虛空而不再有意義。「與其興怨，不如息身」〔註1〕，他毅然決然地以大隱於市的心境，來應對社會的巨變，當然這並非是唯一的出路，他也可以像其他「識時務者」的同僚那樣，華美轉身再仕民國，但其頭腦中固有的傳統忠節思想，使他更看重自己的文人操守名節，這就決定了他不能不選擇避世而非出世的生命姿態。

離開了體制的庇護而選擇獨立的生活，就失去了固定俸祿的生活保障。雖然他認同歐陽君重「為人莫學書，學書誠無益。拙無損於己，善徒為人役」〔註2〕的勸言，但書寫的技術手段卻是李瑞清活著的王道，鬻書的過程使其對書學思想和技法體系有了更多的時間去系統的思考和整理。正是在鬻書以謀生存的過程中，李瑞清對於書體技法的本體研究和大量實踐，才構建了他獨特的書法美學思想。與延續傳統書學路數的包世臣、何紹基不同，李瑞清的視域已擺脫筆法論至上的基調，而是著眼於更宏觀的角度解析書法形態並系統溯源書史，他試圖以一種更貼近於時代的美學觀念，通過大量書寫實踐，恢復昔日秦漢雄渾的美學傳統。

〔註1〕 李瑞清：《鬻書引》，《清道人遺集》，黃山書社 2011 年版，第 126 頁。
〔註2〕 李瑞清：《鬻書引》，《清道人遺集》，黃山書社 2011 年版，第 126～127 頁。

第一節 「納碑入帖」的書學現象

　　劉恒在《中國書法史‧清代卷》中用例證闡述清末民初的書壇已是碑派書法的天下。不可否認，帖學在從東晉到清初一千多年的發展過程中，雖然風格形式已呈現多樣化的傾向，但點畫和字體結構並沒有大的突破，帖派論書者沉湎於書寫的技法討論，卻無與時代同行的審美氣魄與高度，也就未有新的理論建樹。相比較而言，受金石學的影響，人們對書法的研究視野和審美期待傾向於所謂「碑學」的價值，於是，帖學書法連同理論著述在金石考據的經學面前，在阮、包、康三人碑派思想的連環出擊下毫無還手之力。而碑學理論溯源鼎彝碑碣，通過諸多書法風格的探索和個性的實踐，再加上對帖學主張的融會貫通，於是乎，為中國書學創造了一個嶄新的時代。

　　今天我們回頭再來看「納碑入帖」或「以帖入碑」的書學見解，其實就是立足點不同造成的主謂關係的變化，二者最終的目的都是要互為融通。況且「碑」與「帖」本來就是書法一體的兩面呈現，是在歷史發展過程中，書寫的原生態墨蹟在不同物質載體上的存在樣式。

　　即使在李瑞清所說「今之書家莫不人人言碑」〔註3〕時風籠罩下的晚清，被譽為「近代日本書道之父」的楊守敬就已經基於碑刻與匯帖的各自價值的考量，明確提出了對於「碑帖相合」的主張。他在《評帖記序》中認為：「夫碑者，古人之遺骸也；集帖者，影響也。精則為子孫，不精則為努靈耳。見努靈不如見遺骸，見遺骸不如見子孫。去古已遠，求毫芒於剝蝕之餘，其可必得耶？故集帖之與碑碣，合者兩美，離之兩傷。」〔註4〕由此可以看出楊守敬對於碑帖應融合兼治的基本觀點，「篆隸草章，並起秦漢，體勢雖異，淵源斯同，各有專長，豈容偏廢？」他也客觀、公允地分析了帖學傾頹的原因。〔註5〕其晚年所撰《學書邇言》緒論中更客觀地指出「晉人雖工行草，然但用之簡札，未有施之金石者。南朝至齊、梁，北朝至魏、齊、周，所刻碑碣皆具體分書，或雜篆書而用之。若《李仲璿》《曹子建》碑是也。自今視之，頗為駭怪。不知當時固未嘗判若鴻溝也。」〔註6〕以上論述已與阮元、包世臣和康有為等人揚碑抑帖的態度不同。

〔註3〕李瑞清：《玉梅花庵書斷》，《清道人遺集》，黃山書社2011年版，第157頁。
〔註4〕陳上岷主編：《楊守敬研究學術論文選集》，崇文書局2003年版，第70頁。
〔註5〕陳上岷主編：《楊守敬研究學術論文選集》，崇文書局2003年版，第131頁。
〔註6〕崔爾平選編：《歷代書法論文選續編》，上海書畫出版社1993年版，第713頁。

　　部分持有帖學主張的學者接受碑學審美觀點，劉熙載是為代表。他針對碑帖融合的審美意識，在《書概》中從美學角度理性地論述碑與帖的價值：「北書以骨勝，南書以韻勝，然北自有北之韻，南自有南之骨。」〔註7〕他讚美大王書「韻高千古，力屈萬夫」，實際上是給了帖學以崇高的評價，而毫不偏倚的客觀判斷也賦予碑派盛行的充分理由，他重視人品與格局，提出「學書者有兩觀：曰觀物，曰觀我。觀物以類情，觀我以通德。」的衡量標準，他強調書法傳統與文化傳統之關係，則為近代書法碑帖融合的現狀抒順了理論基礎。其實，對碑、帖傳承的價值討論，實際上都是對歷史和文化資源的保護，就像五四時期《學衡》與《新青年》的論爭，本質上不是觀念保守與文化進步之爭，而是面對民族性和時代性，不同的理想與主張對現代性的文明選擇。葉培貴在《碑學、帖學獻疑》中建議，以清代後期融鑄風格為基本取向的書風作為歷史發展的動向，無疑也是看到碑帖兼容思想的時代性與進步性。白謙慎從審美視域拓展的角度指出：「只有當康有為認定的『無不佳者』的『窮鄉兒女造像』之類的銘刻之跡也被納入書法學習的範本系統時，它們才和傳統的名家譜系的帖學發生了真正的衝突。」〔註8〕這個衝突主要是審美思想的衝突，是陽春白雪與下里巴人的衝突，也是今天「醜書」的爭論源頭，當然也和民國書家當時的審美追溯大相徑庭。

　　晚清書風重、大、拙、厚的審美風尚在民國時期走向成熟，可以說，民國書法發展的歷史處境類似於魏晉，都是表現形式多樣、審美風格的轉換階段，它是今天研究三代以至秦漢書法必經的橋樑。「碑」與「帖」的兩種風格相融互補，是沈曾植、吳昌碩、康有為、鄭孝胥、李瑞清、曾熙、于右任等諸多文人學者在藝術變革上的自覺反映，並逐漸成為二十世紀書法風格流變的主要趨向。

一、交遊群體的社會圖譜

　　李瑞清鬻書滬上是筆歌墨舞的九年，書畫供養了生存，交遊維護了人脈，他全身心投入到金石探索與書畫研習，逐漸夯實自己的藝術追求和書學思想。他很少參加帶有敏感話題的政治性聚會活動，交往的朋儕中人都是當時的大學者、大詩人、大書畫家、企業家等社會名流，他們性情相投，旨趣相似，通

〔註7〕　劉熙載：《書概》，《歷代書法論文選》，上海書畫出版社2014年版，第697頁。
〔註8〕　白謙慎：《與古為徒與娟娟髮屋——關於書法經典問題的思考》，湖南美術出版社2003年版，第9頁。

過鼎彝金石等實物的收藏與研究分享，始終保持與傳統對話，在交流中增進並拓展了彼此間學問的深度和廣度，區別於其他傳統領域的衰落，形成近代書畫藝術所特有的金石氣息。

李瑞清為官江寧期間，與繆荃孫、徐乃昌的交集是因為他們在三江師範學堂屬於前後任的關係。1902 年 5 月作為張之洞的幕僚，繆荃孫負責籌建三江師範學堂並出任學堂總稽查，《藝風老人日記》〔註9〕中三十餘次宴飲雅集，記錄了他們三江元老在南京辦學直到避居海上的親和關係，其中也包括他們在滬期間與柳亞子、朱祖謀、王國維、羅振玉〔註10〕的謀事。李瑞清與「夙抱傳古之志」的羅振玉相識的最早記錄是 1915 年 4 月 14 日，沈曾植、羅振玉、李瑞清共同觀賞《淳化閣帖》，前文已有描述。王國維給羅振玉的書信（1918 年十二月初六）中亦發現有與李瑞清以及西泠印社創始人之一丁輔之往來的記錄；《散原精舍詩文集》也記錄了陳三立與李瑞清寄情性於詩文的唱和；與民族實業家張謇在南洋勸業會研究會是共事的關係，是時，李瑞清為正會長，張謇為總幹事；與譚延闓、曾熙三人「情與曾垺」；與胡思敬既是鄉、會、殿三試同榜，又志趣相投，也是兒女親家；客居上海時與沈曾植、鄭孝胥、俞明震、朱古微、王聘三、陳曾壽、左子異、哈少甫、沙隴鄭堯臣一直保持詩酒流連、翰墨酬酢的交誼。而其與曾熙、沈曾植、吳昌碩、譚延闓、王一亭、鄭文焯等書畫家過從最密，甚至與善拓碑、精鑒別的碑估（售賣碑帖為業的商人）之間也有交遊。

1912 年 4 月 21 日、22 日，《神州日報》連續刊登《鬻書引》和《鬻書後引》兩篇關於李瑞清到上海鬻書的自述介紹，不久，報頭題字也換上了李瑞清的手筆，媒體的宣傳力量使得李瑞清迅速打開書畫市場，而此際黃賓虹（1865～1955）正在《神州日報》擔任筆政，報頭題字不能說不是黃氏投桃報李的可能，因為早在辛亥革命前，李瑞清擔任兩江師範學堂監督時，二人即已相知，並且在 1910 年 9 月，李瑞清、蒯光典在上海創辦留美預備學堂之時，亦邀約黃賓虹為國文教習與王雲五〔註11〕（1888～1979）共事教育救國。黃賓虹在

〔註9〕《藝風老人日記》是繆荃孫行書手寫的 32 年日記，主要記載了 1888 年 3 月至 1919 年 10 月間繆荃孫的交遊和學術活動，是研究清末民初的寶貴資料。

〔註10〕羅振玉：《羅振玉自述》，安徽文藝出版社 2013 年版，第 203 頁。

〔註11〕王雲五，原名之瑞，號岫廬，祖籍廣東香山（今中山），著名出版家、教育家、圖書館事業家。1909 年兼任留美預備學堂教務長，1925 年發明「四角號碼檢字法」，1930 年任商務印書館總經理，1947 年任行政院副院長，1954 年出任臺灣考試院副院長、行政院副院長、1964 年出任臺灣商務印書館董事長。

《九十雜述之二》回憶「辛亥革命前，余屢至金陵。兩江師範監督李梅庵瑞清、蒯理卿觀察光典，約我興學。余任滬留美預備校文科。聘德國人阿特梅氏。」〔註12〕在這之後就幾乎沒有交集的記錄了，大概也與李瑞清的出世心態和黃氏的革命傾向有些出入所致。

圖 5-1　李瑞清題寫《神州日報》刊頭

圖片來源於上海圖書館《全國報刊索引》。

1912 年 5 月，李叔同以研究文學美術為目的，在上海與葉楚傖、柳亞子、朱少屏、曾孝谷等人發起成立文美會並舉行了唯一的一次雅集，李瑞清、吳昌碩、黃賓虹等人都參加此次活動，黃賓虹回憶說：「先是師曾寓滬上，偕清道人、弘一法師（原注：即李叔同）立文美會，約余入座，贈自寫墨梅一枝，叔同出篆刻，清道人作分書，昕夕晤談，頗極一時之樂。」（1935 年《俞劍華畫展誌感》）李叔同撰文介紹了文美會的成立過程以及筆會的活動盛況：「是日因會期定於倉促，發表甚遲，而到會者尚有二十餘人之多。李梅庵（即玉梅花庵道士）、吳昌

〔註12〕黃賓虹：《黃賓虹談藝錄》，上海人民美術出版社 2018 年版，第 5 頁。

碩兩先生，亦以客員資格來襄盛舉，且皆臨時揮毫，應人之請，其豪興正復不淺。……出賣品二十餘件，李梅庵氏之摺扇二柄，皆兩面書畫，筆墨題識，趣味入古，一望而知為名手。朽道人（按：即陳師曾）山水二幅，氣韻渾厚。李息霜氏以篆法書英字，自成派別，而不傷雅，所書係英國大文豪沙翁之詩，體裁恰好。……又，沈墨仙氏之《枇杷》，李梅庵氏之《松》，吳昌碩氏之《梅》，（三氏皆臨時揮毫），一時興來之作，莫不韻味天然，一洗凡近之習也。」〔註13〕更為珍貴的是在 1918 年李叔同出家之前，《玉梅花庵道士為息霜先生畫》這幅作品成為他們友誼的見證。李瑞清在不到半年的時間就為世人所熟識，並且很快就融入上海藝術交流的市場大潮中，媒體的宣傳功能可見一斑，當然也跟他與吳昌碩、王一亭等一干畫界友人及收藏家的交流不無關係。1918 年，李瑞清、吳昌碩、王一亭、何詩孫、康有為諸人為日本的萩野由之博士（1860～1924）合作繪畫，康有為的題跋記錄了友誼的瞬間：「戊午臘，有吉君約同人飲六三園，寫畫送萩野博士歸國。李梅庵寫松。吳昌碩寫梅。何詩孫寫枯枝。王一亭寫水仙石。姚賦秋寫竹而鄙人題詩。」吳昌碩題詩「深杯野色寒，長嘯天風起。行色古春前，石頭點不已。萩野先生將東歸，同人集六三園言別，小詩博笑而已。時戊午歲杪，吳昌碩年七十有五。」此幅作品目前存世。〔註14〕

圖 5-2　徐園小蘭亭紀念會留影 1912 年於上海

李瑞清（二排坐右六）吳昌碩（二排坐右三），圖片選自《李瑞清手札精粹》，上海書畫出版社 2018 年出版。

〔註13〕李叔同：《心與禪》，陝西師範大學出版 2008 年版，第 53～58 頁。
〔註14〕《缶墨東遊──吳昌碩生誕一七〇週年記念展》，東京：三圭社 2014。

　　據西泠印社社史記載，早期西泠印社史中，有關於王國維、魯迅、余紹宋、楊守敬、朱孝臧、李瑞清、沈曾植、馮君木等的記載，但李瑞清並未加入西泠印社，卻由於和吳昌碩的私人關係，為印社留下過詩句。1918 年，李瑞清題「遁廬」並記：「天地有正氣，山水函清暉。集文信國謝康樂句，戊午十一月清道人」〔註 15〕

表 4　李瑞清寓居滬上參加社會活動一覽

時　間	地　點	活動名稱	發起機構或組織人員
1912.5.14	上海三馬路大新街天興樓酒館	文美會第一次雅集	葉楚傖、柳亞子、朱少屏、曾孝谷、李叔同、黃賓虹、李瑞清、陳師曾、吳昌碩等二十多人
1912.6.9	江西路二號	中華民族大同會上海支部成立大會	當選教育部幹事徐紹楨為支部長
1912.5.24	徐園	金石書畫共覽會	繆小珊、楊惺吾、沈子培、王雪澄、徐積餘、李梅庵、劉聚卿、宣古愚、王子展、王捍鄭、宗子戴、龐萊臣、孫問清、李平書、陳蓉曙、吳倉碩、何詩孫、陸廉夫、程定彝、張渭漁、程松卿、鄒適廬、褚禮堂、甘翰臣、秦炯蔫、陳渭泉、長尾雨山、鄧秋枚
1912.7.14	四馬路三山會館	題襟館古書畫展覽會	海上題襟館書畫會
1913.4.9	康腦脫路徐園	徐園淞社同人修禊會	周夢坡、劉翰怡
1914.11.8	四馬路三山會館	孤兒院菊花展覽會	海上題襟館書畫會
1915.3.31	今吳淞中學	中國公學十週年紀念會	上海中國公學
1916.11.11	靜安寺路愛儷園	廣倉學會古物研究月會	羅迦陵（哈同之妻）
1917.12.8	四馬路三山會館	題襟館書畫會徵求書畫助賑	何詩孫、清道人、吳昌碩、王一亭
1918.4.13	康腦脫路徐園	徐園修禊會	姚志梁
1918.4.25	靜安寺路愛儷園	愛儷園書畫籌振會	海上題襟館書畫會

〔註 15〕陳振濂：《西泠印社史研究導論（三）——西泠印社與近現代文化名人》。《青少年書法》2014 年第 6 期第 18 頁。

　　民國早期，清朝遺老避居的上海在無形中形成一個書法中心。《鄭孝胥日記》記錄了許多遺老遺少在一起宴飲、論藝的情形，如 1915 年七月十三日條：「至旭莊寓，共宴李梅庵，在座者何詩蓀、吳昌碩、沈愛倉、左子異、洪鷺汀、林怡書、余及旭莊，八主一客。」十二月初十日記載：「公宴洪鷺汀於古渝軒，以《詩序》遺昌碩。席罷，與李梅庵同過曾士元，觀宋仲溫《書譜》墨蹟及梅庵所藏《龍藏寺》精拓本。」〔註16〕考察《鄭孝胥日記》可知，鄭、李二人的正式謀面於 1906 年 3 月 18 日的上海鄭孝胥寓所，之前，端方任命鄭孝胥為上海公學監督，李瑞清時任兩江師範學堂監督。辛亥革命後，鄭孝胥隱居海上以賣字為生，沙孟海對鄭孝胥的書法評價甚高，捎帶著貶損了李瑞清，他認為：「可以矯正趙之謙的飄泛，陶濬宣的板滯和李瑞清顫筆的弊端的，只有鄭孝胥了，他的作品，有精悍之色，又有松秀之趣，活像他的詩，於沖夷之中，帶有激宕之氣。」〔註17〕

　　沈曾植、鄭孝胥、康有為、曾熙這些人的書法實踐，恰恰都經歷了帖學啟蒙、致力碑學、碑帖兼容的歷程，並在書法創作中表現出堅定的調和碑帖的探索傾向。受他們的影響，李瑞清無論在思想還是實踐層面都開始擺脫碑學理論的羈絆。曾熙弟子朱大可曾撰文抵制包安吳、康南海崇碑抑帖之說，認為「長素乘之，以講書法，於是北碑盛行，南書絕跡，別裁偽體，觸目皆是，此書法之厄，亦世道之憂也。」〔註18〕其論書絕句第二十七首，亦云「安吳談藝未能公，南海推波更下風。苦為前賢翻舊案，狂吟不覺氣如虹。僕論書不主安吳、南海『尊魏卑唐』之說，嘗著長論以駁詰之，絕句之作，猶此志也。」（載 1928 年 10 月 5 日《新聞報・快活林》）其實，康有為亦有崇尚帖學的言論（詳見《廣藝舟雙楫》第二十五篇《行草》），他關於碑帖兼融的思想既反映了康氏本人書學思想的進步也預示著書學發展轉向「藝術價值」的本質認可和審美訴求的方向。故我們不能僅憑《廣藝舟雙楫》的前二十四篇，就篤定他對帖學的否定態度。

　　晚清至民國期間，照相印刷術在開放的上海已廣泛運用。有正書局最早採用珂羅版技術印刷傳統字畫，解決了碑帖拓本反覆翻刻失真的問題，書法學習的社會普及也由此開始，同時，珂羅版的印刷傳播也使得李瑞清書法迅速地揚

〔註16〕鄭孝胥：《鄭孝胥日記》，北京：中華書局 1993 年版，第 1575、1593 頁。

〔註17〕《東方雜誌》，北京：商務印書館出版，第二十七卷第二號，第 9 頁。

〔註18〕朱大可：《論書斥包慎伯康長素》，商務印書館編《東方雜誌》第二十七卷，第二號《中國美術專號》1930 年。

名海上。1914 年，羅振玉、王國維二人在日本合撰的《流沙墜簡》於京都東山書社付梓，發行後很快傳回國內，近二千年前漢人書寫的簡牘真蹟通過影印再現於書家面前，給書法界的認知帶來了極大的震撼，正如劉正成所說：「敦煌漢簡的出土就像原子彈爆炸一樣，千里之間，靈光一閃，在世界範圍內引起強烈震動，直至影響到二十世紀的書法創作。」當時書法家們認為「漢人隸法之秘，盡泄於此，不復受墨本之蔽。昔人窮畢生之力於隸書而無所獲者，至是則洞如觀火。篆、隸、草、楷無不相通，學書者能悟乎此，其成就之易已無俟詳論！」〔註 19〕鄭孝胥認為溯源《流沙墜簡》，「則書學之復古，可操券而待也。」〔註 20〕張謙在《海藏書法抉微》裏評論其老師鄭孝胥受簡牘書風影響時說：「方今攝影印刷之術既興，古人真蹟一目了然。而翰苑諸公咸具兼重碑帖之心，習碑之士亦蠲輕蔑簡帖之見，南北攜手，今即其時。碑帖合流，自古應爾。」〔註 21〕梁啟超在見到《流沙墜簡》後的一次演講中說道：「我主張臨六朝新出土的碑。近來有珂羅版，很方便，臨帖亦還可以。沒有珂羅版以前，真不要打此種主意。」〔註 22〕沈曾植即借鑒《流沙墜簡》專攻章草而成就卓絕，提出了「簡牘為行草之宗」〔註 23〕的考釋。李瑞清對漢簡樸拙古茂的藝術風格進行了積極探求並納入實踐創作。他根據《流沙墜簡》中字形的多種變化，溯源了書法演變的來龍去脈。而上列遺老對《流沙墜簡》書法價值的評價，既可說明這是他們探討商榷後的書學共識，亦為碑帖融合排除了心理上的障礙，從此，書壇創作變化豐富，氣象蔚為大觀。

　　1917 年五月初三，張美翊〔註 24〕（1857～1924）致函李瑞清，介紹同為鄞縣人的學生朱復戡〔註 25〕（1900～1989）登門求教，「梅庵先生侍史：月初

〔註 19〕　《明清書法論文選》，上海書店出版社 1994 年版，第 943 頁。

〔註 20〕　鄭孝胥：《海藏書法抉微》，《明清書法論文選》，上海書店出版社 1994 年版，第 944 頁。

〔註 21〕　《明清書法論文選》，上海書店出版社 1994 年版，第 1007 頁。

〔註 22〕　梁啟超：《梁啟超文選》（下），中國廣播電視出版社 2004。

〔註 23〕　《沈曾植‧海日樓書論》，《明清書法論文選》，上海書店出版社 1994 年版，第 919 頁。

〔註 24〕　張美翊，字讓三，號簡碩，晚年改為蹇叟，浙江寧波人。清光緒二十九年夏至清光緒二十九年冬，清光緒三十年夏至清光緒三十年冬，曾兩度擔任南洋公學（上海交通大學前身）提調兼總理。

〔註 25〕　朱復戡，原名義方，字百行，號靜龕，40 歲後以復戡號行，鄞縣梅墟（今屬邱隘鎮）人，曾任上海美專教授，晚年被聘為西冷印社理事、中國書法家協會名譽理事。

事冗，疲極，只好回甬休息。初八日貞元會不及陪坐為悵。舊藏《文公下碑》，自較新拓為勝，特命敝學生朱義方帶呈。朱生年十八，好公書特甚，如有臨本《流沙墜簡》檢賜一二俾得學習（公作書時能許其侍側尤感。）敬問道祺！教弟張美翊謹狀，五月初三。」〔註26〕好交遊的張謇叟晚年生活清逸，悉心栽培這位年幼的愛徒，帶他會見過許多賢達名流，為其開闊視野，增長見識，創造了良好的書學環境，並將孫女嫁給朱復戡（係中國書法家協會主席孫曉雲外公、外婆）。他在《致顧燮光書》中曾言：「敝門下朱生百行，作書一摹即似，其寫《石鼓》足與缶老相抗。十七八時仿清道人可奪真。」〔註27〕「清道人書恢奇絕世，余嘗病其行書無功，道人自亦歉然。乃觀其簡札佚麗天然，居然大令風流。在近代尤當抗手希哲。」「吾尤喜其題評小字，居然漢代木簡風味，惟其似且不似，不似而似，關捩幾何。」〔註28〕沈曾植等名家善意的批評、指引和中肯的評論，既能說明李瑞清對書法研究和創作的探究態度，其對書藝淵源的考訂以及書學見解，又反映了他在碑帖融合方面的藝術成就。

沈曾植、曾熙、鄭孝胥等人納碑入帖的包容性態度，足以代表書法界在甲骨、簡牘以及殘紙文書等新發現的材料面前，已經以自覺的態度跳出碑學理論狹隘的界限，在泛化的趨勢下，為整個二十世紀書法審美的意識轉化提供了實踐的依據。

二、曾熙的碑帖融合論

湖南衡陽人曾熙（1861～1930），字季子，晚年自號農髯，是清末民初的政治家、教育家、海派書畫的代表人物之一。其一生行誼詳見曾熙後人曾迎三與王中秀編著的《曾熙年譜長編》（上海書畫出版社 2016 年版）。曾熙是李瑞清最為親近的知己，在民初書畫界以「曾李」並稱，二人偏嗜石濤、八大之畫風並影響諸多弟子的喜好，對海上畫派的藝術風氣轉變及收藏界的品味興趣都產生了深刻的影響。齊白石認為「余嘗遊四方，所遇能畫者陳師曾、李筠厂，能書者曾農髯、楊潛庵先生而已」〔註29〕。（1903 年 5 月 7 日日記）可見其書法在當時的影響。

〔註26〕《新美域》2008 年第 2 期，第 6 頁。
〔註27〕《新美域》2008 年第 2 期，第 142 頁。
〔註28〕馬宗霍：《書林藻鑒·書林紀事》，文物出版社 1984 年版，第 246 頁。
〔註29〕王中秀、曾迎三編著：《曾熙年譜長編》，上海書畫出版社 2016 年版，第 68 頁。

曾熙在湘水校經堂學習之時，與李瑞清結交，成為終生知己。據曾迎三考證二人相識的時間是在 1891 年。1894 年，曾熙與李瑞清二人同入京師參加會考，寓居宣武門外大街棉花胡同的臨川會館（現位於四合上院小區之內），「寢共衾席，而出必同車馬。」〔註30〕曾熙並自題臨《黃庭經》談到二人研習書法的快樂。

光緒二十一年（1895），曾熙與李瑞清參加公車上書，反對清政府和日本簽訂《馬關條約》。以袁世凱復辟為轉捩點，之前，曾熙的精力大部分放在教育和政務上，先後擔任湖南南路優級師範學堂（1905）、衡清師範學堂（後改為衡清官立中學堂）、湖南高等學堂（1907）等學校監督，兼任省教育會副會長，並當選過湖南省諮議局副議長（1909）、湖南省議會副議長（1913）〔註31〕，為譚延闓的政壇盟友。1915 年後出於對時局的失望，選擇了「絕意仕進，著書萬山中以自娛。」〔註32〕是年秋遊歷浙、滬後，在李瑞清的盛情邀請下，留在上海鬻書畫為生。李瑞清撰文作《衡陽曾子緝鬻書直例引》並力薦曾熙。1916年 6 月 11 日、19 日，《申報》接連刊登《海上又來一書家》《湘名士留滬鬻書》的兩篇報導，介紹曾熙書法。自此，曾、李二人朝夕論道，留下了大量的書畫遺產。李漁叔〔註33〕（1905～1978）在其《魚千里齋隨筆》中提到：「梅庵入民國後，遂不復仕。鬻書上海，名益盛。求者踵接，歲入三四萬金，一時無與為比，稍後衡陽曾熙農髯繼至，差相將。農髯書宗黑女而微變其體勢，專用圓筆，與梅庵學北書方圓並用者不同，皆擅美藝林者也。」

曾熙的書學思想影響其藝術品格，他不盲從阮元的南北書派論，並根據敦煌石室經卷中的北朝章草，遠古鑒今，印證晉人手札，得出南北行草書風同源的見解。在他的影響下，李瑞清開始撤棄南北之見，〔註34〕後期的書法風格逐

〔註30〕王中秀、曾迎三編著：《曾熙年譜長編》，上海書畫出版社 2016 年版，第 31頁。
〔註31〕王中秀、曾迎三編著：《曾熙年譜長編》，上海書畫出版社 2016 年版，第 87、99、108、167 頁。
〔註32〕王中秀、曾迎三編著：《曾熙年譜長編》，上海書畫出版社 2016 年版，第 164頁。
〔註33〕李漁叔，湖南湘潭人，趙啟霖（1859～1935）弟子，畢業於日本明治大學。曾任總統府秘書，臺灣師範大學教授，詩學泰斗，書法名家。著有《花延年室詩》《魚千里齋隨筆》等。
〔註34〕詳見曾熙《清道人節臨六朝碑四種》第一集題跋。王中秀、曾迎三編著：《曾熙年譜長編》，上海書畫出版社 2016 年版，第 195～196 頁。

漸擺脫方硬的凌厲之氣，形成敦厚和婉的涵泳面貌。

曾熙在自身的創作實踐中，亦遵循融會方圓，溝通南北的態勢，並能自成一家。從其傳世作品中，可以看到以《瘞鶴銘》為基底的氣勢飛動、寬綽舒朗的藝術風格。這種氣息主要體現在他蘊藉含蓄、從容不迫的圓筆運用，表現出對線條質感的敏銳把握。當然也有借鑒何紹基的「顫筆」，追求「篆籀氣」的金石味形式。江蘇鎮江焦山之上的《瘞鶴銘》摩崖石刻，歷經千年，既有北碑的雄強渾穆之氣，又有南帖的溫雅靈秀之韻，其金石蒼茫之氣受到眾多文人墨客的追捧，影響歷代書家的書寫品格和精神態勢，黃庭堅曾發出「大字無過瘞鶴銘」的讚歎，清人葉昌熾更將其比況為「書仙」。曾熙認為瘞鶴銘筆法和右軍筆法是參通的：「唐太宗評書，稱王右軍筆法，勢似欹而反正，惟此石足以當之」，並頗有見地評該碑以欹反正的態勢溯源於篆書。

曾熙運用頓挫的顫筆書寫將《瘞鶴銘》仙道之氣息完美地表現出來。他認為一波三折的這種「頓挫提轉」筆法，與蔡邕所說的「緊駃戰行之法」有異曲同工之妙，既是對李瑞清「犬牙相錯」筆法由表及裏的歸納，也可以作為對自己以顫筆來增加金石斑駁之感的注腳。曾熙在《李瑞清臨唐宋元明漢魏六朝帖》題跋中讚譽李瑞清帖學的表現工夫，並分析稱譽說：「碑不可通之帖，亦猶撰文不得以碑銘之筆作箋札耳。唐之響拓，宋之撫石，波磔既損，真氣蕩然。勢不能不以兩漢隸分生六代之枯骨。道人此冊所以高越前人，為帖學者得此法也。至每臨一帖，神意逼真，如影隨人，求之古人，老米猶當讓步。此冊海內外書家爭購，於三次付印識此。乙卯（1915）十一月，農髯熙。」〔註35〕曾熙書法得力於《華山碑》《張黑女墓誌》及《夏承碑》最多，兼融漢隸的圓筆與魏碑的渾厚於一體。晚年崇古溯源，總結出了一條法古變古的規律，「知石濤法古，然後知石濤能變古。髯嘗稱書畫宜分三期，初功但知有古人無我；及其久，有古人有我；其成也，有我無古人。」〔註36〕這種辯證的法古態度，直接延伸影響其書畫參通的藝術理念，並將篆隸筆法揉入畫法。曾熙在題李瑞清《無量壽佛圖》時認為：「阿楳年來畫佛純以篆籀之筆行之，亦不自知其為畫耶書耶！」〔註37〕他曾言「但知以書家筆墨寫之，其

〔註35〕王中秀、曾迎三編著：《曾熙年譜長編》，上海書畫出版社 2016 年版，第 197頁。

〔註36〕劉海粟美術館編：《曾熙與上海美專書畫作品集》，2010 年。

〔註37〕王中秀、曾迎三編著：《曾熙年譜長編》，上海書畫出版社 2016 年版，第 394頁。

雙勾取宋元法，而以篆分行之，則髯法也」，其弟子錢瘦鐵受「作篆如作畫」的理念影響，刻有一方「以古籒草隸作畫」的常用印，可見其畫學、書學藝術的見解在於追源尋本。張大千《四十年回顧展自序》中云：「兩師作書之餘，兼喜作畫，梅師酷好八大山人，喜為花竹松石，又以篆法為佛像；髯師則好石濤，為山水松梅，每以畫法通之書法，詔門人子弟。」〔註38〕陳三立曾說：「農髯與清道人皆以書勢名天下，故皆晚藏始作畫。余嘗兩哂其為蛇足，徒弄狡獪耳。久之則為世所推重。以謂可攀宋元名輩，即余亦無異議，蓋二子胸中所具丘壑，忍俊不禁，鬱積而一吐其奇，所習在意、在目、不在手，故自然成異境，非於技也。」〔註39〕

1917年五月五日（6月20日），曾熙跋《李梅庵臨周散氏盤銘真蹟》為李雲麾進一步闡述篆書的美學意義：「自宋以來，士大夫始言鍾鼎之學，我朝諸儒搜訪既勤，考據尤確，三代文字，郁郁乎聚於我朝，然未嘗求其筆法，以究大篆之學。道州蝯叟固嘗為之，迫以耄年，未竟其志。吳尚書可謂壹志專力，兀兀數十年矣，但習其體，未窺其奧，以晚近之筆，高語三代，宜其卑弱不能入古也。阿梅生有古癖，於三代兩漢六朝，自幼習之，勤苦過人，所造多成絕學。於大篆索奇探幽，殆斯文之中興乎？此冊為容恢五弟所臨，盤曲深厚，蜿蜒滿紙，始末無一懈筆，五弟宜重寶之。丁巳端午熙。」〔註40〕

曾熙並未有專門的文集行世，他的書學思想大多體現在書畫題識跋文中，既有臨池感悟、品評前賢，也有鑒藏心得、隨筆慢書。朱大可問學曾熙之際，將師生間問道解惑的記錄整理成文，遂成《遊天戲海室雅言》，這些習書論藝的理論，是研究曾熙書學思想的寶貴資料。在這篇語錄中，他溯源書法發展歷程，認為「求篆必於金，求分必於石」，這與李瑞清「求分於石、求篆於金」的書學思想完全一樣，也可見二人在朝夕相處中，藝術格局和審美追求是近趨一致的。

1920年9月12日，李瑞清在上海寓所去世後，曾熙親自操辦喪事，為其築冢南京牛首山，並建庵題區，書碑植梅，其輓聯為「道德我師，文字吾友；

〔註38〕王中秀、曾迎三編著：《曾熙年譜長編》，上海書畫出版社2016年版，第333頁。

〔註39〕《張大千的老師——曾熙、李瑞清書畫特展》（臺北：國立歷史博物館，2010），第21頁。

〔註40〕王中秀、曾迎三編著：《曾熙年譜長編》，上海書畫出版社2016年版，第272頁。

永訣此日，相期他生。」〔註41〕言簡但見情深。我們在《清道人遺集》中也通過李瑞清詩句的表述，如《秋日湘上別曾熙》，以及碑帖的相互題跋感觸到曾李二人交往的深情，如《跋曾農髯夏承碑臨本》《跋曾農髯華山廟碑臨本》等等。1930年8月27日，曾熙病逝後，陳三立為其作墓誌銘，稱「亂驅一老投海裔，巧救饑腸廚饔藝。初接黃冠騈聯彎，喪朋文采獨照世。」〔註42〕張善孖作「挽曾農髯師」一首（載1930年9月23日《新聞報·快活林》）：「揮毫與梅庵缶老齊名，北派南宗，試問一代書家，虎臥龍跳誰抗手；及門似長公穎濱昆季，東塗西抹，愧對數行遺墨，山頹木壞劇沾襟。」9月30日，張善孖、張大千、黃曉汀、朱大可等一眾門生提議在「衡陽書畫學社」基礎上成立「同門會」。10月9日《申報》刊發了《曾農髯諸弟子組織曾李同門會》一文，詳細介紹了創建經過：「海上書畫家衡陽曾農髯先生逝世後，其門人有聲於海上藝壇及各界者，頗不乏人，而散處四方及國外者亦復甚多。聞於曾先生舉殯之日，由門人江萬平會計師，創議組織曾李同門會，並舉曾先生及海上十年前大書畫家清道人李梅庵先生春秋禮典，蓋兩先生生前相愛如兄弟，而門下弟子亦多並列兩先生門牆者。即於曾先生殯日開成立會，公推張善孖、張大千、黃曉汀、馬企周、劉俊英、江萬平、李建初、姚雲江、馬宗霍、朱大可、許冠群等十一人為執行委員，推定馬宗霍擬同門錄序文，朱大可擬緣起，江萬平擬章程，並於前日在江萬平宅開第一次執行委員會，通過章程草案，並互推劉俊英、馬宗霍、江萬平、張善孖、朱大可五人為常務委員，聞海內列兩先生門牆者，數逾千人，日本方面，亦多有曾執贄禮者，將來此會聞將附設各種學會，以發揚兩先生之詩文書畫，藝林有此盛大組織，即成一佳話云。」

《曾李同門春祭記略》司儀：「臨川李梅庵、衡陽曾農髯兩先生逝世後，兩家弟子合組『曾李同門會』，定於每歲春秋，舉行祀典。本年春祭，已於前日（念四日）假陶樂春菜館舉行，蓋兩先生在日，每好小酌於其處也。所懸兩先生遺像，係張善孖之侄旭明所繪，神情態度，奕奕如生。是日與祭者，有朱大可、江萬平、蔣蘇庵、錢瘦鐵等二十餘人。祭畢，討論編刻兩先生遺稿。梅庵先生遺稿六冊已由蔣蘇庵君保存，農髯先生遺稿，亦在搜輯之中，不久皆可梓行。蔣蘇庵君並願於西湖莊內，闢室奉懸兩先生遺像，俾春秋佳日，遊湖士

〔註41〕《清道人遺集》，黃山書社2011年版，第237頁。
〔註42〕陳三立：《清故兵部主事曾君墓誌銘》，《散原精舍詩文集》下，卷十六，1084頁。

女得以瞻仰兩先生遺範，與西泠印社之吳昌碩銅像，同為湖山生色。諸君子之篤念師門，久而不替，誠可以風世而敦俗矣。」（1931 年 3 月 27 日《金鋼鑽報》）

由上述文獻可以看出曾、李作為公眾人物所顯現出的人品和藝品的感召力，同門會的成立彙集了不少書畫界俊彥，還有出身多元的各行業精英，眾生徒在轉益多師中汲取多元的學書經驗，體現了二人「有教無類」的教育理念和追求。同時，「除了張大千、張善孖、馬宗霍等正式拜門的學生外，曾熙身邊還聚集了不少雖未拜門卻有師生之實的書壇新秀，錢瘦鐵、王個簃、方介堪等名家均屬此列。」〔註43〕舒文揚在《趙叔孺印存》中記載：「當時海上桃李最盛有三家，一為昌碩門下，缶廬弟子；一為李瑞清、曾熙門下曾李同門會；另一家則就是趙叔孺了。」〔註44〕

曾熙和李瑞清生活上情同手足，在思想理念和藝術追求上亦有合轍之處。《鄭孝胥日記》《譚延闓日記》中大量記載了他們一道宴飲、雅集、會友、論藝的情形。民國期間，周虎臣筆莊第七代傳人傅錦雲（1877～1955），精心制筆並求教於臨川同鄉，李瑞清揮毫讚譽：「海上造筆者，無逾周虎臣，圓勁不失古法。近世書家手不能伏毫，故喜便而惡健；筆不能攝墨，故喜薄而惡豐。筆工阿其好，世遂無佳筆。昔宣城諸葛氏，其先為右軍制筆，柳公權求之，莫能用，予以常筆則大喜。此知者之難也。書此以告世之求筆者。清道人」曾熙面對專門定制，亦撰書「馳名五洲地，創業二百年」五言一聯，並落長款贊曰：「老周虎臣前以湖筆創業蘇州，嗣移滬上，蓋二百年於茲。選毫之精，剛柔以濟，北京賀蓮青所不及，況其他乎！宜南洋群島亦輸運日毓也。書與錦雲兄正之。丙辰十月，衡陽曾熙書」。如今這兩件作品展藏於上海筆墨博物館內，留下些許無聲片時代泛黃的歷史回味。

1917 年，錢君匋題《馬企周先生秋景絕筆圖》：「……其時海上書家甚眾，顯赫者有吳昌碩、高邕、沈曾植、沈衛、朱張邨、鄭孝胥、李瑞清、曾熙等，獨曾、李共倡寫三代漢魏，以一波三折為宗，薈為風氣，桃李盈門。」〔註45〕由是可見曾、李二人的藝術追求與成就在當時上海灘的聲望如日中天。

〔註43〕王高升：《曾熙與錢瘦鐵的藝術交遊》，《錢瘦鐵紀念文集》，上海社會科學院出版社 2019 年，第 174 頁。

〔註44〕湘子：《曾熙的教育活動及門下弟子小考》，《書法賞評》2009 年第 2 期，第 21 頁。

〔註45〕劉海粟美術館編：《曾熙與上海美專書畫作品集》，上海辭書出版社 2010 年版。

圖 5-3　上海筆墨博物館藏李瑞清題匾

圖片來源：筆者攝於上海筆墨博物館。

圖 5-4　曾熙書周虎臣對聯：「馳名五洲
地，創業二百年」

圖片來源：筆者攝於上海筆墨博物館。

三、沈曾植「南北會通」的書學觀

　　清末書法界的碑帖互證觀念依託於尚古、會通、求變這一學術思想背景，在此基礎上，許多學者自覺地對書法脈絡重新進行梳理，追溯比「二王」帖學更早的書法源流，試圖建構起一個消除碑帖對立的系統。康有為晚年希冀融碑帖於一體，從其書贈甘作藩〔註46〕（1859～1941）的《天青室白行書七言聯》的款識中可以看出其雄心壯志：「自宋以來，千年皆帖學，至近百年，始講北碑。然張廉卿集北碑之大成，鄧完白寫南碑、漢隸而無帖，包慎伯全南帖而無碑。千年以來，未有集北碑南帖之成者，況兼漢分、秦篆、周籀而陶冶之哉，鄙人不敏，謬欲兼之。」又題「鄙人創此千年未有之新體，沈布政子培望而識之，鄭叔問識而奪取，移贈翰臣，得人哉。」〔註47〕康有為得意之時提到的沈布政子培，即在晚清書學發展過程中，「盡通國初及乾嘉諸家之說」〔註48〕的學者型書法家沈曾植。

圖 5-5　康有為贈甘作藩七言聯，1916

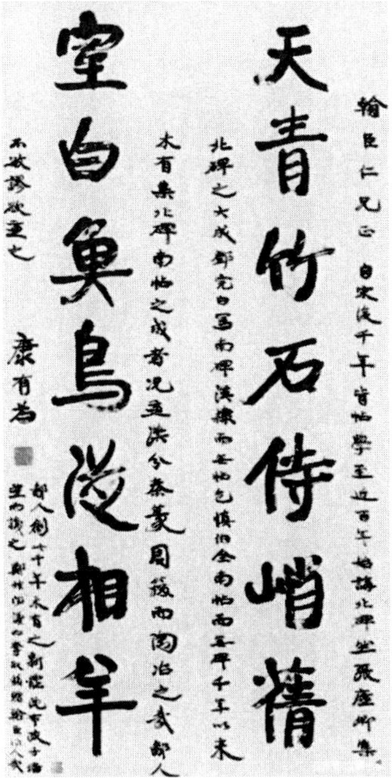

圖片來源於《中國書法全集》。

〔註46〕甘作藩，字屏宗，號翰臣，廣東香山（今中山）小欖人。晚號非園主人，嗜好收藏書畫古董。
〔註47〕《中國書法全集·第78卷·康有為、梁啟超、羅振玉、鄭孝胥》，圖版第37號。
〔註48〕王國維：《沈乙庵先生七十壽序》，《觀堂集林》第二十三卷，《王國維遺書》（第四冊），上海古籍書店1983年，第26～27頁。

　　作為翁同龢門生，沈曾植與翁交遊二十餘年，耳濡目染，書學思想深受其影響。前文曾談到米芾「趨時貴書」的說法，有清一代同樣有此現象。翁同龢在政界的號召力以及書壇的影響力，其書風必然會受到時人的傚仿，鄭孝胥、李瑞清也都曾因翁同龢喜好錢灃書法而對錢書用功。翁同龢早年是帖學出身，「以董、趙意而參以平原，氣魄足繼劉墉」〔註49〕，他肯定碑學自身的存在價值，認為「道光之後，碑學中興，蓋事勢推遷，不能自己也」。〔註50〕且針對碑學和帖學的兩種不同風格，有見地地提出「南書溫雅，北書雄健」〔註51〕，正如劉熙載所云：「北書以骨勝，南書以韻勝。然北自有北之韻，南自有南之骨也。〔註52〕亦可見劉氏對於翁在書學觀點上的啟導作用。翁同龢認為習書應「陶冶眾體而成一家」，這種碑帖兼容的思想影響到沈曾植大量的書學論述都致力於消除碑學與帖學的對立，包括對北朝碑版和南朝書帖的思考，認為某種程度上「南骨即北骨，北韻即南韻」〔註53〕，既是對劉熙載上述南北二分觀點的糾正和發展，也是從南、北碑的結體用筆、南北朝書法發展脈絡闡述論證碑派、帖派「南北會通」本就融合的觀點。

　　沈曾植為官時，「憂世之深，有過於龔（自珍）魏（源）」〔註54〕，1910年，他在安徽布政使護理巡撫的任上以病為由辭去官職，並在武昌起義爆發前避居上海，辛亥後以忠君復清的遺老自居。其書法「早精帖學，得筆於包世臣，壯年嗜張裕釗，其後由帖入碑，熔南北書流於一爐，錯綜變化，純以神行，談藝者推為大家。」〔註55〕其門生王蘧常（1900～1989）在《憶沈寐叟師》一文寫道：「六十四歲（1913）後始專意寫字，至七十三歲去世，用力極勤，遂卓然成為大家。」

　　沈曾植對書法藝術的探索是逐漸深入的過程，他認為「學古人者必求其淵源所自，乃有入處。」〔註56〕「鄙人臨紙，一字無來歷，便覺杌陧不安

〔註49〕沃丘仲子：《近代名人小傳・官僚》，北京：中華書局1988年版，第170頁。
〔註50〕康有為：《廣藝舟雙楫》，上海書畫出版社2006年版，第32頁。
〔註51〕劉熙載：《歷代書法論文選・藝概》，上海書畫出版社1979年版，第697頁。
〔註52〕劉熙載：《歷代書法論文選・藝概》，上海書畫出版社1979年版，第697頁。
〔註53〕沈曾植：《海日碎金》，南京：《同聲月刊》，1942年第二卷第十一號，第107頁。
〔註54〕王國維：《沈乙庵先生七十壽序》，《觀堂集林》第二十三卷，《王國維遺書》（第四冊），上海古籍書店，1983年，26～27頁。
〔註55〕沈曾植：《海日樓札叢》，上海古籍出版社，2009年第二版，前言第9頁。
〔註56〕沈曾植：《海日樓書法答問》，南京：《同聲月刊》，1944年第三卷第十一號，112頁。

也。」〔註57〕我們從他的書法歷程可以清晰地看到復古的觀念思想貫穿其整個藝術實踐，但復古並不是沈曾植的最終目標，而在於變古通今：「篆參隸勢而姿生，隸參楷勢而姿生，此通乎今以為變也。篆參籀勢而質古，隸參篆勢而質古，此通乎古以為變也。故夫物相雜而文生，物相兼而數賾。」〔註58〕而其成熟的書風是六十歲之後以《流沙墜簡》為基礎，頓悟突變的結果。「像釋子悟道般的，把書學的秘奧『一旦豁然貫通』了。」〔註59〕成功的偶然性也絕非一日之功，他針對自己「書學深而書功淺」的狀況，寓居滬上時沉浸於諸碑帖的臨寫，開始對書法傾注藝術的思考。正如王蘧常認為沈曾植晚年書法「真積力久，一旦頓悟，遂一空依傍，變化不可方物。」〔註60〕但到底如何是好，應該說曾熙的評論說出了沈曾植書法的精彩絕妙之處：「工處在拙，妙處在生，勝人處在不穩。」〔註61〕這種「不穩」恰恰就是前文所講的「似欹反正」，是其對書法形質的體悟下，重「勢」的表現，通過「臥筆」「抽鋒」等用筆的變化，達到「參勢而姿生」的縱橫意態，反映了晚清民初書法藝術追求的側重點，也正是這種側重，影響了 20 世紀前三十年的書法形態多樣化的表現趨向。

沈曾植有諸多精闢的書論發前人之未發，如強調「簡牘、碑版為二體」，但在具體論述時，則以北碑與二王相比，指出南北書法的相同之處，如謂「《龍藏》近右軍，《清頌》近大令」，「《刁志》近大王，《張碑》近小王」。〔註62〕當然，他諸多書法題跋中對待碑帖的態度有考證輿地、史實的目的，雖然未必全從藝術的角度去考量，但也闡明了北碑南帖平等的藝術價值，從中也能看到南北相濟、相生相發的融合主張。如：

「秀韻近南，波發沿北。」（跋北魏《開國侯元欽》）〔註63〕

「北碑至此與南帖合矣。」（跋北魏《女尚書王僧男》）〔註64〕

〔註57〕沈曾植：《海日樓遺札——與謝復園》，南京：《同聲月刊》，1945 年第四卷第三號，56 頁。

〔註58〕沈曾植：《海日樓札叢》，上海古籍出版社，第 336 頁。

〔註59〕沙孟海：《近三百年的書學》，《二十世紀書法研究叢書》，上海書畫出版社 2008 年版，第 12 頁。

〔註60〕王蘧常：《憶沈寐叟師》，《書法》，1985 年第 4 期，第 18～20 頁。

〔註61〕馬宗霍：《書林藻鑒·書林記事》，文物出版社 2015 年版，第 244 頁。

〔註62〕《明清書法論文選》，上海書店出版社 1994 年版，第 927、929 頁。

〔註63〕沈曾植：《海日樓題跋·海日樓札叢》，遼寧教育出版社，1998 年，第 313 頁。

〔註64〕沈曾植：《海日樓札叢·海日樓題跋》，遼寧教育出版社，1998 年，第 314 頁。

「書道至此，南北一家矣。」（跋隋《楊厲》）〔註65〕

「此碑運鋒結字，劇有與定武《蘭亭》可相證發者。……世無以北集壓南集者，獨可以北刻壓南刻乎？此碑不獨可證《蘭亭》，且可證《黃庭》。」（《敬使君碑跋》）〔註66〕

「蓋南北會通，隸楷裁制，古今嬗變，胥在於此。」（《禪靜寺剎前銘敬使君碑跋》）〔註67〕

「覺於南北合離，極有會處。」（跋《伯遠帖》）〔註68〕

圖 5-6　《流沙墜簡》民國 1914 年初版

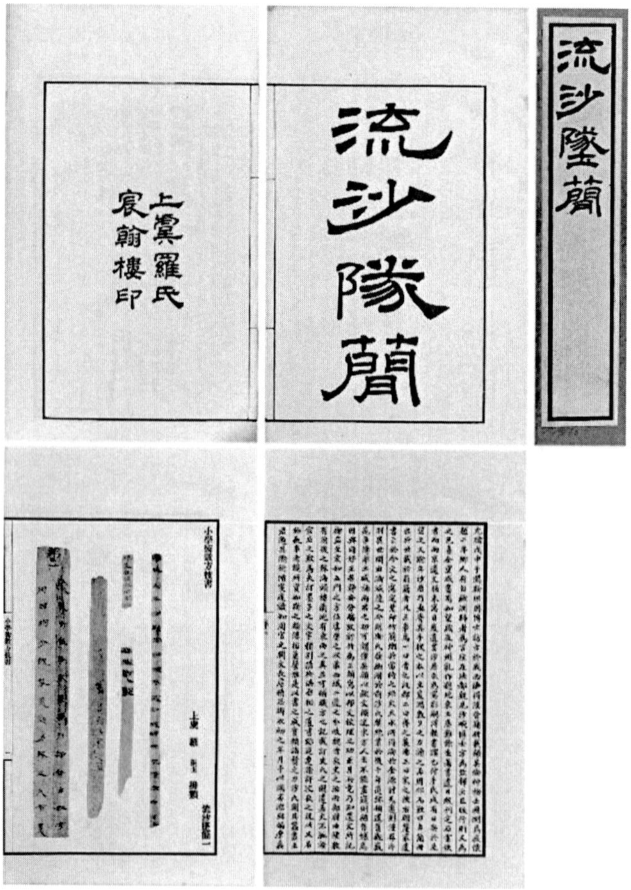

〔註65〕沈曾植：《海日樓札叢‧海日樓題跋》，遼寧教育出版社，1998 年，第 315 頁。
〔註66〕沈曾植：《海日樓札叢‧海日樓題跋》，遼寧教育出版社，1998 年，第 373 頁。
〔註67〕沈曾植：《海日樓札叢‧海日樓題跋》，遼寧教育出版社，1998 年，第 373～374 頁。
〔註68〕沈曾植，《菌閣瑣談》（六），《青鶴》，1934 年第二卷第十一期。

　　沈曾植是書法界最早接觸《流沙墜簡》資料的人。1913 年，法國漢學家沙畹（Edouard Chavannes，1865～1918）博士將其整理、釋讀的《奧萊爾‧斯坦因在東突厥斯坦沙漠中所獲漢文文書》一書校樣提供給時在日本的羅振玉、王國維，二人重新考釋、分類整理，使得《流沙墜簡》編撰成冊。羅振玉在《流沙墜簡》序言中談到該書的出版緣起：「光緒戊申，予聞斯坦因博士訪古於我西陲，得漢晉簡冊，載歸英倫。神物去國，惻焉疚懷。越二年，鄉人（指浙江同鄉金紹城（1878～1926），作者注）有自歐洲歸者，為言往在法都親見沙畹博士方為考釋云，且版行，則又為之色喜。企望成書，有如望歲。」1914 年正月，羅振玉從日本寄給沈曾植《流沙墜簡》的樣張，沈回信中云：「《墜簡》中不知有章草否？有今隸否？續有印出，仍望示數紙。餘年無幾，先睹之願又非尋常比也。」〔註69〕此後，《流沙墜簡》成為沈曾植學習的重要範本，也是晚年書風變化的起因。他以簡牘章草之筆意與北碑的筆法相互融合的作品開始出現，「開古今書法未有之奇境」〔註70〕。《流沙墜簡》成書後在學術界、書法界引起了轟動，民初的書家學者看到了前人無法看到的資料，在碑、帖論爭中得出與前人不同的結論，同樣也影響到李瑞清對於書法藝術的思考。

　　沈曾植的書學思想、創作理念得益於這些書法新材料的發現，他在目睹了前人所未見之書跡後，不斷深入探求書法淵源之流變，並且一直在努力彌合碑、帖之間的對立，消解之間的差異，這種觀念體現在《海日樓札叢》《海日樓題跋》《寐叟題跋》及給一些好友、門生的信札中。他在點評王蘧常的章草習作時說：「昔趙松雪、宋仲溫、祝希哲作所章草，不脫唐宋人之間架與氣味，爾所作不脫北碑間架與氣味，總之是一病。」〔註71〕沈曾植書法藝術和思想以滬上為中心，通過對門生、朋友的影響，包括于右任、胡小石、王蘧常、沙孟海等著名書家，拓展了碑學的審美內涵。正如胡小石評價的：「前不同於古人，自古人而來，而能發展古人；後不同於來者，向來者去，而能啟迪來者。」〔註72〕

　　沈曾植與李瑞清結識於南京，交遊頻繁主要是寓居上海的九年，即 1912～1920 年間。兩位大隱於市的前朝大員拋開了政治上的執著，詩文書畫成了遣興抒懷的最好方式。沈曾植長李瑞清 17 歲，其自身的人格魅力，特別是碑

〔註69〕沈曾植：《與羅振玉書》，《同聲月刊》，1944 年第四卷第二號，95 頁。
〔註70〕《沙孟海論書文集》，上海書畫出版社 1997 年版，第 719 頁。
〔註71〕鄭逸梅：《章草巨擘王蘧常》，《書壇舊聞》，浙江美術學院出版社 1992 年版，第 116 頁。
〔註72〕《胡小石論文集》，上海古籍出版社 1982 年版，第 221 頁。

帖結合的藝術風格在實踐上基本成熟，給予了李重要的引導。1914 年，沈曾植跋《清道人臨唐宋元明漢魏六朝帖》之諫言可見沈氏學養之高以及對李期許的拳拳之心：「李道士有祝希哲之書才，豐存禮之書學，肥炙豐膳，飲啖如吸川，不屑為山澤腹儒而論議，顧自飄飄，自有凌雲之氣。其於書道殆坡、谷所謂墨戲爾，發於醉飽之餘，引豪濡紙，惟意所適，從而命之，曰某家某家，而某家某家之肥瘦平險，一一貢其真形而靡所逃遁。神仙家言張惡子蓋七十三化，而老子化胡經有十六變詞意，道士有得於斯而示現諸墨戲耶？自記納碑於帖，遜翁論旨劇不爾，曰化碑為帖可爾。吾尤喜其題評小字，居然漢代木簡風味。惟其似且不似，稱不似而似，關捩幾何，請道士作十日思，其中有信，以閱眾甫，猶龍氏言之矣。甲寅季夏，遜齋居士植題」〔註73〕。沈曾植對於李瑞清的讚譽以及納碑入帖的建議引導，使得李瑞清頓有醍醐灌頂之感，並且他也有大量的時間去臨寫《淳化》《秘閣》《大觀》《絳州》等帖，也包括趙孟頫、董其昌等眾多行草書跡，開始力矯偏碑棄帖的時弊。

沈曾植、陳三立、鄭孝胥、繆荃孫、李瑞清等諸遺老，鼎革後對於傳統價值的依戀，更多的是體現在讓他們獲得價值與尊嚴的文化傳統的興亡。而碑、帖會通的觀念在清末民初不獨為沈曾植所持，鄭孝胥曾作《壬辰年（1892）詩》有句云：「時賢爭南北，擾擾吾無取。」〔註74〕成為當時的書家學者超越碑帖紛爭的共識。

第二節　書法思想的後世傳播與影響

張權（1862～1930）稱譽李瑞清「言行立世則，道德為人師。」〔註75〕他在兩江師範學堂開設圖畫手工科，親授諸多弟子，為近代中國美術教育事業的開拓、普及、發展可謂有定鼎之功，況且「此輩專門藝術師資造成後，再分頭服務於各省，主教圖畫手工專科，如此輾轉造就師資，藝術教育始得逐漸推廣，而普及於一般中小學校。」〔註76〕這也是李瑞清「啟智」思想的具體體現。同時，他的藝術思想及理論研究的觀點亦通過學生們的代代承傳，佐證了書法這

〔註73〕王中秀、曾迎三編著：《曾熙年譜長編》，上海書畫出版社 2016 年版，第 197～198 頁。

〔註74〕鄭孝胥：《海藏書法抉微》，《明清書法論文選》，第 936 頁。

〔註75〕李瑞清：《清道人遺集》，黃山書社 2011 年版，第 266 頁。張權，張之洞長子，光緒二十四年（1898）進士。參加「公車上書」，強學會的發起人之一。

〔註76〕姜丹書：《姜丹書藝術教育雜著》，浙江教育出版社，1991 年版。

個文人餘事發展成為一個學科化、體系化的歷程，其社會功績主要影響在教育界。而李健、胡小石則是其書法藝術及思想的主要衣缽傳人。

一、書學親承：李健

「自來書品，視其人品。」（李健《書通》）作為與李瑞清長期生活在一起的「親緣」弟子，曾熙在《清道人書法之嫡傳》一文中這樣描述：「清道人兄之猶子李健，字仲乾，自號鶴然居士，名所居曰時惕廬。其書能得道人正傳，時人多稱之曰大小李。道人每以乞書供不敵求為苦，譚組庵嘗曰：『何不令仲乾為之。我因不能辨，恐世亦無有能辨之者。』道人曰：『我興闌筆倦時，健侄或過我，然我以心血易人金錢，不可欺也。』仲乾任教習於南京，子弟從其學書者往往數日而改觀，進步之神速，人人莫不驚異，謂仲乾是操何神術也。其于道人書可謂具體而微。道人博綜百家，皆能窺其奧妙。今道人既歿，仲乾責任益重，余因勸其繼道人之業，以鬻書自給。且曰：『君家累代以書畫名當世，繼志述事，責在子矣。』仲乾畫本承家學，於西法亦頗能匯通。尤工篆刻，於秦璽、漢印、泥印、磚陶之屬，靡不備究。亦嘗刻竹，擅雕刻之能。其直例向存青島路西福海里震亞圖書局，余今為更定，俾世人知，道人尚有能世其家之猶子也。庚申九月，農髯曾熙。」〔註77〕這段記述既襯托出清道人的人品，也反映了李健在學習上的廣博。

沈禹鍾〔註78〕（1898～1972）所著《印人雜詠》中有詩《詠仲乾一首》，詩云：「藉甚人傳小阮名，道人緒論早親承。一門北魏摹書體，金石還看刻畫能。」〔註79〕詩人用阮籍、阮咸叔侄同享時名的典故，比擬李瑞清、李健的叔侄關係。並且，李健在書畫實踐、書學理論上秉承清道人家學之外，還涉足李瑞清不擅長的篆刻藝術。孫過庭謂「不入其門，詎窺其奧」，李健《書通》中對於書法學習的方法步驟有著明確的態度，「入門如何？則先明源流，次識派別，次喻筆法，次解會通。源流既明，派別既識，則入門矣。」〔註80〕據方聞回憶：「到了一九四○年代，當時我所生長的上海對於學寫書法有兩派不同的

〔註77〕王中秀、曾迎三編著：《曾熙年譜長編》，上海書畫出版社 2016 年版，第 363 頁。
〔註78〕沈禹鍾，名德鏞，號延梅，晚號春剩，嘉善西塘人。南社詩人、書法家、小說家。著有《沈禹鍾小說集》、《蘇州集》、《萱照廬詩文稿》、《桐花館詞稿》等。
〔註79〕李健著，劉惠國、李家淞、梁李雲整理：《李健書學文存》一，上海書畫出版社 2019 年版，序，第 2 頁。
〔註80〕李健著，劉惠國、李家淞、梁李雲整理：《李健書學文存》三，上海書畫出版社 2019 年版，第 401 頁。

看法，分別是馬公愚的一派和李瑞清傳人李健的一派，彼此有激烈的論戰。前一派主張由時間倒推，學習書法應先從最接近現代的楷書著手，次為草書，再次為隸書，而最後為篆體；後者則是相反的順序，主張隨藝術歷史的流進，先習古篆，次隸書，再草書，最後才是結構複雜的楷書。」〔註81〕從教學的方法論來分析，我非常贊成這種對藝術家的培養塑造模式，但從今天的現實看馬公愚的主張也不失為一種因材施教的無奈選擇。

李健是在技法風格方面傚仿李瑞清的典型，他延續了李瑞清對篆、隸、草、正各書體原創性的臨摹要求，並以此開展教學實踐。不走樣的繼承還體現在書法的布局以及款識的題寫方式，如落款的左高右低與李瑞清如出一轍，鑒於此，筆者認為一流的藝術應該沒有他人的影子，所謂藝術貴獨就是這個道理。李健「其畫直以書法為之」，是在李瑞清金文筆法入畫實踐的基礎上進一步闡發書畫同體觀念。

李健治印思想亦承繼家學文脈，提出「遊心三代，涵泳秦漢」的取法主張，他對趙之謙、吳昌碩二家流派的風格與習氣的思考，亦有見地，曾論曰：「惟自來書畫家既開宗派，則亦步亦趨，實繁有徒，如是學趙者有趙之習，學吳者有吳之習，習成而弊生矣。即趙之隱秀之處，而習成纖巧焉；吳之蒼莽處，而習成粗獷焉。此為不善學者言之也。……侯官張幼珊氏之言曰：『一印之有派，如文之有派，創者無心，師者有意，於是名立派傳，賢者變之而益工，末流放蕩乃見劣。』斯誠會心之語也。」

李健在民國以後投身教育事業，後應邀赴南洋辦學（1926～1935），擔任檳榔嶼師範學校校長，去世後，同門師友30餘人在上海組成「碦盧同門會」紀念李健。曾熙推其為「今之書學教育家」，田桓〔註82〕（1893～1982）謂其一生「以金石字畫為務，既是卓有成效的書法家、考證家、又是口碑載道的書法教育家。」〔註83〕陳振濂認為李健在諸多學校執教的積累，使得其著述豐厚，「皆能於尋常材料中拈出令人耳目一新的卓越結論，這種能力和境界，不是長期在講壇上反覆提煉、修正、探求自己的思考，當萬難達到。」〔註84〕

〔註81〕方聞：《紀念張大千》，《張大千、溥心畬詩書畫學術研討會論文集》，第26頁。

〔註82〕田桓，別署寄葦，湖北蘄春人。曾任孫中山的侍從秘書，1949年後任上海文史館館員。

〔註83〕李健著，劉惠國、李家淞、梁李雲整理：《李健書學文存》三，上海書畫出版社2019年版，第450頁。

〔註84〕李健著，劉惠國、李家淞、梁李雲整理：《李健書學文存》，上海書畫出版社2019年版，序，第5頁。

2019年秋，《李健書學文存》三部面世，其一生總結的《中國書法史》《書通》《金石篆刻研究》《學術思想文選》等手稿的影印出版，既是對近代書學研究史的資料補充，又提供給觀者以書法藝術的享受。

二、思想承續：胡小石

胡小石個案研究，從教育思想到學術探討的專門著述可謂汗牛充棟，本文僅就李瑞清、胡小石師生二人在書法藝術上的思想觀點做簡單的關聯梳理，其他不多贅言。

1918年至1920年是胡小石應李瑞清之召，任其家塾塾師的三年，是胡小石朝夕相處親炙梅庵，學問初成的關鍵時期，他在李瑞清的指點教導下，書法於「大小篆隸分、六朝今隸草隸無不學」。這期間，李瑞清與沈曾植、陳三立、吳昌碩、康有為、鄭孝胥、曾熙等名家的雅集論藝，為胡小石轉益多師創造了條件，他回憶：「此三年中，受益最大，並得良機，向旅滬諸老請教。特別是能師事鄉先輩沈子培先生，最感慶幸。」〔註85〕這期間，他以古學為己任，將金石拓片考釋之所得，撰寫成《金石蕃錦集》二冊，可謂深受李瑞清審美取向、書學思想影響的一脈相承。如其跋《梁代磚》云：「梁書多峻茂，而波磔帶分勢，正如王謝家子弟，雖復不端正，亦皆自有一種風氣，由此可窺見《舊館壇碑》筆法。」〔註86〕李瑞清在後跋中贊許鼓勵「其考證確實，有勝前賢者。」曾農髯亦曾讚譽胡小石事師敬友有古人風，並對梅庵說：「小石書有萬馬突陳之勢，猶能據轡從容，蓋六朝之宋董也。」曾李二人的溢美之詞既有長者提攜後生的美德，又可以洞見青年胡小石的眼界和獨到的書學見解。

李瑞清認為不同的地域和審美風俗影響篆書的風格，他在考察篆書的源流正變後，「余欲著一書，以各國分派，是書未成，囑門人胡光煒為之，正在考定商酌時也，今只得以器分派。」例如，他節臨《禮器碑》認定：「此文齊派也，書亦齊派，即墨刀文細於稻芒，可想見筆法。」〔註87〕胡小石牢記叮囑，延續夫子的構想，進一步闡明篆書以國不同而分不同流派的論述。1933年撰寫《古文變遷論》通過方圓筆法的演進論述，涉及古史斷代，1934年又著《齊楚古金

〔註85〕吳白匋：《胡小石先生傳》，《文獻》，1986年第二期，第142頁。
〔註86〕胡小石：《金石蕃錦集》，上海：震亞書局，1918。
〔註87〕曾迎三：《清道人年譜（二）》，內江師範學院學報2013年第28卷第11期，第35頁。

表》一文，延續「齊書整齊，而楚書流麗」〔註88〕的風格辨識，對於東周以後齊、楚兩派古金文字進一步論述「所異者：齊書寬博，其季也，筆尚平直，而流為精嚴；楚書流麗，其季也，筆多冤曲，而流為奇詭。」〔註89〕這種思想是從李氏研究中析出並進一步區分。李瑞清從形式美感的角度將不同的地域和審美風俗影響下的金文分派歸類，尋找其變化發展的規律，前文業已提到他「以器分派」，基本上完成了周篆文字的系統分類。胡小石在此基礎，將篆書體的風格變遷做了總結，又發展提出「六變」的理論：「篆書漢以前其變三，漢後其變三。殷人尚質，其書直，變一矣。周人尚文，其書曲，變二矣。秦改周之文從殷之質，其書反曲以為直，所謂小篆者也，變三矣。漢魏繼嗣，娓娓無所能發明。李陽冰出，化方以為圓，齊散以為整，而小篆之敝極焉，變一矣。鄧石如攻八分，由漢碑額以探秦篆，其書深刻，往往得李斯遺意，變二矣。」〔註90〕由此可見其開闊的學術視野和深邃的洞察力。「臨川夫子起而振之，求隸於石，求篆於金，大篆由此復明。」則是其對本師藝術風格的評定和推崇。

李瑞清針對金文欹側布白的獨到見解，包括沈曾植、康有為、鄭孝胥、曾熙諸人關於正欹的觀點，對於胡小石參透消化大有裨益，胡小石贊《瘞鶴銘》布白局勢不整齊而有天趣，故「書以勢勝，美妙出自然，布白之佳，世無其匹。宋黃魯直晚年研此，尤注意於布白。」胡小石辨析黃庭堅取勢之趣，曰：「山谷與東坡之所以不同者，蘇寬大而黃緊縮，蘇取橫勢黃取縱勢，蘇外磔黃內擫。黃書之特出者是其布白，不可分開看，一行作一字看。學《瘞鶴銘》布白，有宋山谷一人耳。其用筆傾欹右勢。山谷得力於《瘞鶴銘》，以此為右軍書，稱之為龍爪書。書之布白如山谷者，唐人不知也。此勢勝也。」這種氣勢的全局觀照論是很典型的李氏書藝思想的傳承。

1934年，46歲的胡小石在金陵大學的國學研究班親授「書法史」課程。吳白匋回憶：「金陵大學成立研究班（即『國學研究班』），師始創課，親授一次，此後即未重開。1943年在昆明，應西南聯大之請，專講《書學史》『漢碑流派』一章。」〔註91〕游壽（1906～1994）、曾昭燏（1909～1964）適時同為

〔註88〕胡小石：《古文變遷論》，《中國書法家全集・胡小石》，河北教育出版社2005年版，第154頁。

〔註89〕胡小石：《齊楚古金表》，《胡小石論文集》，上海古籍出版社1982年，第174頁。

〔註90〕王中秀、曾迎三編著：《曾熙年譜長編》，上海書畫出版社2016年版，第315頁。

〔註91〕吳白匋：《胡小石先生傳》，《胡小石研究》，南京博物院《東南文化》雜誌增刊，1999年，第147頁。

胡小石弟子。曾昭燏云：「先生從梅庵先生有年，書法自梅庵先生而發揚變化之，兼契、篆、簡牘、碑、帖之妙，得其神髓，故能獨步一時。嘗講授《中國書學史》，於文字之初起，古文、大篆、籀書之分，篆、隸、八分之別，下至漢魏碑刻以及二王以降迄於近代書家，其幹源枝派，風格造詣，咸為剖析，探其幽奧，歷來論書法，未有如此詳備而湛深者也」〔註92〕可以視為書法作為實用技能，首次從書學史的高度進入現代教育體系。

　　胡小石作為李瑞清書法藝術思想的衣缽傳人，立足金石，精研法帖，但並未恪守一家之法。他認為辨明文字源流是好的書法作品產生的前提，從文字學研究高度揭明書風之本質及其流變之規律，其《中國書學史》在金石書派的學理框架中可謂是經典著述。筆者摘錄書中部分內容，使讀者思考和領略胡小石以國分派的思想設計：「自夏殷至周初，此其文字皆方筆……方筆之變為圓筆，基於夷歷之世，其風氣自宗周變革圓派文字。若大克鼎、散氏盤、虢白盤、毛公鼎是其著也，其用筆厚重。……若北方大國之齊，南方大國之楚，其書皆不與周同風。所謂齊書者，嚴整有法，橫平疏直；而楚書，則流麗有逸趣。是沿於氣候，北方嚴寒蕭殺，其人厚重整傷，書亦如之，文亦如之。南方四時推移，寒暑春秋，怡和暢快，故其文清拔，其書流麗。」

　　胡小石在《書藝要略》的最後結論中闡釋了他對繼承和發展的理解：「染翰操觚之士或尚模仿，或主創造。夫學書之初，不得不師古，此乃手段而非目的。臨古所以成我，此為接受遺產，非可終身與古人為奴也。若拘守一隅，惟舊轍是循，如邯鄲之學步，此等飯粥漢倘使參訪大德，定須吃棒遭喝，匍匐而歸。至於狂禪呵罵，自詡天才，奮筆伸紙，便誇獨創，則楚固失矣，齊亦未為得也。嘗見昔人讚美文藝或學術之高者，曰『前無古人，後無來者』，此語割斷歷史前後關係，孤立作者存在地位，所當批判也。今易其語曰，前不同於古人，自古人來，而能發展古人；後不同於來者，向來者去，而能啟迪來者。不識賢者以為何如？」〔註93〕王一羽〔註94〕說：「沙公之書，是寓帖於碑，化柔為剛，方圓互用，似放實收，聚精會神，憑藉深厚的功力，形成自己的獨特的

〔註92〕曾昭燏：《南京大學教授胡先生墓誌》，《胡小石研究》，南京博物院《東南文化》雜誌增刊，1999 年，第 149 頁。

〔註93〕胡小石：《胡小石論文集》，上海古籍出版社 1982 年版，第 221 頁。

〔註94〕王一羽（1921～2007），字兆翔，晚號羽翁，江蘇南京人。篆刻家，書法家。1987 年與武中奇，陳大羽創辦南京印社，任副社長兼秘書長。

書風。近得梅庵北派之精髓，兼受農髯南派之薰沬，遠紹兩周金文之異變，秦權詔版之規範，漢簡八分之寬博，扎根於魏晉六朝，張遷、鄭文公、瘞鶴銘、蕭詹四碑之形體附鍾繇、二王之魂魄，融會貫通，形神具備，雖師從梅庵，但能得其所失，補其所缺，實青出於藍而勝於藍，尤其楷書，不知有唐，無論宋元，近世書家輩出，而能臻此境者，實所罕見。」〔註95〕

如上所言，胡小石在梳理中國書法史和清道人碑學理論的過程中，汲取更多書法的資源和風氣納入到自己的碑體行草書創作之中，雖然「胡小石書法囿於李瑞清，基本沒有寫出自己的風格和個性」〔註96〕，但也彌補了李瑞清顫抖筆法的刻意造作，在取法《瘞鶴銘》《鄭文公》的思維影響下，形成具有「收得住放得開，即有古樸渾厚、又不為碑的刀刻筆跡束縛和規避」〔註97〕的時代審美取向，創造出自己的書風，建構了自己的書學。

三、「以書入畫」的開新：呂鳳子、張大千

李瑞清秉持以書入畫的觀念，將高雅古拙的篆隸筆法融入物象的描繪，格調高古的氣息影響了眾多弟子。他曾說「吾於畫亦純以篆法行之，遂能隨意所之，無不與古人神似，因知古人之有所成就者，無不從鼎彝中出。」〔註98〕南京師範大學美術學院藏有其一幅《紅梅圖》，可以視為李瑞清存世繪畫中以書入畫的代表。曾熙在李瑞清的畫作《無量壽佛圖》中指出：「阿梅年來畫佛純以篆籀之筆行之，亦不自知其為書耶畫耶！」〔註99〕在圖畫手工科任教的蕭俊賢（1865～1949）曾以李瑞清、曾熙為例，強調「書畫同源」在用筆上的一致性，他說：「學畫必先學字，至少字畫同時學。從來著名畫家，都是著名書法家。我同鄉曾農髯、老友李梅庵都是中年後學畫，不數年便成妙手。因為『書畫同源』，畫之用筆用墨，與書法完全一致，韻致與神氣，亦復相同。」〔註100〕

〔註95〕王一羽：《緬懷沙公》，《東南文化》1999 年增刊《胡小石研究》，第 132～136 頁。

〔註96〕姜壽田：《現代書法家批評》，河南美術出版社 2009 年版，第 121 頁。

〔註97〕朱以撒：《中國書法名作 100 講》，百花文藝出版社 2008 年版，第 338 頁。

〔註98〕李雲麾：《先從兄清道人行述初稿》，《清道人遺集》，黃山書社 2011 年版，第 284 頁。

〔註99〕王中秀、曾迎三編著：《曾熙年譜長編》，上海書畫出版社 2016 年版，第 394 頁。

〔註100〕鍾壽芝，施翀鵬合編：《蕭屋泉山水畫課稿》，湖南美術出版社 1981 年版，第 2～3 頁。

使用篆籀之筆法進行繪畫實踐自古有之，張彥遠在闡明書畫同源概念的基礎上，通過對顧愷之、陸探微、張僧繇、吳道子的用筆討論，衍生出書畫用筆同法，反映了中華文化思想的同一性，對中國書畫藝術影響深遠。李瑞清在《臨郭忠恕仙山樓閣》中提到：「此實小李將軍法也，全用篆筆勾勒成之。」〔註101〕這是他在觀摩諸多古人畫跡後，對於書畫用筆異體同源的切身體會。沈曾植指出近千年來的書畫，「自宋以前，畫家取筆法於書。元世以來，書家取墨法於畫。近人好談美術，此亦美術觀念之融通也。」〔註102〕他將書畫用筆在筆墨上的借鑒關係解釋得很清晰。「以書入畫」是在文人畫的表現體系中，強調筆法在畫面中有意味的韻律節奏，李瑞清針對佛造像的特點，體會到以鍾鼎法「下筆真如蟲蝕葉也」〔註103〕。胡小石對於線質有這樣的理解：「凡用筆做出之線條，必須有血肉，有感情。易言之，即須有豐富之彈力，剛而非石，柔而非泥。取譬以明之，即須如鐘錶中常運之發條，不可如湯鍋中爛煮之麵條。如此一點一畫能破空殺紙，達到用筆紙之最高要求。」〔註104〕放在今天的藝術創作中（不單單指中國畫），亦不啻為一種高質量的要求。儘管如此，書與畫的筆法還是不盡相同，圖式形質亦有區別，在這不展開討論。

趙孟頫既是「書畫同源」理論的倡導者，在其繪畫實踐中也有具體的表現，其體會到書法與繪畫在用筆上的內在關聯，導引了文人畫的發展趨向。柯九思和清代朱和羹都以寫竹為例，從用筆的書寫方法上形象地討論書畫同源之說，柯九思嘗自謂：「寫竹竿用篆法、枝用草書法。寫葉用八分法，或用魯公撇筆法，木石用折釵股、屋漏痕之遺意」〔註105〕；朱和羹說，「畫石如飛白，畫木如籀，畫竹幹如篆，枝如草，葉如真，節如隸。」〔註106〕並且朱認為「古來善書者多善畫，善畫者多善書，書與畫殊途同歸也。」此語則與趙希鵠「善書必能善畫，善畫必能善書。書畫其實一事爾。」〔註107〕的語氣如出一轍，但

〔註101〕李瑞清：《跋萬廉山臨古冊子八則》，《清道人遺集》，黃山書社2011年版，第82頁。

〔註102〕沈曾植：《海日樓札叢》（外一種），上海古籍出版社2009年版，第333頁。

〔註103〕李瑞清：《畫佛跋》，《清道人遺集》，黃山書社2011年版，第136頁。

〔註104〕胡小石：《書藝略論》，《胡小石論文集》，上海古籍出版社1982年版，第215頁。

〔註105〕（元）徐顯：《稗史集傳·柯九思傳》，北京：中華書局1985年版。

〔註106〕曹利華，喬何編著：《書法美學資料選注》，陝西人民出版社2009年版，第1105頁。

〔註107〕趙希鵠：《洞天清錄·古畫辨》，俞劍華編著《中國畫論類編》，人民美術出版社2016年版，第87頁。

我認為此論斷於今則基本不成立。

　　呂鳳子、張大千親炙於李瑞清，在李的眾多繪畫界擁躉中以二人的藝術特色和成就最為顯著。曾出任過國立藝專校長的呂鳳子，1909 年畢業於兩江優級師範學堂圖畫手工科，與李健、姜丹書是同學。兩江學堂借鑒日本的辦學模式，引進西學的教育方法和手段使呂鳳子在廣闊的視域中對西方藝術有著直接的體驗，同時，對於傳統文化的汲取有著自我的選擇和思想主張。呂鳳子在李瑞清書學思想的陶冶影響下，鍾情於鍾鼎漢隸，「他的書體前無古人，熔篆、隸、真、草於一爐，格調古秀，極變而極和諧，使人玩味無窮。識者稱之為草篆，或稱之為鳳體」（張安治、壽崇德《呂鳳子》），這種帶有繪畫性的「鳳體書」風格的創造，首先取決於他對於線條美的研究，他認為：「凡屬表示愉快感情的線條，無論其狀是方、圓、粗、細，其跡是燥、濕、濃、淡，總是一往流利，不做頓挫，轉折也是不露主角的，凡屬表示不愉快感情的線條，就一往停頓，呈現出一種艱澀狀態，停頓過甚的就顯示焦灼和憂鬱感，有時縱筆如「風驅電疾」，如「兔起鶻落」，縱橫揮斫，鋒芒畢露，就構成表示某種激情或熱愛、或絕忿的線條。」這種抒情軌跡的線條確認，體現出藝術家的膽魄、學識和個人才情。呂鳳子不僅僅注重篆書圓筆的運用，對於《張遷碑》等諸多漢碑中方筆的雄強氣息，在《中國畫法研究》一文中也有鮮明的見解，他主張：「凡習中國畫者不可以不從研究書法入手……，畫的用筆雖從書出，而畫筆的『橫變縱化』，『前矩後方』，卻非書所能賅。故工畫者多善書，工書者不必多善畫。這就是說凡習畫者不僅要研究書法，還要研究非書法所能賅的畫法。」〔註108〕這種用筆的重新認識可以說是揭示了中國畫「滲透作者情意的力」的本質屬性，而他的書體面貌所呈現出的強烈節奏，也與繪畫風格相互影響，是「以書入畫」成功的例證。

　　呂鳳子受李瑞清「以書入畫」思想影響，對於書法與繪畫之間關係的把握有著明確的態度，其學養和書法上的筆墨修為，使他的繪畫實踐更具有中國畫的精神韻味，無論是「掉篆籀，擬章草，取神而已」的《鳳先生人物畫冊》，還是「婉勒經旬，雜用大小篆法，其中有精」的花鳥作品，這種「以書入畫」的跡象十分明顯。呂鳳子重視教育，終生投身於辦學事業，他曾發表《圖畫教法》一文，提到教育的完美理念：「學者諸君非嘗耳聞人類完全幸福之一言乎？

〔註108〕呂鳳子：《中國畫法研究》，《呂鳳子文集》，天津人民美術出版社 2005 年版，第 108 頁。

是何言？是即人類教育絕對的目的，為欲達此目的，斯有教育。」〔註109〕

　　張大千的藝術造詣可謂集古有成，他在曾李二師的影響下，「刻意丹青，窮源篆籀」（《大風堂名蹟》序言）重視書法的用筆和線條的質量。我們對照李瑞清、曾熙及張大千三人所臨《瘞鶴銘》以及創作的諸多作品，明顯可以看到曾李二師對他書法品味的影響。張大千說：「曾經有人問過我，我在學業方面，世人皆知我曾拜在湖南衡陽曾子緝（熙）及江西臨川李梅庵（瑞清）兩位先生門下，曾、李二位都是清末民初的名士，我是否受到他們的影響？以言師道，哪裏敢說是影響，簡直是受益甚多啊！」〔註110〕當年，李瑞清酷好八大山人，曾熙偏嗜石濤畫風，既有審美境界的高度，應該在意識思想上也有遺民的心理作祟。民國早期的海上藝術界、收藏圈「幾至家家石濤，人人八大」〔註111〕的時風趨向，可謂脫不開二人的影響。張大千對此有論述：「先師清道人以家國之感，故於書提倡北碑篆隸外，於畫又極力提倡明末諸遺老之作。」〔註112〕

　　曾李二師的審美觀潛移默化地影響到張大千對於意境的追求、氣度的培養。他取法古蹟的範圍廣泛，認為：「習畫應先審選一家，作為楷模，從勾勒名蹟入手，打定根基；漸次參考各家，以擴境界。」但最終目標「要能化古人為我有，創造自我獨立之風格。」〔註113〕並且傚仿學習八大的墨荷，也臨仿了不少石濤的山水畫跡，在師叔李瑞筌的技術指導下，其仿作的偽畫曾使黃賓虹走眼，〔註114〕現存世的石濤作品還應有張的偽作混淆於中，可見其超強的臨古、仿古能力。徐邦達曾言張大千「能摹之為肖，間出狡獪賽世，非具真眼者不能辨之」〔註115〕，雖然，他造假不是為作偽而作偽，而是由師法古人之跡進而師法古人之心的一種能力的體現，特別是他對臨摹的態度值得從藝者重視。曾熙曾稱讚大千的才華不在石濤之下，正如農髯所預見，從藝術表現「集大成」的影響而言，張大千的成就已然躋身在二十世紀偉大藝術家之行列。

　　筆者根據李瑞清及門生在書畫成就方面的影響，大致梳理如下譜系：

〔註109〕呂鳳子：《圖畫教法》，上海美專校刊《美術》雜誌，第一卷第二期。

〔註110〕張大千：《記我的曾、李二師》，《翰墨因緣》，福建美術出版社1997年版，第63～64頁。

〔註111〕俞劍華：《七十五年來的國畫》，《申報》1934年9月21日。

〔註112〕張大千：《陳方畫展引言》，《張大千先生詩文集》，第86～87頁。

〔註113〕高嶺梅編：《張大千畫集》，香港東方學會1967年，第42頁。

〔註114〕李永翹：《張大千年譜》，四川社會科學出版社1987年版，第40～43頁。

〔註115〕徐邦達：《張大千詩文集編年序》，《張大千詩文集編年》。

表 5　李瑞清師徒三代譜系表

李瑞清	李健（1882～1956）	凌雲超（1914～1985）
		戴堯天（1915～2017）
		程十發（1921～2007）
		魏樂唐（1921～2012）
		方聞（1930～2018）
		楊之光（1930～2016）
	胡小石（1888～1962）	曾昭燏（1909～1964）
		游壽（1906～1994）
		吳白匋（1906～1992）
		侯鏡昶（1934～1986）
		周勳初（1929～2024）
	呂鳳子（1886～1959）	楊守玉（1896～1981）
		張書旂（1900～1957）
		許幸之（1904～1991）
		謝孝思（1905～2008）
	姜丹書（1885～1962）	鄭午昌（1894～1952）
		潘天壽（1897～1971）
		豐子愷（1898～1975）
	張大千（1899～1983）	何海霞（1908～1998）
		陸元鼎（1908～1998）
		梁樹年（1911～2005）
		方召麐（1914～2006）
		俞致貞（1915～1995）
		劉力上（1916～2007）
		田世光（1916～1999）

　　傳統文人以書入畫，以畫養性。所以，今天重新理解「書畫同源」，並作為一種藝術策略，轉向當代藝術的開放與兼容，適應展廳的要求甚至於視域的需要，拋開傳統文化的負載，把字形看成符號（其實本身也是符號），即把書法筆劃從服膺於字塊的基本間架結構的束縛中解放出來，也毋須受象形狀物的制約，充分展現筆劃在力度、速度等輕重緩急的運動中所體現的美感因素，在「揮運之時」賦予一種自由的表達方式，達到一種合乎視知覺適應的美學建

立，融入在當代藝術表現中，開拓新的「皆無矜莊，天真爛漫」的審美境界。歸根結底，這種「類書法」的解構和重構，如郎紹君所言：「作為一種新的抽象藝術，西方所沒有的，只有一種人可能有所突破，就是懂得筆墨並深度把握筆墨的中國書法家。」〔註116〕

第三節　啟智思想的進步性體現

　　1875年，美國傳教士林樂知（Young J.Allen）出版《中西關係略論》，他在文中以進化論的觀點看待東西方兩種文化的差異，指出：「外國視古昔如孩提，視今時如成人；中國以古初為無加，以今時為不及，故西國有盛而無衰，中國每頹而不振；西國萬事爭先，不甘落後，中國墨守成規，不知善變，此弱與貧所由來也。」〔註117〕他通過江南製造局翻譯館和廣學會翻譯並傳播西學思想三十多年，對於洋務運動的發展有廣泛的理論貢獻，並且這種置身於外的俯察對中國當時存在的問題看得比較清楚。

　　李瑞清通過中西教育發展及成就比較，構建了自己的教育思想，他寄希望於後學崇尚科學，少空言而多實踐，「勿忘其先，溺於舊聞，壹志力學」，培養一批能夠啟迪民智，影響中國發展的培根、笛卡爾、廓美紐司（誇美紐斯）、陸克（洛克）、謙謨（休謨）等思想家，這是一個宏願，也是時勢的普遍認同，甚至於中華書局在建局之初也都以增加人民智識，「以養成『人』為第一義」（創始人陸費達語）的教育宗旨。

一、中體西用思想下的教育改良實踐

　　中國的近代美術教育作為教育學的一個重要組成部分，明確地付諸於實踐，應該是發軔於19世紀60年代，洋務派引進軍工技術學堂的「圖畫」課程，目的是培養懂得透視並具有繪圖技術能力的人才，比如機械製圖，均屬於現實的功用性需求。雖然這種教育不能算是嚴格的美術教育，但此「藝末」之學進入洋務學堂課程設置的模式，為近代實業教育的發展和人才的培養亦有定鼎之功。

　　李瑞清和他同時代的許多人一樣都認為發展新式教育的重要性。他認為

〔註116〕郎紹君：《硯邊談叢》，《東方藝術‧書法》，2017年10月。
〔註117〕林樂知：《中西關係略論》全4卷單行本，清光緒二年（1876）上海美華書館
　　　　活字刊本，第10頁。

聖人之道不可動搖，但實際上對傳統儒學的某些觀點已有所修正。他在實際的教育措施中跨越了思想界諸多的設計變革方案，力主學習西方技術，如手工課程的設置，顯然是在重道輕器的儒家傳統中，強調和提高了「器」的地位，為中國美術教育的發展提供了實踐的參照與選擇，從而在精神以及形式上都具有了東西文化交集的綜合顯現。應該說，李瑞清「綜採中西，去弊師善」的教育思想，體現在三個方面：1.教育救國；2.「中體西用」思想中的文化自覺；3.科學的教學管理與學科系統建設。〔註118〕（詳見拙文《李瑞清教育思想對近現代中國美術教育的影響和貢獻》）

　　光緒二十七年辛丑（1901年），不可逆轉的「門戶開放」終於成為一個新世紀的開始。此際，正值李瑞清侍奉在雲南為官的父親，《代父親擬上滇督魏午莊書》一文為李瑞清的出仕埋下了伏筆：「職道以為為滇之至計，一曰勤團練以實內，招遊勇以禦外；二曰廣開礦以裕財源，整商務以塞漏危；三曰精機器以製械，擴學堂以育才；四曰聯官民以一志，撫土司而防邊。……今日變法，猶在變習也。……今之言西法者則鄙中操，言中法者則薄西操。夫不知其蔽，焉能攻之？不知其善，焉能避之？綜採中西，去弊師善，斯為得之。」〔註119〕這篇三千餘字的上書，從貿易、礦業、開墾、鑄幣、機械、團練邊防以及外交政策等方面建言獻策，顯示出科舉制度下培養的士大夫為維護政體延綿的政治才略，包括對於時政的前瞻性全局觀，給雲貴總督魏光燾留下深刻的印象。

　　第二次鴉片戰爭後，清政府為鞏固其「永延帝祚」的政治體制，維護「綱常名教」的封建秩序，尋求經濟「富強」的制度改革，用以抵禦西方列強的侵擾，不得已採取「師夷之長技以制夷」的改良措施。資產階級改革主義先驅、思想家馮桂芬〔註120〕（1809～1874）於19世紀60年代提出「以中國之倫常名教為原本，輔以諸國富強之術」〔註121〕的指導思想，其中採西學、

〔註118〕吳守峰：《李瑞清教育思想對近現代中國美術教育的影響和貢獻》，《南京藝術學院學報（美術與設計）》2019第1期，第166～170頁。

〔註119〕李瑞清：《代父親擬上滇督魏午莊書》，《清道人遺集》，黃山書社2011年版，第172～178頁。

〔註120〕馮桂芬，字林一，號景亭，吳縣（今江蘇蘇州）人，晚清思想家。道光二十年進士，授編修。著有政論代表作《校邠廬抗議》四十篇、《說文解字段注考證》、《顯志堂詩文集》等。

〔註121〕馮桂芬：《採西學議》，《校邠廬抗議》，上海書店出版社2002年版。

製洋器等建議成為洋務運動政策實施的具體方向。正如薛福成〔註122〕（1838
～1894）所祈盼「取西人器數之學，以衛吾堯舜禹湯文武周孔之道，使西人
不敢蔑視中華。」（《籌洋芻議・變法》）中體西用的概念首次出現在1895年
4月，署名南溪贅叟的沈壽康〔註123〕（1807～1907）在《萬國公報》第75
卷上發表的《救時策》一文，次年，禮部尚書孫家鼐在《議覆開辦京師大學
堂摺》中明確「中體西用」為立學宗旨：「中國五千年來，聖神相繼，政教
昌明，決不能如日本之捨己芸人，盡棄其學而學西法。今中國京師創立大學
堂，自應以中學為主，西學為輔，中學為體，西學為用。中學有未備者，以
西學輔之；中學其失傳者，以西學還之。以中學包羅西學，不能以西學凌駕
中學，此是立學宗旨。」〔註124〕奏摺反映了這種思想的成熟並且構築為清
政府的官方意識形態。張之洞在《勸學篇・外篇・設學》中首先使用「舊學
為體，新學為用」這一表述：「其學堂之法約有五要：一曰新舊兼學。四書、
五經、中國史事、政書、地圖為舊學，西政、西藝、西史為新學。舊學為體，
新學為用。不使偏廢。」光緒二十四年閏三月十五日（1898年5月5日）上
奏的《兩湖、經心兩書院改照學堂辦法片》中提出「中學為體，西學為用」：
「兩書院分習之大旨，皆以中學為體，西學為用。既免遷陋無用之譏，亦杜
離經叛道之弊。」（《張文襄公全集・奏議》）他在《勸學篇・會通》中系統
闡述了「中學為內學，西學為外學；中學治身心，西學應世事」之間的關係，
是清政府推行新政改革的重要理論指導，「是最早在思想領域內頑固地抱著
封建專制這具僵屍（『體』）不放的理論。」〔註125〕「『中體西用』將本來就
是對立的『中學』和『西學』，扭結為夥伴。確實也相處了相當時間，事實
上，……在中國的當時是行不通的。」〔註126〕

〔註122〕薛福成，字叔耘，號庸庵，江蘇無錫人。思想家、外交家，洋務運動的主要
　　　　領導者之一。
〔註123〕張靜廬、林松、李松年：《戊戌變法前後報刊作者字號筆名錄》（中華書局版
　　　　《文史》第四輯）一文考證，南溪贅叟即時任《萬國公報》主筆兼上海中西
　　　　書院總教習的沈壽康。沈壽康本名沈毓桂，號贅翁，江蘇吳縣人，清末翻譯
　　　　家。光緒八年（1882年）協助林樂知編《萬國公報》。
〔註124〕孫家鼐：《議覆開辦京師大學堂摺》，見麥仲華輯《皇朝經世文新編》，卷五
　　　　（上），臺灣文海出版社1972年版，第376頁。
〔註125〕李澤厚：《中國近代思想史論》，北京：生活・讀書・新知三聯書店2008年
　　　　版，第80頁。
〔註126〕陳昆滿：《歷史的選擇》，武漢大學出版社1991年版，第54頁。

　　教育制度改革是清末新政中最重要的內容。嚴復在 1905 年曾說：「為今之計，惟急從教育上著手。」〔註127〕李瑞清也認為「救社會，捨教育外，更無他法」（與伍仲文書），「中國前途，除辦學外，更無第二條生路」（與張季直書）。在眾多有識之士的期盼下，1904 年 1 月（農曆癸卯年底）清政府正式頒布《奏定學堂章程》，史稱「癸卯學制」，這是中國近代教育全面擺脫封閉，步入世界教育發展趨勢的轉捩點，並且在參照日本學制的基礎上，確立了圖畫和手工課程在教育中的位置。具體來說，中國近代高等美術教育肇始於兩江優級師範學堂。1905 年 6 月，李瑞清由師範傳習所總辦兼任學堂監督，〔註128〕上任伊始即針對當時學堂的狀況，著手改革，裁撤冗員，廣延名師，添置設備，並按「癸卯學制」的要求奏請學部在優級師範科目中增設「圖畫手工科」，這是中國美術教育史上的里程碑事件。當然，「圖畫手工科」的課程內容除了安排圖畫、手工主課之外，還要學習其他教育類科目，諸如音樂等內容，與今天美術院校的辦學形制大相徑庭。

　　李瑞清在接手三江師範學堂監督後不久即擬定整頓學堂的計劃書遞呈兩江總督周馥。1906 年 3 月，李瑞清東渡扶桑，考察日本教育，他分析明治維新後日本的教育體制取法西學並「侔於英、德」的現實，指出教育的發展重要是「強弱之源，存亡之機」。日本考察之旅於李瑞清而言觸動巨大，《兩江優級師範學堂同學錄序》一文顯現其思考的關注點開始集中在教育對於整個國家命脈的重要性闡述。文中分析國內外形勢時說：「故自來言學術者，未有勝於本朝者也。顯皇帝時，海禁大開，與歐西互市，於是西學遂東入中國。其時士大夫頗易之，以為殊方小道不足學。甲午以來。國事日蹙，有志之士，莫不人人奮袂言西學，留學英、日、德、法、美一輩，大者數千百人，少者亦數十人。」〔註129〕同時，他也質疑：「中國遊學之士自海外歸者，不問其宜與俗，以燕閒之餘時，革數千年之國政，以為一法歐西，便可致富強，成太平矣。」〔註130〕

〔註127〕王蘧常：《嚴幾道年譜》，商務印書館 1936 年版，第 74 頁。

〔註128〕《南大百年實錄》編輯組編：《南大百年實錄—上卷》，南京大學出版社，2002年版，第 17 頁。當時，上海的《時報》（1905 年 7 月）、《中外日報》（1905年 8 月）對於任命的原委亦有詳細的介紹。

〔註129〕李瑞清：《兩江優級師範學堂同學錄序》，《清道人遺集》，黃山書社 2011 年版，第 42 頁。

〔註130〕李瑞清：《趙仲弢夫子六十壽序》，《清道人遺集》，黃山書社 2011 年版，第 45頁。

因此，他在「中體西用」基礎之上自覺地提出「綜採中西，去弊師善」〔註131〕的融合論，體現出當時的改良派官僚和先進知識分子學習西方、實行變革主張的共識。他認為張之洞建兩江師範學堂，「綜合中西，其學科頗採取日本，稱完美焉。」〔註132〕並且他身體力行在兩江師範學堂開設國文、修身等課程是尊孔復禮的立場體現，包括後來聘請由曾熙推薦的衡陽籍國畫家蕭俊賢〔註133〕（1865～1948）出任兩江師範學堂毛筆畫教習，也反映了其傳統為本的教育態度。

圖 5-6　兩江師範學堂師生合影

圖片來源於徐有富：李瑞清遺事（南大往事之十四）。

辛亥革命前的 7 月至 8 月，學部召開中央教育會，李瑞清、曾熙、譚延闓、鄭孝胥、羅振玉、陳三立、傅增湘、黃炎培等 138 名官紳，代表全國教育界參會。這種溝通民意的新形式，已無法挽救滿清新政，卻對民國的教育改革產生了深遠的影響。清末立憲派的代表人物端方是晚清政府少有的改革派、實

〔註131〕李瑞清：《代大人擬上滇都魏午莊書》，《清道人遺集》，黃山書社 2011 年版，第 177 頁。

〔註132〕李瑞清：《兩江優級師範學堂同學錄序》，《清道人遺集》，黃山書社 2011 年版，第 42 頁。

〔註133〕蕭俊賢，字屋泉，號鐵夫，別署天和逸人，齋名硯耕齋、淨念樓，湖南衡陽人。民國初年居北京，任教於國立北平藝術專科學校，曾代理藝專校長。晚年寓滬賣畫。

幹派，是開啟中國現代之門的積極推行者。他在 1905 年出洋考察回國後「顯志興學，資遣出洋學生甚眾」，在任兩江總督期間推行新政改革，「設學堂，辦警察，造兵艦，練陸軍，定長江巡緝章程，聲聞益著」〔註 134〕。我們從端方與張謇的通信中可以看出他興學、治世的思想：「故方興學之意，嘗欲多立普及學堂，使人人有一普及知識，然後賢士大夫之用心必不致或有阻抑，天下之事乃可徐徐而理，意雖迂闊，效倘可觀。」〔註 135〕端方嗜好金石書畫且精於鑒定，收藏有許多海內孤本、宋明原跡，包括毛公鼎、摹顧愷之《洛神賦圖卷》、陽三老石堂畫像題字、宋拓《化度寺碑》、宋刊本《資治通鑒》等國之重寶。其仕宦的通達，財力的支持為端方收藏帶來了便利和豐富，是當時最好的收藏家之一，其府中幕賓雲集，相當一部分是金石專家，李瑞清三弟李瑞奇（筠庵）〔註 136〕（1871～約 1941）則在 1903 年開始就為端方所聘，在北京琉璃廠搜購文玩字畫，並結識齊白石。端方在藏石記中曾說「金石之新出者，爭以歸余；其舊藏於世家右族，余亦次第收羅得之。」「海內孤本、精拓、宋元以來名蹟，聞風萃涎，悉歸儲藏。」〔註 137〕是其好古的真實寫照，並且端方經常與幕賓一起鑒賞其家藏，「公事既畢，乃麋集朋儕，摩挲金石，評騭書畫，考訂碑版典籍。」〔註 138〕李瑞清與端方之識不僅僅是上下級關係，更因嗜好使然，他曾作詩《雪夜集陶齋尚書寶華庵評碑》一首記錄了端方好士，燕集無虛日的景象：「良宵集群彥，快雪擁旌旄。翠竹明瑤簾，瓊英照錦袍。孫吳三石古，江漢一亭高。雅絕庾公議，東南屬望勞。」〔註 139〕

光緒三十二年（1906）學部廢除各省學政，設立提學使司，李瑞清任江寧提學使。光緒三十三年（1907）8 月，端方諭示李瑞清和江南實業學堂聯合擬定簡章，於南京設立農務總會。光緒三十四年（1908）12 月，端方與江蘇巡撫陳啟泰聯名上奏《籌辦南洋勸業會摺》，倡議在江寧城創辦南洋第一次勸業會，「以振興實業，開通民智」。受張之洞、端方等改良保皇派思想的影響，李瑞清把教育視為挽救滿清政權之鎖鑰，他認為思想啟蒙可以改善民眾的心理狀

〔註 134〕趙爾巽：《清史稿》，北京：中華書局 1977 年版，第 12786 頁。
〔註 135〕端方致張謇信，檔號：27-02-000-000023-0079，中國第一歷史檔案館藏。
〔註 136〕李瑞奇，字衡仲，號毓華，亦號筠庵，又號筠仲，易名瑞荃。張大千稱其三老師。
〔註 137〕吳慶坻：《端總督傳》，《端忠敏公奏稿》，臺灣文海出版社 1967 年影印本。
〔註 138〕勞乃宣：《端忠敏公奏稿序》，《桐鄉勞先生遺稿》卷二，1927 年桐鄉盧氏校刊本。
〔註 139〕李瑞清：《清道人遺集》，黃山書社 2011 年版，第 22 頁。

態，提高國民的整體素質，並且直接影響著國家的命運和前途，並且「自古以來，未有無學而國不亡，有學而國不興者。」〔註140〕此說與嚴復《原強》一文中說「民智者，富強之源也」，在認識上趨同一致，並在《與某君書》中，還以參考日本文部省經驗為範例提出教育改革的建議。

李瑞清「視教育若性命，學校若家庭，學生為子弟」，是「教育救國」的忠實奉行者。1910年，「瑞清愚憧不自度，因於滬建立留美預科。不畫區域，蜀粵人士並授一堂」〔註141〕，他祈盼「送一人，即將來救中國多一人之力」〔註142〕，融會中西之學，培養造就「中國之培根、笛卡爾」。在《與張季直書》中更是直言強調「中國前途，除辦學外，更無第二條生路。」〔註143〕他倡導「嚼得菜根，做得大事」的襟懷與抱負立根於儒學文化，塑造了其藝術人生的樸厚格局。

清宣統二年（1910）5月21日，李瑞清當選南洋勸業會研究會正會長〔註144〕。6月5日，中國歷史上首次以官方名義主辦的國際性博覽會，南洋勸業會在南京舉辦，這也是當時中國早期資本主義發展狀況在各個方面的展示。展覽期間，在審查總長、農工商部右侍郎楊士琦（1862～1918）主持下，南洋勸業會研究會組織700多名專家學者和社會各界名流，在440類、近百萬件展品中審鑒評選一至五等獎5269個。獲獎名錄中以絲、茶、工藝品居多，機械類甚少，這種「多美術而少實用，僅能耗財而不能生利」的評審結果，暴露了小農經濟時代的特色，似乎多多少少也與會長的審美和意旨分不開。

總之，興辦近代工業、發展民族資本、創辦洋學堂、派遣留學生、操練新軍，這些新生事物的出現，逐步結合成改造社會的中堅力量。但是，晚清新政改革雖有成效，卻並非成功的標誌。「反對民權平等卻主張輪船鐵路的『中體

〔註140〕李瑞清：《兩江優級師範學堂同學錄序》，《清道人遺集》，黃山書社 2011 年版，第 39 頁。

〔註141〕李瑞清：《與江霞公太使書》，《清道人遺集》，黃山書社 2011 年版，第 35 頁。

〔註142〕李瑞清：《與留美預備學堂諸生書》，《清道人遺集》，黃山書社 2011 年版，第 37 頁。

〔註143〕李瑞清：《與張季直書》，《清道人遺集》，黃山書社 2011 年版，第 179 頁。

〔註144〕《南洋勸業會研究會報告書》，南洋勸業會研究會編輯，中國圖書公司中華民國二年五月初版。轉引自曾迎三：《清道人年譜（二）》，《內江師範學院學報》，2013 年第 11 期，第 36 頁。本會經過之事實「庚戌五月二十一日，假商團開會推蔣季和君炳章為主席，舉李梅庵君瑞清為正會長、梁炳農君祖祿、錢幼琴君實書為副會長，張季直君謇為總幹事、蔣季和君為副總幹事。」

西用』思想」〔註145〕，表現出統治階層在意識形態上的局限性，即以價值系統為體，以知識系統為用的拼湊物，並且得出傳統的綱常名教不可變的結論，讓越來越多的人放棄了對清政府實行改良的幻想。可以說「西學為用」的最終結果，是導致二千年政體的改變。李瑞清不是純粹的保守派，他篤信「窮則變，變則通，通則久」的發展規律，他在教育上引進已被實際成績所證實的西方文明，這並不是出於對西方物質文明的簡單欽羨，而是通過教育改革以臻中西文化價值的綜合。

二、南大文人書風的先導

現代碑學審美的外延已進入泛化期，「它在給當代書法形式變革提供了動力支撐的同時，也使當代書法的形式變革走上「無法」的道路」（姜壽田：《當代新帖學論》），並且許多「書家從整體上自覺地徹底地進入『無法』時代」（孫曉雲：《書法有法》），而這種「無法」的狀態，導致今天許多所謂「醜書」的形式出現，這究竟是不是時代的審美特徵呢？而「書法自殷代以來，風格的變遷很顯著」〔註146〕，是「表現各時代精神的中心藝術。」〔註147〕有學者認為，今天的中國書法受西方藝術觀念和形式的影響，有意識背離傳統幾千年來形成的審美定式，發展的狀態是不健康的，將來的書法很可能壞在「創新」上，會讓中國傳統文化藝術走上一條令人不敢想像的道路，筆者認為這種心象可歸因於審美不自信的心態所致。

近代以前的書畫家，身份原本是素養頗高的學人仕宦，他們徜徉於中國傳統文化中，深諳書畫之道並藉以抒發個人的情志，可謂士人有教養的標籤。況且，二十一世紀之前，書法還是人際間交往中必不可少的紐帶，而在這種紐帶下的文風、字體勢必考量他者識別的接受程度，必然會影響書寫或創作時的心理狀態。「書初無意於佳，乃佳爾」〔註148〕既考量了書家的積學素養，又提出了書法藝術的品鑒標準。陳方既認為：「書法引發人的美感，並不是因為它反映了現實事物美，而是因為書家借文字書寫表現了主體的生命情意、情性修養、才能工夫，創造了具有生命意趣和個性面目的形象。即書家憑藉工具器材

〔註145〕 李澤厚：《中國近代思想史論》，北京：生活・讀書・新知三聯書店 2008 年版，第 80 頁。
〔註146〕 宗白華：《美學散步》，上海人民出版社 1987 年版，第 165 頁。
〔註147〕 宗白華：《藝境》，北京大學出版社 1987 年版，第 124 頁。
〔註148〕 蘇軾：《論書》，《歷代書法論文選》，上海書畫出版社 2014 年版，第 314 頁。

的特性，將文字操作成了有神有態、有氣血骨肉的生命現象。」〔註 149〕但它的藝術性始終在辨識中被實用所遮蔽。

圖 5-7　李瑞清致蔣國榜書

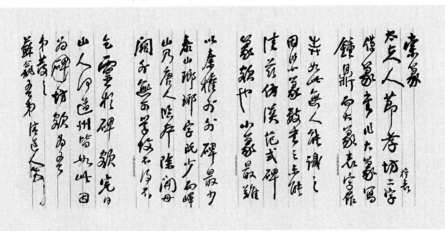

　　進入二十一世紀，高校書法教育成為風尚，培養了一大批所謂的高度職業化的「專業書法家」，這也是亙古未有之怪現狀。隨著現代科技下的印刷技術的高仿複製，將書法強調得筆法概念，諸如起收的筆意、牽絲連帶的細節，清晰無露地呈現於世人眼前，引發當今書法學人站在「技術」的立場上進行所謂的復古風，這也許是 20 世紀末以「植根傳統、立足當代、張揚個性」為主旨，想盡辦法「自成一家」的流行書風之後對傳統的回溯，其結果就是用前人的技術規範為準繩，通過具體點畫上的摹畫與經營，培養出一批精雕細琢的奴性書家，除了臨仿酷似古人形模之外，絲毫沒有自己的印跡和風骨。林散之曾說：「古人罵筆筆似的字為書奴，現在即使做書奴都不容易，古人罵人說書奴，是寫字跳不出古人的面目。現代人連書奴都不如，只學皮毛。」〔註 150〕至於所言已經超過明清、追到兩宋的豪言壯語，在時光不會倒流的前提下，純粹是在情感和名聲上的自慰而已！

　　叢文俊認為「傳統是使書法史綿延久遠、穩定傳承的發展動因，是可以反映並藉以解釋書法史的活的靈魂，把握傳統，就等於把握到書法史的精髓。」〔註 151〕畢業於南京大學漢語文字學專業的叢文俊深諳於文字學研究，上至甲

〔註 149〕田耕之主編：《陳方既論書法—第三卷—書法美學原理》，華文出版社 2003 年版。
〔註 150〕林散之：《筆談書法》，古吳軒出版社 2012 年版，第 31 頁。
〔註 151〕叢文俊：《書法史鑒》，上海書畫出版社 2003 年版，第 6 頁。

骨金文，下至歷代墨蹟，並傾心於書法理論與實踐的教育，他立根於吉林大學，培養了大批碩、博士研究生，也是李瑞清、胡小石、侯鏡昶一脈學風的遞衍承傳。

　　李瑞清作為南京大學前身即兩江師範學堂的監督，奠定了學堂中西會通的建設性傳統，他「提倡科學、國學、美術，不遺餘力。中外教授及江南弟子千數百人，服其誠慇，教育成績，評者推為東南冠冕。」〔註152〕同時，他也是一位文學家、詩人，影響到弟子胡小石在古文字學、訓詁學、古代文學等諸方面的研究。胡小石一生執教於金陵大學、中央大學、南京大學，成為東南學術的代表。周勳初在《胡小石先生與書法》一文中指出民國初期的知識分子，對外交往時要具有兩個基本條件，一是字要寫得好；二是作詩要拿得出手，不能出現韻的錯誤，這樣才能算是一位合格的讀書人。今天，南京大學作為辭賦研究的重鎮，是直接或間接受到李瑞清、胡小石、汪辟疆、程千帆、沈祖棻這些文士影響的結果。同時，對金石的研究，對書法的創作，經由吳白匋、游壽、周勳初、侯鏡昶、萬業馨、周同科這些學人堅守和傳承，在綜合研究的學術傳統上，形成淵源有自的學術譜系，他們的手稿筆跡在電腦作為工具使用的今天，都將成為南京大學特有的書卷氣風格為後來者所追慕。

〔註152〕柳肇嘉：《清道人傳》，《清道人遺集》，黃山書社2011年版，第95頁。

結　語

　　李瑞清去世後，在追悼李瑞清的眾多輓聯中（《清道人遺集》中收錄挽詩
28 首，輓聯 172 副），汪一飛、汪敬源、周之耆從傳統文人的道德節操概括評
價：「經筵講幄，紹鹿洞遺規，樹木盡成陰，首闢兩江文化；草履黃冠，作滬
上寓客，采薇徵素志，允稱一代完人。」〔註1〕此聯從教育貢獻和道德觀著手
鋪陳，是李瑞清一生儒道互補精神的典型體現。「記同松筠庵公車上書朝市忽
移節著遍江南即遁世自無悶；何堪春江歲時把酒蕨薇採盡書名滿天下已不朽
復何求。」〔註2〕康有為的《挽清道人聯》從政治和名利觀著墨，既是康有為
自身追求的寫照，同時也昭示了李瑞清存在的社會意義。

　　李瑞清書學思想在近現代書學史上的影響雖然不及康有為，但筆者認為
李氏的氣度和格局卻絲毫不遜於康氏，其人格亦有高於康氏之處。比如康氏在
《孔子改制考》中闡述男女平等，提倡一夫一妻的現代家庭制度，其自身先後
納妾數人，可謂言行不一，而李瑞清鰥夫後則以「梅癡」自詡而守義終身；二
人都是保皇的頑固派，但康氏在政治舞臺上翻江倒海，有其個人野心，而李瑞
清卻能夠保持「忠孝節義矢死不忘清名字」，「報國有深悃藉道人而作完人」的
士人風範。

　　民國前後的上海，聚集了很多類似於李瑞清這樣恪守「忠君不二」古訓的
高官、大吏，他們以書畫為生，靠著個人的修為，相互砥礪，在文化自覺的意
識中，通過雅集、結社、展覽、鬻書等實用主義的存在方式，走向書法藝術的

〔註1〕李瑞清：《清道人遺集》，黃山書社 2011 年版，第 264～265 頁。
〔註2〕李瑞清：《清道人遺集》，黃山書社 2011 年版，第 236～237 頁。

時代巔峰，既為海派書畫藝術的創作，提供了豐厚的文人氣息和滋養，又使這個崛起的藝術流派在追尋雅俗共賞的標準時，兼容並蓄，開拓創新；既刺激了世人購買的欲望，也為二十世紀書畫藝術的發展，提供了具有鮮明特色的審美需要。

一、學術評價

審美接受是見仁見智的問題，評價李瑞清書學藝術，要全面地發掘材料，細緻地體味作品、客觀地闡釋文獻，既要從審美的角度，論述藝術多樣與迥異對立統一的規律，又要全面地考察和分析時代賦予他的特殊性。1933 年，黃孝紓（1900～1964）應蔣蘇庵之囑為《清道人遺集佚稿》作序，序言稱李瑞清「士生不幸，當世變，冥行孤往……以翰墨為人役，儌獲浮世之聲譽，又豈始意所及哉？舉世人所歆羨以為高尚者，而于道人，宜有不獲己之悲焉。」〔註 3〕李瑞清書法並無名師傳授，也本不想成為所謂的書法家，在那個時代包括之前的文人都很少有以書法家自詡的，但命運的造化使之不得不走向鬻書求活的境地。而世人對他的異議又恰恰體現在他「無意於此中求名」的書寫實踐，當然，也不乏讚譽之聲。

鄭孝胥認為六朝乃至隋人書法是魏書與隸法互相參透，而「梅庵先生所臨諸碑純用隸法，不啻禹鑿龍門手段。」〔註 4〕梁啟超稱許李瑞清學書溯源的做法，他比喻說「學文不肆力先秦兩漢而丐餘瀝於唐宋八家，終身墮惡道矣。書亦然，不學魏齊，不能為隋唐；不學秦漢，不能為魏齊。梅庵先生以篆隸作楷行，其篆隸更導源鍾鼎。他日人書俱老，恐非復安吳、完白所敢望。」〔註 5〕這種期望值恰恰體現在譚延闓針對李瑞清臨書學古的態度和氣息：「道人書，思沈力厚，直似白香亭詩。」〔註 6〕

而錢仲聯也在《夢苕庵詩話》中從詩壇排座次的角度，中肯地批評汪國垣，

〔註 3〕黃孝紓：《清道人遺集佚稿序》，《清道人遺集》，黃山書社 2011 年版，第 93 頁。黃孝紓，字公渚，號匑庵，福建閩侯（今福州市）人，三十年代即為國立山東大學的教授。1964 年四清運動中，在濟南自縊身亡。

〔註 4〕王中秀、曾迎三編著：《曾熙年譜長編》，上海書畫出版社 2016 年版，第 196 頁。

〔註 5〕李定一，陳紹衣編著：《李瑞清書法選一》，武漢理工大學出版社 2010 年版，第 148 頁。

〔註 6〕王中秀、曾迎三編著：《曾熙年譜長編》，上海書畫出版社 2016 年版，第 667 頁。

並論究李瑞清書法水平：「汪辟疆《光宣詩壇點將錄》以李瑞清當入雲龍，豈以其為清道人之故乎？梅庵雖宗法漢魏，功力甚深，究變化未能自成一家。以掌管詩壇機密軍師推之，似太過。」從中也能看出錢仲聯眼界之高，素養至深。

　　今人侯開嘉認為「關於李瑞清的書法，後世臧否頗多，大多數人認為成就最大的是大篆，大概這是『求篆於金』的實踐結果。他運用富有彈性的澀筆去臨《散氏盤》《毛公鼎》等金文。」〔註7〕就是這個「澀筆」的問題導致以下諸多評論，臧否是否得當，本文不一而論，但這些以技術審核為主的異議卻可以比較全面地瞭解大家關注問題的層次。學者易宗夔（1874～1925）〔註8〕認為書寫自己的內心世界才是高級的表現形式，他說李瑞清臨摹雲峰山刻石的筆法可謂入古，但並未活用古法：「觀李君（李瑞清）之書，摹擬雲峰石刻四十二種，筆法酷肖，然食古而未化。或以字匠譏之，未免過矣。」〔註9〕畫家于非闇（1889～1959）也認為「于道人書，每惜其摹擬過肖，甚少新意，然世固以是重之。」〔註10〕前文曾小議朱大可臧否康有為之事，其實通過媒體進行品評和罵架的事在民國時屢不鮮見，以刊登文學評論為主的《金鋼鑽》報於1928年4月21日刊登署名為「芳」的作者致《大可足下》的一封公開信，對於朱大可品評時賢的言論毫不避諱地亮出自己的觀點，展開討論，為了更好地瞭解民國社會風氣以及文化宣傳的品相，不做刪減全文抄錄如下：

　　「大可足下，姚園一別，忽已經年。昨讀《鑽報》，敬悉我兄杜門卻掃，篤志書法，此道不講，於今為烈，得兄振起，甚盛甚盛。唯兄僂舉魏之太傅，晉之二王，唐之虞、歐、褚、薛、顏、柳，而不復及元魏諸碑，且謂其出匠人手筆，廉悍有餘，楮雅不足云云。似與包安吳、康南海之說，大相徑庭。包之《藝舟雙楫》、康之《廣藝舟雙楫》，皆推尊三魏，卑薄有唐。近日治北碑者尤多，即如曾農髯、鄭蘇堪兩先生，皆兄之所以受書法者。曾氏於《張黑女》得筆，鄭氏擘窠大字，亦饒北碑氣息。而兄於此深致不滿，包康之議論，或不足以饜兄心；曾鄭之淵源，豈亦未能有所釋然耶？又兄月旦書家，於李道士頗有微詞，弟則以為道士之書，雍容寬博，無愧大家。迴非高（聾公）之寒儉、康

〔註7〕侯開嘉：《中國書法史新論》，上海古籍出版社2003年版，第202頁。
〔註8〕易宗夔，原名易鼐，戊戌變法後改名易宗夔，字蔚儒，湖南湘潭人，康有為的入籍弟子。
〔註9〕華人德、朱琴：《歷代筆記書論續編》，江蘇教育出版社2012年版，第519頁。
〔註10〕于非闇：《觀清道人畫》，原載1927年8月17日《晨報·非廠漫墨·五一》。轉引自于非闇著、沈寧編注《書畫過眼》，文津出版社2023年版，第317頁。

（南海）之詭異，所可同類而等視者。未審高明以為何如？

弟學書十年，了無一得，所堪自信者，未染唐人一俗筆耳。昔李夢陽不讀唐以下文，弟之學書，自謂似之，然此知非兄所樂聞也。

端居多暇，願聞明教。仲尼、墨翟，雖不同道，倘亦相濟而相成也。尊府地址，弟已失憶，故託《鑽報》轉達，諒不致於浮沉。匆匆即候，起居不一。弟芳頓首。」〔註11〕

朱大可，號蓮垞（按：朱祖謀贈其「蓮垞」之號），詩人，上世紀二三十年代譽響海上，書法作品上常鈐有「竹垞本家」印一方，隱喻在詩學上與朱彝尊之關係，係曾熙弟子。

1931年秋，曾李同門會舉辦李瑞清六十五壽冥誕之慶，「曾李同門會宣稱，李瑞清道人以遜清遺宦，精於詩書畫三絕，道德文章，為世所推重，門牆桃李遍全國。不幸於五年前（按：此處時間有誤），道人溘然長逝，今日為道人六十五壽冥誕。門人若張善孖、江萬平、蔣蘇盦、朱大可、張大千、馬企周、蔣一平、李雲麾、姚雲江、許冠群，及再傳弟子陸元鼎、王蘭、朱培琴等，特借座北京路功德林舉慶祝，並搜集道人遺稿付棃云。」〔註12〕其中，張善孖收藏的清道人復中國道教尺牘，係當年李瑞清復涵光、靜虛諸道長的回函，即今所見《復中國道教會書》一文，全文首次刊錄於1931年8月20日《新聞報·快活林》。

馬宗霍（1897～1976）與張善孖、張大千兄弟同為曾李同門會發起人，他的言論影響後人甚眾，對李瑞清書法習氣的批評也可以看作是最具有代表性：「不無矯揉造作之處，世人不求深造，意顓抖傚之，古意全無，遂成詬病。」〔註13〕不過，他也認為「清道人自負在大篆，而得名則在北碑。余獨愛其仿宋四家，雖不形式，而神與之合。其行書尤得力於山谷，晚歲參以西陲木簡，益臻古茂。」〔註14〕這個評價，今天看來毫無拔高之嫌。

第三任西泠印社社長張宗祥（1882～1965）〔註15〕在《論書絕句·包倦翁》中曾云：「平心論之，帖之弊在輾轉摩刻，非寫帖者之弊也。倘有多見墨

〔註11〕載 1928 年 4 月 21 日《金鋼鑽》報。

〔註12〕載 1931 年 8 月 25 日《申報》，第 21 頁。

〔註13〕李國鈞：《中華書法篆刻大辭典》，湖南教育出版社 1990 年版，第 397 頁。

〔註14〕馬宗霍：《書林藻鑒·書林紀事》，文物出版社 2015 年版，第 247 頁。

〔註15〕張宗祥，字閬聲，號冷僧，別署鐵如意館主，浙江海寧硤石鎮人。1963 年出任西泠印社社長。

蹟之人，自能辨之。此正與學北碑者，並其刀刻方稜之處亦皆仿之，其弊正復
相同。倦翁如生今日，親見陶心雲、李梅庵之書，當悔談碑矣。故碑、帖均有
是處，均有弊處，惟在明眼人能擇之。」在《論書絕句・高聾公（高邕）》中
又提到：「邕之三十左右尚法魯公。予見臨《爭座》帖一通，極得筆意。暮年
化北海傾側之習為整齊，實得力於隋碑，轉折分明，起訖斬截，故自合法。以
視汪淵若之砌字，唐駝之塗字，李梅庵、曾農髯之畫字，不可同日語矣。清道
人寫唐碑，功力極深，蓋源於徐季海，獨在海上鬻書，變此惡劣之體。」在張
宗祥眼中，李瑞清並未脫離陶濬宣的風格樣式，甚至森嚴的唐書法度對李氏而
言已成枷鎖，致用的楷法被譏為俗。從而導致「從趙之謙開始，碑學的危機已
全面顯露出來，到陶濬宣、李瑞清，碑學筆法已陷入全面異化」〔註16〕的言
論，我認為以上言論雖不是管中窺豹，但對李瑞清書法的整體面貌乃至書學思
想還是不甚了了所致。這也包括祝嘉談到清代的書法時認為李瑞清博學古人，
「筆力很強，可惜波折太露，像用顫筆寫的一樣，初學效顰，易流為醜怪，是
無心而流毒後世的了。」〔註17〕藝術品市場皆以經濟為導向，當「梅庵出名之
後，贋跡甚多，影印扇面，全無真者」〔註18〕的時候，這些傚仿李瑞清用筆的
眾多低劣偽作，也成為鑒賞與收藏家鑒別真偽的試金石，今天的拍賣市場裏還
可以遴選出這類顫抖之高仿作品，確實給他帶來很大的負面影響。拙見以為李
瑞清運用顫筆筆法進行書寫，其實是力圖還原古拙的金石意趣，但形成頓挫的
線條過於外露，反而影響到整體氣韻。

　　張難先（1874～1968）《記李梅庵論書法》的這段記錄應該世真實地反映
出時人的審美感受：「一九一八年初，外舅張難先赴上海，訪李，問書法，曾
示觀宋拓《張猛龍》《張遷》《禮器》及舊拓《石門頌》《鄭文公下碑》七八種，
並告以論書數語。與外舅同去的李亞東先生（辛亥首義老人，日知會會員）不
諳梅庵江西方音，梅庵遂接筆隨意書之。梅庵擅摹《鄭文公下碑》，罕作行書，
隨意之作，嫵媚喜人。歸，難先在其後跋數語如下：『李梅庵先生摹《下碑》，
嫌其做作太甚，雅非所好。然所題碑帖各簽，則茂密生動，又欽佩之。』至六
年（按：應為民國七年，據《六十自述》校訂）由粵抵滬，同李君亞東謁梅公

〔註16〕田紹登：《趙之謙、何紹基比較論》，南京藝術學院學報《美術與設計》2005年
　　　　第一期，第105頁。
〔註17〕祝嘉：《書學論集》，江蘇教育出版社1982年版，第28頁。
〔註18〕楊鈞：《記陶》，《草堂之靈》卷九，浙江人民美術出版社2016年版，第168～
　　　　169頁。

問字，當以『懸臂乃能破空，下筆惟求殺紙。須探篆隸精神，莫學鍾王軟美。作字如同做人，要把脊樑豎起』數語告之，由亞東筆記。亞東不甚諳贛語，梅公接筆書之。雖為隨意之作，然較之寫《下碑》做作者，似勝一籌矣。故樂為存之。先記。」〔註19〕

沙孟海（1900～1992）〔註20〕在《近三百年的書學》敘述「李瑞清也大規模地寫過北碑，他的作品在十年前很珍貴，現在卻沒有人佩服他了。我以為過去的珍貴，也太過分，現在的輕視，也可不必。藝術是有時代性的東西。康有為說得好：『制度、文章、學術，皆有時焉以為之大界，美惡工拙，只可於本界較之。』我們現在都知道李瑞清的字的短處了，可是在李瑞清未出世之前，誰能開得出像他那樣一條新的路來呢？這樣說來，李瑞清在書學史上就有相當的地位了。他的早年，寫顏柳、山谷諸家，都很不錯。後來專寫漢魏碑版，喜用顫筆。他見當時寫北碑的，不入於趙（之謙），則入於陶（濬宣），他要用蔡邕的「澀筆」去矯正他們，結果，澀得過分，變為顫了。更有甚於此的，一般學李瑞清的人，顫得過分，益發不成樣子，弄得李瑞清的字愈加出醜。所以我說，李瑞清書價陡落，他們也該負一部分的責任。」〔註21〕

的確，這種自家體會來的筆法，後人的刻意摹仿很難體會和再現原創的精神面貌。陳傳席認為李瑞清滬上鬻書時期的「怪字」不是其本色：「書法史和李瑞清的各種字帖，以及很多研究李瑞清論文的附圖，皆是他在上海賣字時所寫的怪字，而沒有一幅是他的本色字。這就大大影響了人們對他的評價。」〔註22〕

曾熙、胡小石都曾對社會上的這些指責為李瑞清作過辯白和解釋。但《草堂之靈》的作者楊鈞對李瑞清書法的評價不可謂不中肯，既看到了優點，也指明了其不足。二人結識於光緒二十三年（1896），時楊鈞十六歲，李瑞清三十歲，他在湘潭聽聞楊鈞書法「專宗唐以上」的訊息，上門拜訪，遂成忘年之交。〔註23〕楊鈞提到二人經常在一起切磋書藝徹夜不眠，並且「梅庵美德甚多，其

〔註19〕《書法》1981年第6期，第32頁。張難先，號義癡，字義先，湖北沔陽（今仙桃市）人，中國民主革命家、愛國進步人士、原中南軍政委員會副主席。

〔註20〕沙孟海，原名文若，字孟海，號石荒、沙村、決明，浙江鄞縣沙村人。曾任浙江大學中文系教授、浙江美術學院教授、西泠印社第四任社長、中國書法家協會副主席。

〔註21〕沙孟海：《沙孟海論書叢稿》，上海書畫出版社1987年版，第40頁。

〔註22〕陳傳席：《畫壇點將錄·評現代名家與大家》，中國青年出版社2015年版，第36頁。

〔註23〕楊鈞：《白心草堂金石書畫》，民國影印本。

肯虛心更為難得，常以《張遷》《偏旁》及《天法神讖》諸碑筆法相尋，余以所見答之，皆承採納，即刻仿製。」〔註24〕楊鈞認為「李梅庵之書博而未約，有時病故塞，而畫得天真，不在冬心下。」〔註25〕在他看來，清道人的執筆方法導致了其篆隸書有「滯塞難通」的問題，「清道人之氣力不及也。清道人用功甚篤，所習亦博，然滯塞難通，幾無完字。細查其病，由於執筆太松，不能高懸，有取貌之能，無超越之致。」〔註26〕對於此評論，筆者不敢苟同，蘇東坡認為「把筆無定法，要使虛而寬」，雖然也有前後的要求關係，但法無定法，書寫到了心手暢達的階段，完全可以不拘泥於某一種古法，如若非像何道洲彆扭到不行的「回腕法」去執筆，大概只能用反生理、反人類去評價了。毋庸置疑，研究眾多書體，熟悉各種書風肯定比專注一兩種書體更有裨益。但能做到既深入認識傳統，又能出新意，最終融合成比較統一的，還有個人藝術風格的書家真是屈指可數。楊鈞將李當作知音，他回憶李瑞清時寫道：「梅庵死，又數年矣。此十年來，余之書法親十年前為何如，無梅庵其人者與之商榷評論，則為余今日之最恨事。」〔註27〕

　　李瑞清與書寫梅庵匾額〔註28〕的柳詒徵〔註29〕（1880～1956）有師生之誼，並且「柳老對於梅庵有知己之感，且深佩梅庵的書法，時陸維釗卻鄙視梅庵所書北魏體顫抖太做作，不以為然。柳老出示梅庵為他曾祖母工楷所書的墓誌銘，融黃山谷、董香光於一爐，維釗大為歎服。」〔註30〕柳詒徵身份名銜很多，諸如教育家、文史學家、圖書館學家、現代儒學宗師等等，稱其為書法家也毫不為過，況且，篆、隸、草、行、楷是那一代學者的基本功。柳詒徵善書漢、魏二朝碑版，作品中也能看出其受李瑞清的影響。

〔註24〕楊鈞：《明是非》，《草堂之靈》卷七，浙江人民美術出版社 2016 年版，第 124 頁。

〔註25〕楊鈞：《明是非》，《草堂之靈》卷七，浙江人民美術出版社 2016 年版，第 122 頁。

〔註26〕楊鈞：《運矛》，《草堂之靈》卷二，浙江人民美術出版社 2016 年版，第 34 頁。

〔註27〕楊鈞：《跋孔羡臨本》，《草堂之靈》卷四，浙江人民美術出版社 2016 年版，第 64 頁。

〔註28〕梅庵，位於東南大學四牌樓校區西北角六朝松旁。南京高等師範學校成立以後，江謙校長為紀念李瑞清所建。柳詒徵於民國 36 年（1947）6 月 9 日題寫「梅庵」匾額，寬約 2 米，高 0.65 米。

〔註29〕柳詒徵，字翼謀，號知非，晚年號劬堂，江蘇省鎮江丹徒人。歷史學家，教育家，書法家，圖書館學家。與吳宓等主辦《學衡》雜誌。

〔註30〕鄭逸梅：《清末民初文壇軼事》，學林出版社 1987 年版，第 54 頁。

圖 6-1　柳詒徵題寫梅庵匾額

　　鄭逸梅（1895～1992）曾記載：「蕭悅庵論書，謂『近代之清道人、鄭孝胥、康有為、吳昌碩，學者皆不可沾其習氣』。」〔註31〕蕭悅庵提到的這四位有習氣的人物，包括其後的于右任被孫詢認定為民國時期書法界的五大流派：康有為的「康派」、吳昌碩的「吳派」、鄭孝胥的「鄭派」、李瑞清的「李派」、于右任的「於派」〔註32〕，這五位名流通過辦學、結社等社交方式，培養了大批書畫家和藝術教育家。孫詢將李瑞清書風及其影響的學生稱為「李派」，並撰《論李瑞清書法藝術學體系的構建與影響》一文，詳列「李瑞清書法藝術學傳衍關係圖示」。「李派」弟子李健、姜丹書、呂鳳子、張大千、胡小石諸人及再傳弟子對整個二十世紀中國書畫界的影響，也可以說直至今日，還有廣泛的思想遞延。如：姜丹書門下的鄭午昌、潘天壽、豐子愷均為書畫界翹楚；李健入室弟子凌雲超〔註33〕、程十發〔註34〕、魏樂唐〔註35〕、方聞〔註36〕、楊之

〔註31〕鄭逸梅：《藝林散葉薈編》，北京：中華書局 1995 年版，第 366 頁。鄭逸梅，祖籍安徽歙縣，上海文史館館員。以「報刊補白大王」聞名，其著述多以清末民國文苑軼聞為內容，是瞭解近現代文藝界情形的寶貴資料。

〔註32〕孫詢：《民國書法篆刻史》，上海交通大學出版社，2011 年。

〔註33〕凌雲超：江蘇省揚中縣八橋鎮人，長期旅居印度尼西亞雅加達，著有《中國書法三千年》。

〔註34〕程十發：上海原中國畫院院長，原名程潼，18 歲就讀於上海美術專科學校，時任授課教師李健以古代「十發為一程」之意，為其取字「十發」，隧終身以程十發為名。

〔註35〕魏樂唐：浙江餘姚馬渚人，旅美藝術家，致力於創造將書法藝術與西方抽象表現主義相結合的藝術型態。

〔註36〕方聞：國際藝術史家和文化史學家、文物鑒賞專家、教育家。先後擔任普林斯頓大學教授、藝術考古系主任、普林斯頓藝術博物館主席（主任）、紐約大都會博物館中國繪畫部的特別顧問等職務。中譯本主要出版有《夏山圖：永恆的山水》《心印——中國書畫結構與分析研究》《宋元繪畫》《中國藝術史九講》等專著。

光〔註37〕等人的影響聲聞海外；張大千入室弟子何海霞為長安畫派創始人之一；胡小石學生曾昭燏、游壽、吳白匋、侯鏡昶、周勳初及再傳弟子叢文俊、周同科諸人薪火相傳，弘揚師道。

今天，我們在研究李瑞清留下的諸多篆隸作品和北碑書法的同時，其寫給友人信札、碑帖題跋等小字作品更值得我們品鑒。1940 年，陳含光〔註38〕（1879～1957）在李瑞清《行書悼柳生卷》的手卷拖尾處評價認為，李瑞清的行書作品才是書家本真的藝術面目。這類不經意的隨手寫來，毫無做作之態的信札、題跋，或行或楷，一派魏晉灑脫之風，這種輕鬆和質樸是他終生不輟寒暑的筆底流露，而筆劃的質感無意於佳而自佳者，恰恰是在學術語言中難以傳達的，審視這些作品的質量，在當時所獲盛名應該說毫不為過，是實至名歸的。

本篇羅列出對李瑞清的諸多質疑和評論，基本都是針對其書寫中的筆法、筆意等實踐問題的詰難，這種沒有標準的衡量比較，恰恰反映了李瑞清在藝術探索中的難點，而李瑞清將「氣味」置於理論闡述的重要位置，則顯現其書學思想和書寫實踐的終極追求。當代學者王貴忱在《題李瑞清致閔荷生手札》中尤喜李氏書論，「梅庵善真、草、隸、篆諸體書，予則喜梅庵小行書，尤喜其書論，時有卓見精到語，如謂：『古來學問家雖不善書，而其自有書卷氣，故書以氣味為第一，不然，但成手技，不足貴也。』不佞向信服斯言，故每為索書同道寫之耳。」他的推崇之情從另一個角度來看，是書壇對書法藝術的發展走向的一種態度，即在書寫傳統經典與抽象的、純粹化的視覺語言之間尋找平衡。

二、思想貢獻

晚清、民國的文人對六朝文字極為推崇，書寫交流上如果沒有點漢魏氣息都不好意思出手，現在來看也是當時的一種流行書風。作家沈從文自小練就一手高古的漢魏書體，他回想自己在湘西當兵時學習書法的願望：「勝過鍾王，壓倒曾李。……就可『獨霸一世』了。」〔註39〕可見李瑞清在當時社會上的影響非常廣泛。

〔註37〕楊之光：廣州美術學院教授、國畫系主任、副院長。
〔註38〕陳含光，名延韡，號移孫，後改含光，江蘇揚州人，清光緒 28 年（1902）舉人，書畫家，文學家、史學家。民國初年聘為清史稿纂修，1948 年冬，隨子陳康遷臺北，終其一生。
〔註39〕《沈從文散文選‧從文自傳》，湖南人民出版社 1981 年版，第 108 頁。

　　金石書派作為一種文化現象興起，是金石學在書法界的衍生流派，如果是專指以金文、漢碑、魏碑為主要母本模式的書法創作流派，「金石書派」一詞的提出不會太早。1982 年，侯鏡昶在《書苑春暉》一文中，指出胡小石發展了李瑞清「以器論派」的金文流派分類法，並且，侯鏡昶也在此基礎上參照清初朱彝尊以來的漢碑分類法，從個人鑒賞審美的角度進一步把漢碑進行更細緻的風格分類（詳見侯鏡昶《書學論集》，華東師範大學出版社 1982 年版）。1996 年，游壽的學生王立民以外在的筆法形式為論調指出「李瑞清創其澀行頓挫之筆，成為這一金石書派的明顯特徵。」並推任「李瑞清是現代書壇「金石書派」的創始人。」〔註 40〕這應該算是「金石書派」的招牌正式在書法界的亮相，或許是人微言輕，書法界並沒有響應，筆者認為主要是「澀行頓挫之筆」不能代表金石書派的藝術風格，這種淺顯的表象判斷在提出伊始就未能深獲人心。在王氏之後，傅愛國、謝建華繼續打造和充實「金石書派」的體量，如果從藝術流派發展的審美意義上，不可否認它的特殊價值和旺盛的生命力，今天看來似乎也成為一種可期待的概念被普遍認同。

　　恩斯特・卡西爾（Ernst Cassirer，1874～1945）認為「作為一個整體的人類文化，可以被稱之為人不斷自我解放的歷程。」〔註 41〕中國書法篆、隸、草、行、楷的遞進發展，以及各個時代藝術風格的轉向都可以看作是「人不斷自我解放」的表現過程，李瑞清書法藝術思想的價值和意義就在於尊古開新，本篇論文通過對李瑞清書法理論的系統梳理，得出以下研究結論：

　　首先，李瑞清對於書法史的貢獻是「金石書法」審美形態的確立。這個判斷不在於其書寫本身有多麼的精湛，更多的是他的書學藝術觀點和思想對朋儕子弟的影響並輻射整個二十世紀的效應。賀雲翱在《考古學對「中國書法」的意義》一文把李氏的研究提到文化史高度：「李瑞清先生開創的『金石書派』直接導源於金石考古之學，其影響光照於今。」〔註 42〕概括性總結就是溯源可以啟迪未來，李瑞清是嗜古者，但又有知識分子求新的心理傳承，他在整理先秦時期文字系統中的審美觀點，包括「以器分派」的學術架構為以後的書學研究者和考古工作者提供了寶貴的理論基礎，這個價值的創建可以說「前無古

〔註 40〕 王立民：《書秉金石李瑞清》，《書法之友》1996 年第 1 期，第 17、19 頁。

〔註 41〕 〔德〕恩斯特・卡西爾：《人論》，甘陽譯，上海譯文出版社 1985 年版，第 288 頁。

〔註 42〕 中國書法家協會編：《中國書法金陵論壇論文集　2012》，上海書畫出版社 2016 年版，第 93 頁。

人」，足以用「書法金石美學的先導」來概括他在近、現代書學史上的地位。

　　李瑞清對「碑學」「帖學」概念的闡述，超越了碑帖爭論的狹隘地域觀，是近代書法碑帖融合思潮的踐行者，並成為時代書學的主流。雖然其理論陳述方式延續傳統書論的行文風格和特點，在思辨的形而上不及劉熙載《書概》的深度，觀念的表述也不及康有為《廣藝舟雙楫》那樣系統，然而其書法藝術觀與審美見解卻是中國傳統書法美學思想發展的一個總結，也可以認為是清晚期書法美學思考的有機組成部分。他的書法美學理論以「氣味」為核心，以「雄渾」為審美的理想追求，要求書法有淵穆的氣象、古厚的格局、高逸的內涵。向上看承繼了先秦書法的廟堂氣象、漢魏時期的美學風格（包括他的詩文），向下看則開啟了金石書法美學思想的形成。通觀二十世紀書法的發展態勢，古今雜形，異體同勢，都是建立在碑帖融合基面上的觀念轉變和意志創新。

　　李瑞清在思想上從來不排斥意識的對立面，他在保持對漢字文化的謙卑和尊重前提下，尋求書法藝術的突破與發展，並很好地落實了自己的藝術主張。他的書寫實踐呈現出渾厚蒼茫、雄強逸宕、氣象渾穆的藝術氣象與其書法審美理想的崇尚是一致的，同時也增強了其書法美學的說服力。但其過早離世，他的書法形象也由此定格在摹古的成熟期，可謂「心有古法」，但還未能真正進入恣意表達、人書俱老的境界。總的來說，李瑞清的金石碑碣書風，在書學發展史上特色鮮明地展現於世紀之交。他的審美追求體現了書風尚識的時代潮流，又標榜出其畢生修養的品味和人格，既能向任何一個時代陳述，同時又不被任何一個時代所局囿，是近代書法美學探索的先驅。

　　李瑞清主政兩江師範學堂期間，以開啟「民智」為教育之本，關注於國民素質的整體提高。他針對藝術教育的特點進行了系統的整體規劃，其創設圖畫手工科，是中國官辦高等美術師範教育專業的正式開始，據此可以視其為中國近現代美術教育的開拓者和奠基者。他任學堂監督七年間，身體力行，以「嚼得菜根，做得大事」為兩江的辦學理念，其質樸直白可謂今日南京大學「誠樸雄偉，勵學敦行」校訓最本懷的品質追訴。

　　李瑞清是一個比較全面的文化學者，他的詩詞美學、書畫藝術、鑒賞觀念等審美思想都在近、現代美學史上留下深刻的影響。林語堂說：「道家與儒家，不過是中國人靈魂的兩面。」〔註43〕李瑞清的書法藝術思想，體現了儒家的精

〔註43〕林語堂：《我這一生：林語堂口述自傳》，江蘇人民出版社2014年版，第150頁。

神氣質，最終以道家美學的高逸標準在詩、書、畫方向開拓出一條新路，顯現了其所具有的綜合素養。當其身處中西文化思潮碰撞，針對「跟風趨潮」的學術傾向之節點，他的審美立場與藝術堅守，體現了中國文人在傳統教育下的人格魅力，是文化自覺中昌明國學的典範。

參考文獻

一、著作

B

1. 白謙慎：《與古為徒和娟娟髮屋——關於書法經典問題的思考》，武漢：湖北美術出版社，2003。

2. 白謙慎：《傅山的世界——十七世紀中國書法的嬗變》，北京：三聯書店，2006。

C

1. 陳三立：《散原精舍詩文集》，李開軍校點，上海：上海古籍出版社，2003。

2. 陳振濂：《書法美學》，西安：陝西人民出版社，1993。

3. 陳方既，雷志雄：《書法美學思想史》，鄭州：河南美術出版社，1994。

4. 陳方既：《陳方既論書法（1～4 卷）》，北京：華文出版社，2003。

5. 陳竹、曾祖蔭：《中國古代藝術範疇體系》，武漢：華中師範大學出版社，2003。

6. 程宜山：《中國古代元氣學說》，武漢：湖北人民出版社，1986。

7. 崔爾平選編、點校：《歷代書法論文選續編》，上海：上海書畫出版社，1993。

8. 叢文俊：《書法史鑒》，上海：上海書畫出版社，2003。

D

1. 董其昌：《畫禪室隨筆》，北京：中國書店，1983。

2. 道濟：《石濤畫語錄》，俞劍華注解，北京：人民美術出版社，1959。

3. 戴小京：《康有為與清代碑學運動》，上海：上海人民美術出版社，2001。

E

1. 〔德〕恩斯特‧卡西爾：《人論》，甘陽譯，上海：上海譯文出版社，1985。

F

1. 傅山：《霜紅龕集》，太原：山西人民出版社，1985。

2. 馮友蘭：《中國哲學史》（上下冊），上海：華東師範大學出版社，2000。

G

1. 《國語》，焦傑校點，瀋陽：遼寧教育出版社，1997。

2. 郭紹虞主編：《滄浪詩話校釋》，北京：人民文學出版社，1961。

3. 郭紹虞主編：《中國歷代文論選》（第一冊），上海：上海古籍出版社，2001。

4. 甘中流：《中國書法批評史》，北京：人民美術出版社，2016。

H

1. 黃庭堅：《山谷題跋》，北京：中華書局，1985。

2. 黃伯思：《東觀餘論》，趙彥國注評，南京：江蘇美術出版社，2009。

3. 〔德〕黑格爾：《邏輯學》，梁志學譯，北京：人民出版社，2002。

4. 〔德〕黑格爾：《美學》（第一卷），朱光潛譯，北京：商務印書館，1979。

5. 〔德〕黑格爾：《精神現象學》（上卷），賀麟，王玖興譯，北京：商務印書館，1979。

6. 〔德〕胡塞爾：《純粹現象學通論》，李幼蒸譯，北京：商務印書館，1992。

7. 侯鏡昶：《書學論集》，上海：華東師範大學出版社，1982。

8. 侯鏡昶主編：《中國美學史資料類編——書法美學卷》，江蘇美術出版社，1988。

9. 韓玉濤：《寫意論——九方臬相馬法疏證》，北京：人民美術出版社，2009。

10. 胡小石：《書藝略論》，《胡小石論文集》，上海：上海古籍出版社，1982。

11. Rudolph Schaffer 著，胡清芬等譯：《發展心理學的關鍵概念》，華東師範大學出版社，2008。

12. H‧G‧布洛克著，滕守堯譯：《美學新解》，瀋陽：遼寧人民出版社，1987。

13. （日本）海上雅臣：井上有一　書は萬人の芸術である，ミネルヴァ書房，2005 年初版。

J

1. 金學智：《中國書法美學》，南京：江蘇文藝出版社，1994。
2. 季伏昆編著：《中國書論輯要》，南京：江蘇美術出版社，1988。
3. 蔣彝：《中國書法》，上海：上海書畫出版社，1986。
4. 金雅：《梁啟超美學思想研究》，北京：商務印書館，2005。

K

1. 〔德〕康德：《純粹理性批判》，鄧曉芒譯，楊祖陶校，北京：人民出版社，2004。
2. 〔德〕康德：《判斷力批判》，鄧曉芒譯，楊祖陶校，北京：人民出版社，2002。

L

1. 〔清〕劉熙載：《藝概注稿》，袁津琥校注，北京：中華書局，1978。
2. 李澤厚：《中國古代思想史論》，北京：生活·讀書·新知三聯書店，2008。
3. 李澤厚：《中國近代思想史論》，北京：生活·讀書·新知三聯書店，2008。
4. 李澤厚、劉綱紀：《中國美學史·魏晉南北朝編（下）》，合肥：安徽文藝出版社，1999。
5. 李存山：《中國氣論探源與發微》，北京：中國社會科學出版社，1990。
6. 劉濤：《中國書法史·魏晉南北朝卷》，南京：江蘇教育出版社，2002。
7. 劉恒：《中國書法史·清代卷》，南京：江蘇教育出版社，1999。
8. 梁啟超：《清代學術概論》，上海：商務印書館，1921。
9. 〔英〕羅素：《西方哲學史》（上卷），何兆武，李約瑟譯，北京：商務印書館，1963。
10. 〔美〕魯道夫·阿恩海姆：《藝術與視知覺》，滕守堯、朱疆源譯，成都：四川人民出版社，1998。
11. 《歷代書法論文選》：上海書畫出版社、華東師範大學古籍整理研究室選編、校點，上海：上海書畫出版社，2014。
12. 林語堂：《中國人》，上海：學林出版社，1994。
13. 劉綱紀編：《鄧以蟄美術文集》，北京：人民美術出版社，1993。
14. 李定一、陳紹衣編著：《熔冶古今書法的一代宗師李瑞清》，福州：海峽文藝出版社，2003。
15. 鈴木洋保、弓野隆之、菅野智明：《中國書家名鑒》，濟南：山東畫報出版

社，2012。

16. 李健著，劉惠國、李家淞、梁李雲整理：《李健書學文存》，上海：上海書畫出版社，2019。

17. 呂鳳子：《中國畫法研究》，《呂鳳子文集》，天津：天津人民美術出版社，2005。

18. 李永翹：《張大千全傳》，廣州：廣東花城出版社，1998。

M

1. 〔德〕馬丁・海德格爾：《存在與時間》，陳嘉映等譯校，北京：三聯書店，2006。

2. 孟兆臣校釋：《書品》，哈爾濱：北方文藝出版社，2000。

3. 馬宗霍輯：《書林藻鑒・書林紀事》，北京：文物出版社，2015。

O

1. 〔唐〕歐陽詢：《藝文類聚》，上海：上海古籍出版社，1965。

2. 歐陽中石主編：《書論會要》，北京：高等教育出版社，1990。

Q

1. 裘錫圭：《文字學概要》，北京：商務印書館，1988。

2. 錢穆：《中國文化史導論》，臺灣：商務印書館，1993。

3. 邱振中：《書法的形態與闡釋》，北京：中國人民大學出版社，2005。

4. 邱振中：《書法》，北京：北京師範大學出版社，2009。

5. 〔美〕喬治・桑塔耶納：《美感》，北京：中國社會科學出版社，1982。

R

1. 阮元：《揅經室集》，北京：中華書局，1993。

2. 任道斌校點：《趙孟頫集》，杭州：浙江古籍出版社，1986。

3. 饒芃子編：《中西比較文藝學》，廣州：廣東人民出版社，2009。

S

1. 沈曾植：《海日樓札叢》（外一種），上海：上海古籍出版社，2009。

2. 蘇珊・朗格：《藝術問題》，滕守堯、朱疆源譯，北京：中國社會科學出版社，1983。

W

1. 王德茲:《南京大學百年史》,南京:南京大學出版社,2002。
2. 王世徵:《中國書法理論綱要》,北京:首都師範大學出版社,2003。

X

1. 〔漢〕許慎:《說文解字》,天津:天津古籍出版社,1991。
2. 徐復觀:《中國藝術精神》,北京:商務出版社,2010。
3. 〔美〕蕭公權:《康有為思想研究》,汪榮祖譯,北京:新星出版社,2005。
4. 熊秉明:《中國書法理論體系》,北京:人民美術出版社,2017。
5. 徐有富:《南大往事》,南京:江蘇人民出版社,2018。
6. 徐利明:《中國書法風格史》,鄭州:河南美術出版社,1997。

Y

1. 楊度:《楊度日記》,北京:新華出版社,2001。
2. 楊鈞:《草堂之靈》,杭州:浙江人民美術出版社,2016。
3. 葉朗:《中國美學史大綱》,上海:上海人民出版社,1985。
4. 葉秀山:《說寫字——葉秀山書法談叢》,北京:中國人民大學出版社,2013。
5. 葉嘉瑩:《王國維及其文學批評》,石家莊:河北教育出版社,1997。
6. 喻學才:《李瑞清身世研究史料的新發現》,《遺產保護研究》,南京:南京大學出版社,2012。

Z

1. 〔宋〕朱熹:《大學集注‧中庸集注‧論語集注》,上海:上海古籍出版社,1987。
2. 〔宋〕朱熹:《周易》,上海:上海古籍出版社,1987。
3. 〔宋〕朱熹:《朱子語類（卷九五）》,〔宋〕黎靖德編,北京:中華書局,1986。
4. 〔宋〕周敦頤:《周濂溪集（卷一）》,北京:中華書局,1985。
5. 趙爾巽:《清史稿》,北京:中華書局,1977。
6. 宗白華:《美學散步》,上海:上海人民出版社,1981。
7. 宗白華:《意境》,北京:北京大學出版社,1987。
8. 朱光潛:《西方美學史》,北京:人民文學出版社,1979。
9. 周來祥:《古代的美、近代的美、現在的美》,長春:東北師範大學出版

社，1996。

10. 周憲：《審美現代性批判》，北京：商務印書館，2005。

11. 周勛君：《清代書法批評中對形質的描述及其相關問題的研究》，海口：南方出版社，2009。

12. 張立文主編：《中國哲學範疇精粹叢書：氣》，北京：中國人民大學出版社，1990。

13. 祝嘉：《書學論集》，南京：江蘇教育出版社，1982。

14. 祝嘉編：《藝舟雙楫、廣藝舟雙楫疏證》，成都：巴蜀書社，1989。

15. 曾振宇：《中國氣論哲學研究》，濟南：山東大學出版社，2001。

16. 章詩同：《荀子簡注》，上海：上海人民出版社，1974。

17. 鄭孝胥：《鄭孝胥日記》，勞祖德整理，北京：中華書局，1993。

18. （日本）中田勇次郎：《中國書法理論史》，天津：天津古籍出版社，1987。

二、期刊

B

1. 包禮祥、朱飛《晚清書家的追求——以康有為、李瑞清為例》，《文藝爭鳴》2010 年第 14 期。

C

1. 陳傳席：《評現代名家與大家‧李瑞清（續四）》，《國畫家》2003 年第 3 期。

2. 程志娟：《李瑞清及其魏體書法》，《書法叢刊》1997 年第 4 期。

3. 陳榮生：《中嶽風流去人未遠：李瑞清書法賞析》，《中國書畫報》1999 年 5 月 20 日。

4. 陳雅飛：《李瑞清：中國近代美術教育第一人——丹青本無雙金石長不朽》，《美術報》2002 年 7 月 27 日。

5. 陳方既：《氣息論》，《書法之友》，2000 年第 2 期。

6. 叢文俊：《傳統與現代的碰撞》，載《21 世紀書法‧天津論壇學術論文集》，天津：天津人民美術出版社，2002。

D

1. 鄧瑩輝：《論理學家「氣象」說的美學意蘊》，《浙江工商大學學報》，2007 年第 3 期。

2. 鄧新華：《「詩味」說的形成和發展》，《三峽大學學報（人文社會科學版）》，2004（05）。

3. 東方曉：《鴻儒怪傑李瑞清軼事》，《東方收藏》2012 年第 9 期。

F

1. 傅愛國：《金石書風一脈相承——李瑞清、胡小石、游壽師承現象中書法教育面面觀》，《學習與探索》2003 年第 3 期。

G

1. 公丕普：《「對李瑞清是中國高等書法教育第一人」說的辨析》，《南京藝術學院學報（美術與設計）》，2016 年第 4 期。

H

1. 黃鋼：《劉勰以味論詩的理論構架》，《新疆大學學報（哲學社會科學版）》，1996 年第 3 期。

J

1. 菊南山：《李瑞清的教育思想和宗教思想》，《東南文化》1998 年第 3 期。

2. 菊南山：《清道人傳》上，《東南文化》1994 年第 6 期。

3. 菊南山：《清道人傳》下，《東南文化》1995 年第 7 期。

4. （日本）菅野智明：《玉梅花庵論篆在近代碑學理論開展中的位置》，《近現代書法研究——全國第二屆近現代書法研討會論文集》，安徽美術出版社，1997 年 10 月。

5. （日本）菅野智明：「玉梅花盦論篆」における金文書派の體系，書學書道史研究，1997：61～83。

6. （日本）菅野智明：翁方綱の北碑觀——兼ねて阮元說との関係に及ぶ，《中國近現代文化研究》第 10 期，2009：1～26。

7. （日本）菅野智明：沈曾植の北碑論，《ChineseCulture》，1999：40～52。

8. （日本）菅野智明：近代北碑論研究の一視點，《CalligraphyArtStudies》，2008。

L

1. 李定一、陳紹衣：《李瑞清書派的形成及其書學理論與實踐》，《書法導報》2009 年 4 月 29 日。

2. 林京海：《清道人世居桂林識略》，桂林文化，2006 年第 1 期。

3. 陸健：《李瑞清教育思想與實踐》，安慶師範學院學報（社會科學版）2003年第 6 期。

4. 呂立忠：《書香翰墨濃，詩畫齊出眾──清代「桂林臨川李氏」書香世家》，《河池學院院學報》2007 年第 3 期。

5. 羅惠縉：《民初遺民對晚明歷史的文學表達──以〈淞濱吟社集〉為中心》，江漢論壇 2008.9。

6. 李壯鷹：《略論司空圖「味外說」的第一面貌》，《學術月刊》，1986 年第 3 期。

7. 李鐸：《論王國維的「氣象」》，《濟南大學學報》，2005（15-1）。

S

1. 孫洵：《論李瑞清書法藝術學體系的構建與影響》，《文藝評論》2002 年第 6 期。

2. 孫洵：《近代高等師範學堂創設「手工圖畫科」的第一人──李瑞清與書法》，《書法賞評》2007 年第 4 期。

3. 孫紅陽：《李瑞清藝術教育思想哲學詮繹》，《飛天》2010 年第 22 期。

W

1. 王立民：《清道人年譜》，1997。

2. 王立民：《金石書派百年傳承──李瑞清、胡小石、游壽其人其藝》，《收藏家》2004 年第 8 期。

3. 王立民：《書秉金石李瑞清》，《書法之友》1996 年第 1 期。

4. 王東林、楊樹明：《草木有榮枯，臣心終不死──關於李瑞清的基本認識》，南昌工程學院學報 2008 年 10 月第 5 期。

5. 王正勇：《論書法中的「篆籀氣」》，《山東藝術學院學報》，2008 年第 1 期。

6. 沃興華：《學書自述》，《詩書畫》雜誌 2013 年第 1 期（總第 7 期）。

7. 沃興華：《沈曾植書法藝術初論》，《書法研究》1990 年第 4 期。

X

1. 謝建華：《金石書派芻議》，《文藝研究》2002 年 04 期。

2. 謝建華：《論金石書派的理論與風格特色》，《文藝評論》2005 年第 6 期。

3. 肖超穎、羅欣、陳聖燕：《江西近現代美術教育──以李瑞清及三（兩）江師範學堂江西籍學員為核心》，《美術教育研究》2013 年第 1 期。

4. 薛帥傑：《北碑書法創作與審美論》，中國書法 2013 年第 5 期，總 241 期。

5. （日本）西川寧：《書法的藝術性》，《書法研究》1983 年第 4 期。

Y

1. 葉仄輝：《論李瑞清對中國美術教育的貢獻》，《藝術教育》2008 年第 6 期。

2. 葉培貴：《碑學、帖學獻疑》，《書法研究》2000 年第 6 期。

3. （日本）伊福部隆彥：《書法與現代思潮》，江蘇美術出版社 1988 年版。

Z

1. 曾迎三：《清道人年譜》一，《內江師範學院學報》2013 年第 9 期。

2. 曾迎三：《清道人年譜》二，《內江師範學院學報》2013 年第 11 期。

3. 曾迎三：《清道人年譜》三，《內江師範學院學報》2014 年第 1 期。

4. 曾迎三：《清道人年譜》四，《內江師範學院學報》2014 年第 5 期。

5. 曾迎三：《清道人年譜》五，《內江師範學院學報》2014 年第 11 期。

6. 張衛武：《曾熙與李瑞清交遊考——曾熙事蹟考析之二》，《榮寶齋》2015 年第 6 期。

7. 鄒自振：《李瑞清藝術成就與學術建樹謅論》，《江西社會科學》2004 年第 7 期。

8. 鄒自振：《論李瑞清及其詩、書、畫》。

9. 鄒其昌：《朱熹「氣象」審美論》，《江漢大學學報》，2003 年第 3 期。

10. 朱良志：《「象」——中國藝術論的基元》，《文藝研究》，1988 年第 6 期。

11. 張洪峰：《簡論李瑞清大篆書法理論及其實踐》，《安徽文學》2011 年第 4 期。

12. 張效林：《南曾北李書法之異同》，《書法》2016 年第 3 期。

13. 張金秋：《李瑞清對中國現代高等師範教育的開拓》，《蘭臺世界》2014 年 4 月。

14. 張進：《論朱熹尚「雄健」的審美觀》，《文藝理論研究》，2006 年第 4 期。

15. 周伯鼎：《臨川李氏藏本〈淳化閣帖〉之介紹與考證》，《中國文化》第四十一期，2015 年 9 月。

16. 周旭：《論書法金石氣》，《浙江工業大學學報（社會科學版）》，2006（12 月第 5 卷第 2 期）。

17. 周睿：《「古法」與「古意」是中國古代書論範疇「古」的兩個維度》，《藝

術探索》2016 年第 30 卷第 5 期，總第 140 期。

18. 周憲：《作為現代主義另一面的包豪斯》，《學術研究》2018 年第 6 期。

三、學位論文

1. 張金梁：《明代書學銓選制度研究》，吉林大學 2004 年博士學位論文。

2. 曹建：《晚清帖學研究》，南京藝術學院 2004 年博士學位論文。

3. 許全勝：《沈曾植年譜長編》，華東師範大學 2004 年度博士學位論文。

4. 楊樹明：《清末民初大變局中的李瑞清》，江西師範大學 2005 年度碩士學位論文。

5. 唐穎明：《碑學與帖學之比較──論中國清朝書法》，天津大學 2005 度碩士學位論文。

6. 鄭璐：《明郭宗昌及其〈金石史〉研究──兼論「關中金石圈」的形成及影響》，吉林大學 2008 年碩士學位論文。

7. 崔衛：《學校制度下中國美術教育的起源與早期發展──三江師範學堂與兩江師範學堂圖畫手工科研究》，南京師範大學 2005 年度博士學位論文。

8. 金丹：《包世臣書學的重新審視》，南京藝術學院 2005 年度博士學位論文。

9. 董雪靜：《中國古典美學「厚」範疇論》，復旦大學 2006 年度博士學位論文。

10. 錢松：《何紹基年譜長編及書法研究》，南京藝術學院 2008 年度博士學位論文。

11. 邵敏智：《清代書法理論之碑學審美意識研究》，中國美術學度院 2010 年博士學位論文。

12. 徐雯雯：《李瑞清年譜》，南昌大學 2010 年度碩士學位論文。

13. 陳宏：《李瑞清工藝教育思想研究》，山東工藝美術學院 2011 年度碩士學位論文。

14. 王棟：《從「骨力強勁」到「強其骨」的衍生──李瑞清對潘天壽繪畫的影響》，山東師範大學 2011 年度碩士學位論文。

15. 牛赫：《李瑞清藝術生涯初探》，江西師範大學 2011 年度碩士學位論文。

16. 賴文婷：《論李瑞清及其詩歌淺論》，南昌大學 2012 年度碩士學位論文。

17. 孫徑舟：《呂鳳子、胡小石對李瑞清書風繼承與發展的比較》，南京藝術學院 2014 年度碩士學位論文。

18. 王廣偉：《李瑞清美術教育思想研究》，南京郵電大學 2014 年度碩士學位論文。

19. 張經緯：《李瑞清書法研究》，東南大學 2015 年度碩士學位論文。

20. 王友貴：《清代北碑書學觀研究》，中國美術學院 2015 年度博士學位論文。

21. 公丕普：《李瑞清的藝術世界——清末民初士人藝術與藝術教育的興變》，東南大學 2016 年度博士學位論文。

22. 肖鵬：《清道人年譜長編》，福建師範大學 2017 年度碩士學位論文。

23. 王東民：《以古為新——金石學傳統下的李瑞清書畫研究、創作與教育》，浙江大學 2017 年度博士學位論文。

24. 邢勝峰：《李瑞清書法創作研究》，寧夏大學 2018 年度專業碩士學位論文。

後　記

　　一個長期從事中國畫實踐的手藝人，很明白理論修養和邏輯思辨是自己的薄弱環節。2016 年 9 月，筆者在不惑的年齡段考入南京大學深造，先後聆聽修讀了周憲「藝術史論專題」、康爾「美育與藝術教育專題」、趙奎英「藝術研究中的當代問題」、封鈺「中國近現代藝術專題」、唐正東「中國馬克思主義與當代」等諸位先生的必修課程，在學習討論過程中，師長們的思想認知高度，思維邏輯的辨識逐步充實了我曾經的感性大腦，也為今後理性的思考學習提供了豐富的滋養。另外，在選修歷史學院範金民教授的「明清社會經濟研究」課程中，使我得以從經濟學角度和社會學視野多維度觀察藝術市場衍變的關係，受益實多。

　　本文的選題緣於導師封鈺教授的建議。對於我這樣一個基礎弱、底子薄的學生，封鈺教授始終表現出極大的耐心、熱心，從論文的選題、章節的設置、內容的排布等等均一一過目，反覆斟酌，再三討論，甚至於行文的語序、注釋的規範等些小細節，先生也決不馬虎，提出了許多中肯的意見。由於李瑞清的書法風格，主要深取於萊州雲峰山上的北魏鄭文公碑，作為筆者故鄉的文化遺產，它的存在成為思鄉和稽古的紐帶，在閱讀李瑞清相關文獻，以及欣賞其藝術作品的同時，似乎有一種和先賢進行時空交流的心象縈繞著我的思緒，並且，筆者自小臨池學書於此碑，帶著這種興奮，伴隨著書法藝術的種種問題和思考，同時根據已掌握的研究成果和最新披露的歷史資料嘗試去駕御這樣一個具有專業厚度的題目，行而不輟，砥礪深耕。論文開題報告期間，周憲、童強、康爾、趙奎英四位教授，分別就論文結構、思想高度、概念闡述等方面存

在的一些問題，諸如文化背景、行文內在邏輯等方面提供了進一步發展的可能，這些細節都為本稿從堆砌拼湊的雜燴到文述的完善提供了極大的幫助。尚為輕淺的學術積累使我在近三年的論文撰寫過程中常常有「少壯不努力，老大徒傷悲」之感慨，也成為眾多朋友教育子女勵志的對象，就我而言，四年來的兩京行走（按：指往來於北京、南京之間），無非是督促自己潛心於韜光養德，將近年學習積累所獲，交與學術去討論批評，既有自我剖析的靈魂追問，又俯仰自得行止無愧於心。庚子新冠疫情肆虐，居家防疫的硬核措施使我有了充裕的時間宅在家中，針對論文結構的關聯以及字句的精準進行反覆地打磨和修改。感謝北京大學經濟學院王曙光教授的撥冗垂閱，獨立策展人蕭煌博士的督促和校檢，二人在百忙中對於文中標引規範、注釋來源，甚至排版的格式，都指出了一些修改的建議，終使本文得以順利完稿並通過答辯。

　　2020 年 9 月 17 日是農曆的八月初一，也是李瑞清逝世一百週年的祭日，這天，我和友人在細雨飄過的涼意中，來到位於牛首山景區雪梅嶺東側的李瑞清墳塋前，稽首拜祭，意會前賢。遙想當年，曾熙為李瑞清選擇墓地，尋思以清淨為安身之所，哪曾想當年的湛寂，如今已是風光宜人，眾人駐足觀瞻的勝地。

　　2023 年元月，在《曾熙書法研究》的作者王高升博士引介下，筆者自薦投稿花木蘭文化事業有限公司並通過了編委會審稿錄用，付梓之際，感恩花木蘭對《李瑞清書法藝術思想研究》的青睞和支持，並對諸多友人的付出謹致謝忱！